哈爾濱師範大學圖書館珍藏明本書録

哈爾濱師範大學圖書館　編

國家圖書館出版社

圖書在版編目（CIP）數據

哈爾濱師範大學圖書館珍藏明本書録 / 哈爾濱師範大學圖書館編. — 北京 : 國家圖書館出版社, 2023.6
ISBN 978-7-5013-7819-7

Ⅰ. ①哈… Ⅱ. ①哈… Ⅲ. ①院校圖書館－古籍－圖書館目録－哈爾濱－明代 Ⅳ. ①Z838

中國國家版本館CIP數據核字（2023）第087197號

書　　名　哈爾濱師範大學圖書館珍藏明本書録
著　　者　哈爾濱師範大學圖書館　編
責任編輯　王燕來　喬　爽
封面設計　愛圖工作室

出版發行　國家圖書館出版社（北京市西城區文津街7號　100034）
（原書目文獻出版社　北京圖書館出版社）
010-66114536　63802249　nlcpress@nlc.cn（郵購）
網　　址　http://www.nlcpress.com
排　　版　愛圖工作室
印　　裝　北京雅圖新世紀印刷科技有限公司
版次印次　2023年6月第1版　2023年6月第1次印刷

開　　本　889×1194　1/16
印　　張　20.25
書　　號　ISBN 978-7-5013-7819-7
定　　價　300.00圓

編委會

序　言

哈爾濱師範大學圖書館是黑龍江省第一個入選全國古籍重點保護單位的高校圖書館，其前身可追溯到1951年6月成立的松江師範專科學校圖書館和同年9月成立的哈爾濱師範專科學校圖書館，迄今已有70餘年歷史。

建館伊始，前輩們就十分重視古籍的收集采購工作。他們積極向學校申請經費，分别從揚州、上海、北京等地收集采購。其中一部分古籍更是幾經周折，經過數年尋訪、多次書信聯繫纔最終購得，足見館藏來之不易。

早在1965年，我館就編纂了"古籍卡片目録"，并標注明善本86部。隨着計算機網絡的出現，1998年我館引入信息技術，開啓了圖書編目標準化進程。2003年古籍機讀目録厓始建設，經過10餘年的不懈努力，2014年建成多點檢索的古籍書目數據庫。自2007年"中華古籍保護計劃"啓動以來，我館不但館藏條件得到較大改善，建設了近900㎡恒温恒濕古籍書庫和490㎡古籍閲覽室，而且積極參與全國古籍普查登記工作，在原有"古籍卡片目録"的基礎上，認真摸排、核對信息，梳理統計古籍藏量達12萬册。藏品涵蓋經史子集叢各部，數量上以集部爲最、叢書次之。版本貫穿明清兩代，包括參考多部權威古籍書目、咨詢方家、認真考訂的已增至130部的明善本、400餘部清善本、660部地方志、130部家譜及120餘部稿抄本等。

2009年6月我館被國務院批准爲第二批"全國古籍重點保護單位"，先後有10部善本入選《國家珍貴古籍名録》，鎮館之寶《古今經傳序略》位列其中。明末抄本《古今經傳序略》至今未見刊本，亦未見於公私諸藏家之古籍目録，由此定爲孤本，亦視爲鎮館之寶。是書歷經300餘年，於20世紀50年代從浙江輾轉幾千里被我館收藏，實屬不易、彌足珍貴。是書所選經傳序目1100餘篇，體例嚴謹、卷帙鴻富、精楷抄寫、楮墨完好，所選明人著述爲多，明人作品相對來講本就傳世較少，由此更顯此本之價值，影印出版此書正在計劃之中。

在古籍整理及再生性保護方面，我館參與并開展了一系列工作。2002 年參加了由上海圖書館牽頭、海内外家譜收藏單位和個人積極參與的《中國家譜總目》的編纂工作，我館有 127 部家譜被收録，其中 24 部爲我館所獨有。隨後整理完成了《哈爾濱師範大學圖書館家譜提要》《哈爾濱師範大學圖書館地方志目録》。2014 年完成館藏 12 萬册古籍書目數據庫建設。2016 年在全國古籍普查登記平臺完成近 4000 條數據登記工作。參與編寫的《黑龍江省珍貴古籍要覽》於 2016 年出版，收録我館善本 25 部。2021 年先後整理完成了《哈爾濱師範大學圖書館古籍目録》及《哈爾濱師範大學圖書館古籍普查登記目録》，目前《哈爾濱師範大學圖書館古籍普查登記目録》已交付出版社，等待出版。

此次我館重點整理考訂了館藏明善本，編纂成《哈爾濱師範大學圖書館珍藏明本書録》（以下簡稱《書録》），包括經部 16 部、史部 21 部、子部 30 部、集部 55 部、叢書及叢書零種 8 部。年代最早的是明正統八年（1443）刻本《禪林寶訓》，其他近半數爲萬曆刻本。有 10 部套印本，其中《南華經》爲四色套印。在整理過程中又發現《新鍥三太史增補歷代古文彙錦評林》一書，目前未見於任何藏書目録，有待進一步查閱考訂。這部《書録》，公諸同好，旨在彰顯我館藏品之特色。雖然我館收藏有限，珍稀版本亦不多，但能爲傳承、弘揚中華優秀傳統文化盡綿薄之力，同時踐行習總書記提出的“讓書寫在古籍裏的文字活起來”的講話精神，也是我們編纂《書録》的意義所在。

《書録》文字撰寫和書影選擇主要由劉偉紅承擔。值此《書録》即將出版之際，感謝古籍部同人的團結協作，辛苦付出。而今付梓，錯漏之處難免，敬請方家批評指正，以待修正完善。此書的出版，得到校黨委書記孫立軍，副校長馬明的大力支持，在此致以衷心的感謝！

哈爾濱師範大學圖書館館長　楊　革

2023 年 3 月

編　例

一、是書收録哈爾濱師範大學圖書館珍藏明本 130 部，其中有 10 部入選《國家珍貴古籍名録》。

二、是書將入選《國家珍貴古籍名録》之 10 部善本置於前列，按《國家珍貴古籍名録》號排序，其餘 120 部善本按照《中國古籍善本書目》分類排序。

三、每部書分别著録題名卷數、著者、版本、册數、存（缺）卷、行款版式、印章釋文等信息，文字原則上依原書直録。

四、每部書配書影 2—3 幀，原則上首卷卷端爲必選書影，其他書影選取版本特徵明顯或有名家印章、批校、題跋等書葉，彩色套印本儘量選取色彩最多、最清晰的書葉。

五、每部書尺寸著録首選版框尺寸，無版框的稿抄本著録開本尺寸。

六、是書所收部分明本，版本項雖經編者多方考證，同時參閲了多種權威古籍書目，力求精準，但仍難免有誤，待日後修正完善。

目　録

入選《國家珍貴古籍名録》之善本

經　部

史　部

子　部

集　部

叢　部

入選《國家珍貴古籍名録》之善本

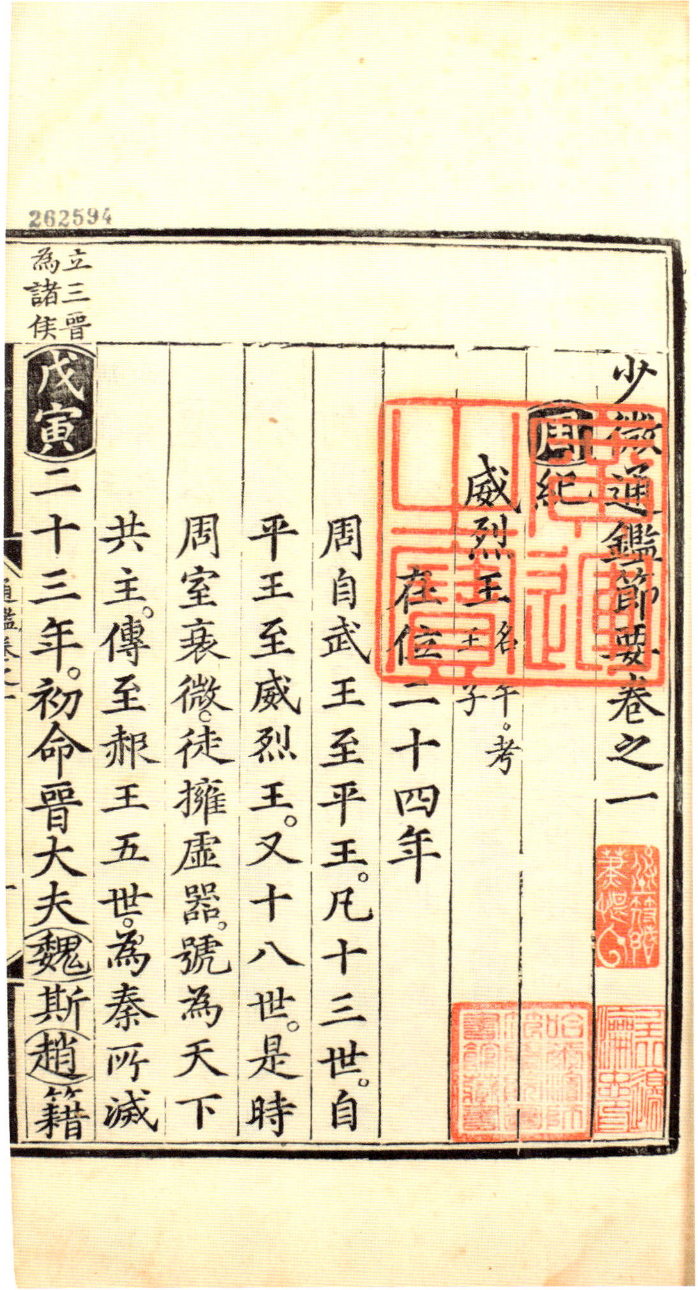

少微通鑑節要五十卷外紀四卷

（宋）江贄撰　明正德九年（1514）司禮監刻本　二十册

半葉九行，行十五字，小字雙行同。黑口，對黑魚尾，四周雙邊。版框 22cm × 16.1cm。

有“廣運之寶”“文選樓”“揚州阮氏琅嬛僊館藏書印”“六有齋圖書”“劉符誠藎惪氏”“任丘邊淪忠印” “靜澂軒”等印。入選第二批《國家珍貴古籍名録》，名録號 03598。

趙括敗於長平

白起坑降

聞括為趙將乃陰使武安君為上將而王齕為裨將令軍中有敢泄武安君將者斬○趙括至軍悉更約束易置軍吏出兵擊秦武安君佯敗而走張二奇兵以劫之趙括乘勝追造秦壁堅拒不得入奇兵絶趙軍之後趙軍食絶四十六日皆内陰相殺食趙括自出鋭卒搏戰秦人射殺之趙師大敗卒四十萬人皆降武安君乃挾詐而盡坑殺之遺其小

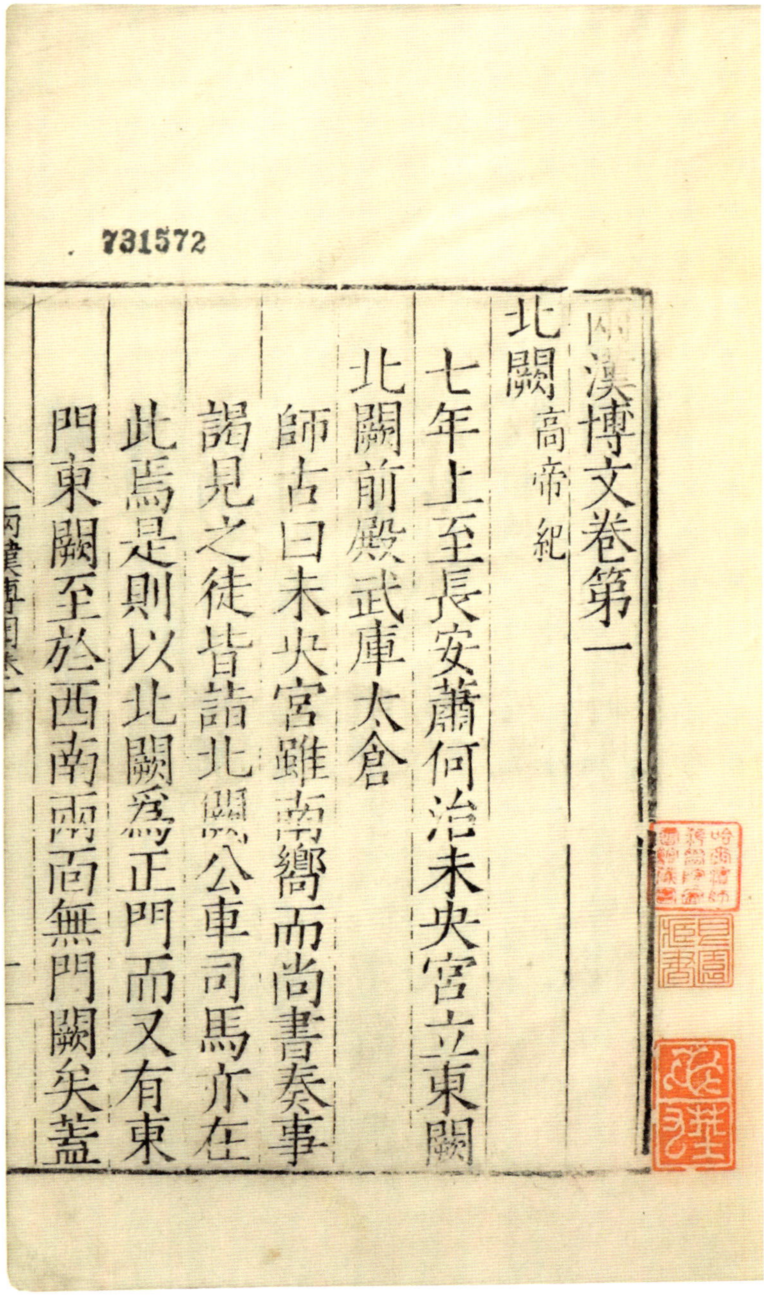
731572

兩漢博文卷第一

北闕　高帝紀

七年上至長安蕭何治未央宮立東闕

北闕前殿武庫太倉

師古曰未央宮雖南嚮而尚書奏事

謁見之徒皆詣北闕公車司馬亦在

此焉是則以北闕爲正門而又有東

門東闕至於西南兩面無門闕矣蓋

兩漢博聞卷一　一

兩漢博聞十二卷

（宋）楊侃輯　明嘉靖三十七年（1558）黄魯曾刻本　六册

半葉八行，行十六字，小字雙行同。白口，單白魚尾，左右雙邊。版框 17.5cm × 12.4cm。

有“竹里館主”“艮園臧書”“芝九莖”“銕研齋”等印。除首卷卷端題“兩漢博文”外，其他卷端均題“兩漢博聞”。入選第二批《國家珍貴古籍名録》，名録號 04062。

鄧通以濯船爲黃頭郎
師古曰濯船能持櫂行船也土勝水其色黃故刺船之郎皆著黃帽因號曰黃頭郎也濯讀曰櫂音直孝反

破觚爲圜 酷吏傳序六十
漢興破觚而爲圜斲琱而爲樸
孟康曰觚方也師古曰去嚴刑而從簡易抑巧僞而務敦厚也琱與彫同

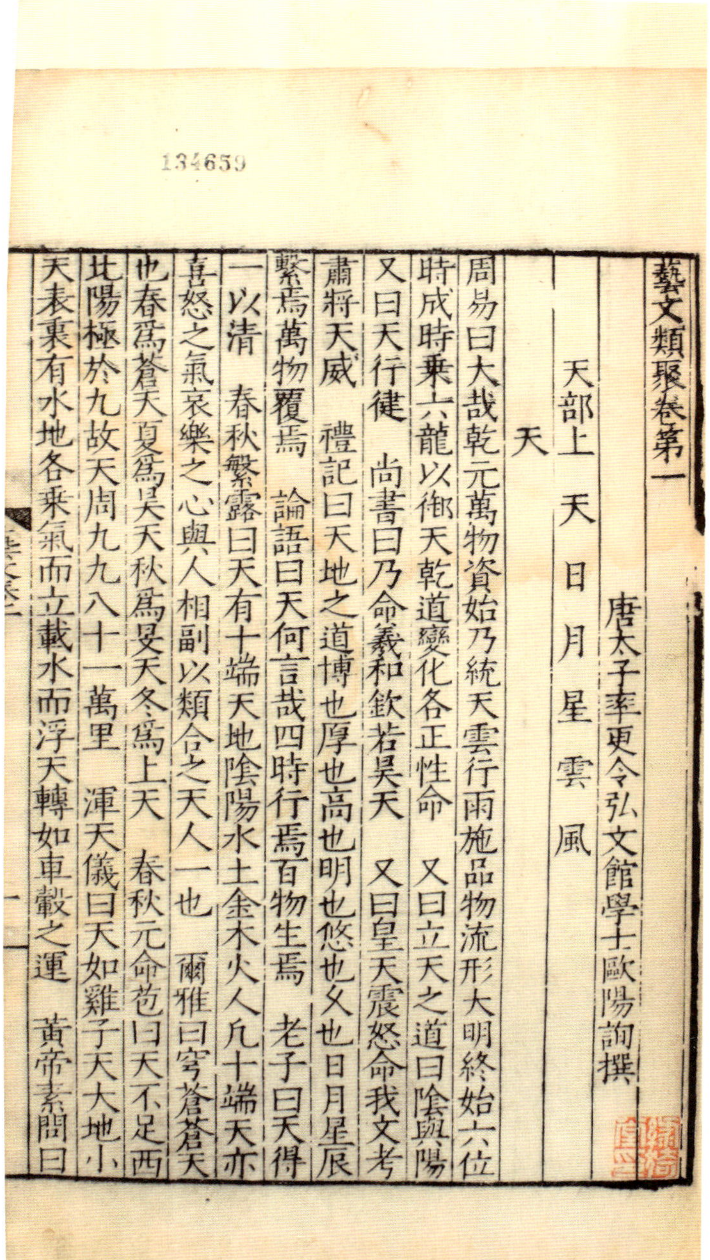
134659

藝文類聚卷第一

唐太子率更令弘文館學士歐陽詢撰

天部上　天　日　月　星　雲　風

天

周易曰大哉乾元萬物資始乃統天雲行雨施品物流形大明終始六位時成時乘六龍以御天乾道變化各正性命　又曰立天之道曰陰與陽　又曰天行健　尚書曰乃命羲和欽若昊天　又曰皇天震怒命我文考肅將天威　禮記曰天地之道博也厚也高也明也悠也久也日月星辰繫焉萬物覆焉　論語曰天何言哉四時行焉百物生焉　老子曰天得一以清　春秋繁露曰天有十端天地陰陽水土金木火人凡十端天亦喜怒之氣哀樂之心與人相副以類合之天人一也　爾雅曰穹蒼蒼天也春爲蒼天夏爲昊天秋爲旻天冬爲上天　春秋元命苞曰天不足西北陽極於九故天周九九八十一萬里　渾天儀曰天如雞子天大地小天表裏有水地各乘氣而立載水而浮天轉如車轂之運　黄帝素問曰

藝文類聚一百卷

（唐）歐陽詢輯　明嘉靖六年至七年（1527—1528）胡纘宗、陸采刻本　二十四册

半葉十四行，行二十八字。白口，單黑魚尾，左右雙邊。版框 22.5cm × 15.9cm。

有“緑猗堂印”“汪德光印”“符九氏”等印。入選第二批《國家珍貴古籍名録》，名録號 04833。

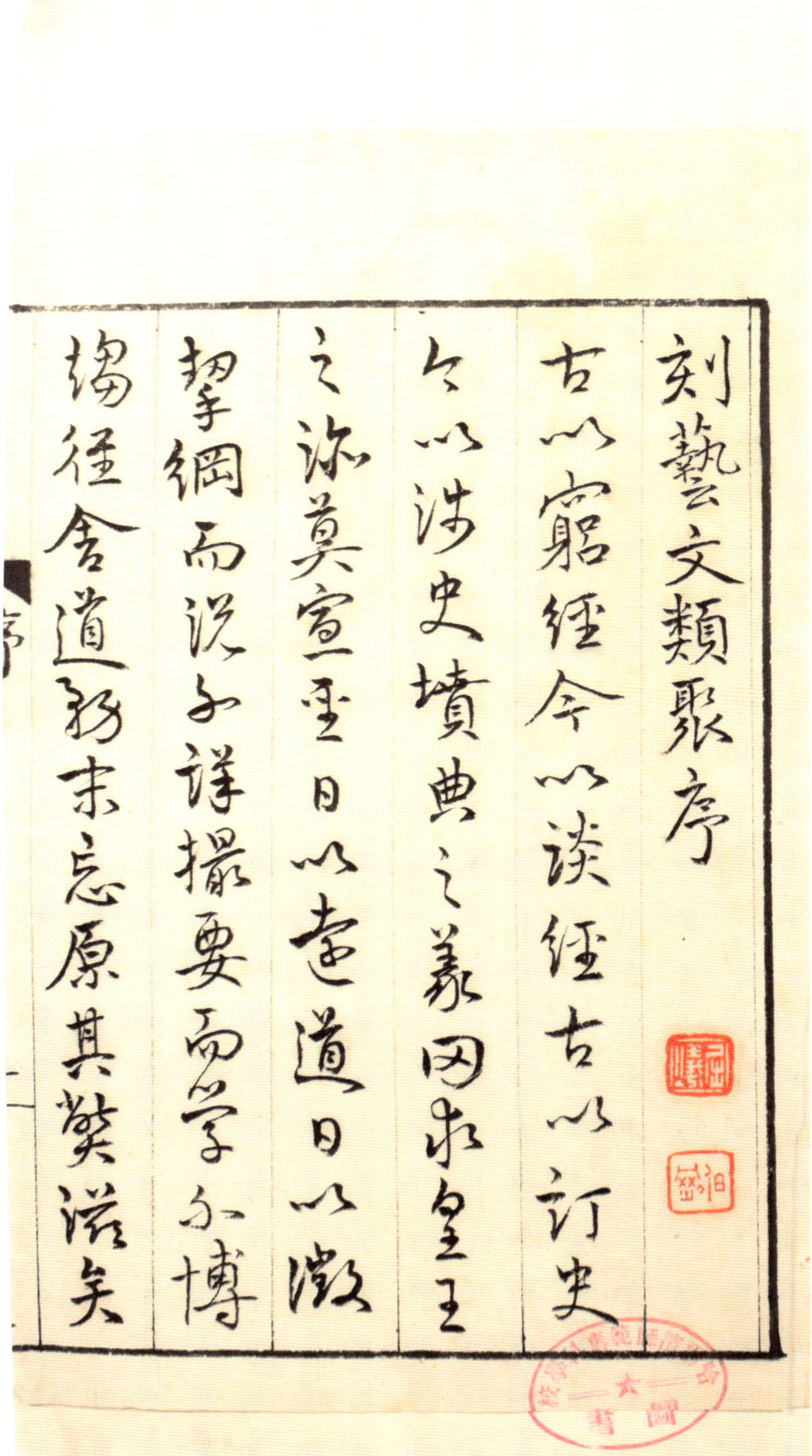
刻藝文類聚序

古以窮經今以談經古以訂史

今以涉史墳典之義因求皇王

之迹莫宣世日以遠道日以微

挈綱而説不詳撮要而學不博

捷徑舍道務末忘原其弊滋矣

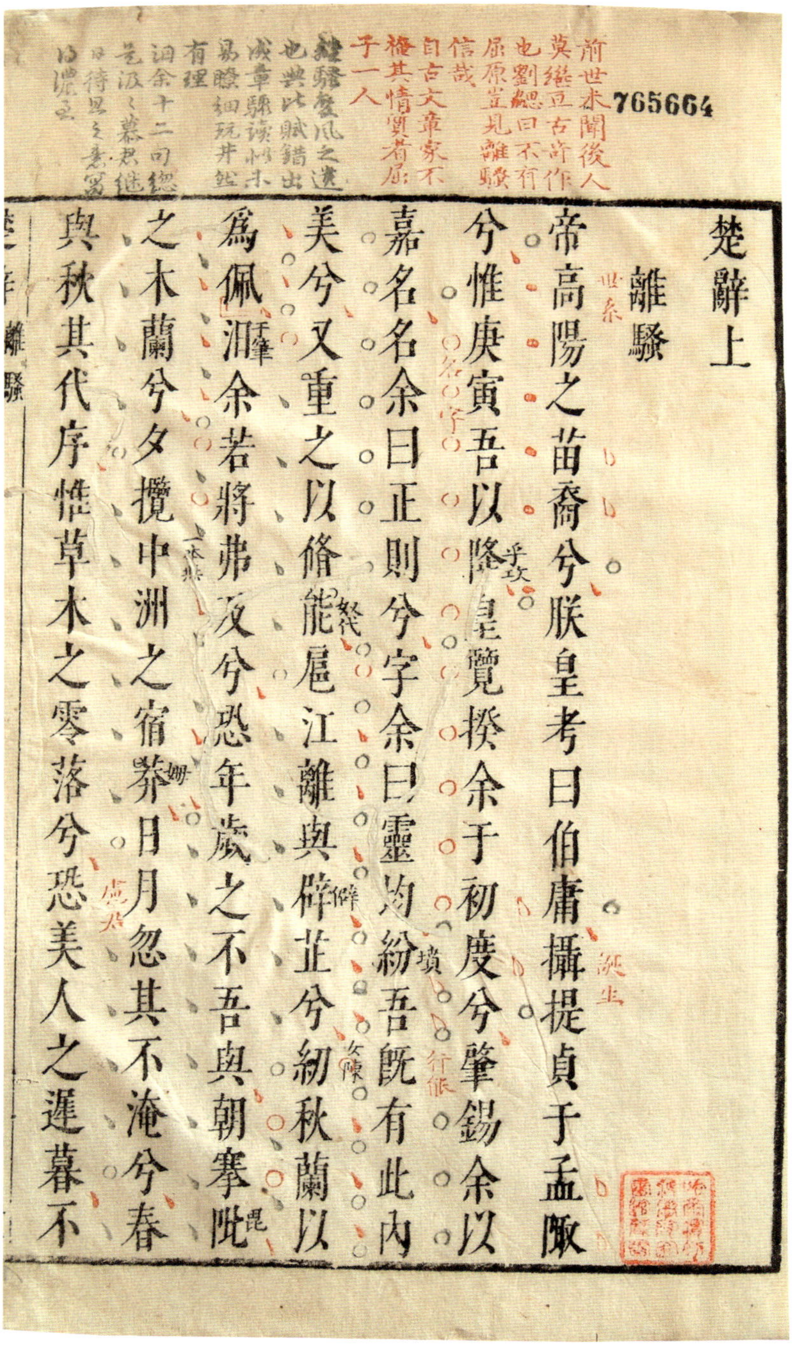
楚辭上
離騷
帝高陽之苗裔兮朕皇考曰伯庸攝提貞于孟陬
兮惟庚寅吾以降皇覽揆余于初度兮肇錫余以
嘉名名余曰正則兮字余曰靈均紛吾既有此內
美兮又重之以脩能扈江離與辟芷兮紉秋蘭以
爲佩汨余若將弗及兮恐年歲之不吾與朝搴阰
之木蘭兮夕攬中洲之宿莽日月忽其不淹兮春
與秋其代序惟草木之零落兮恐美人之遲暮不
楚辭 離騷

楚辭二卷

（戰國）屈原等撰　明萬曆四十八年（1620）閔齊伋刻三色套印本　二册

半葉九行，行十九字，小字雙行同。白口，無魚尾，四周單邊。版框 21.5cm × 15.2cm。有“閔”“齊伋”印。入選第二批《國家珍貴古籍名録》，名録號 05040。

九歌句法稍辟而特奇防在楚騷中最為精潔以神喻君以事神比愛君意非不合而言出便覺無味耳

九歌情神慘悅辭復騷艷吾讀之可以泣歌也讀之可以當樂清商衆曲備矣情態至至淫神之偉而託於物以見其歌之美而能之妙者

九歌

吉日兮辰良穆將愉兮上皇撫長劍兮玉珥璆鏘鳴兮琳琅瑤席兮玉瑱盍將把兮瓊芳蕙肴蒸兮蘭藉奠桂酒兮椒漿揚枹兮拊鼓疏緩節兮安歌陳竽瑟兮浩倡靈偃蹇兮姣服芳菲菲兮滿堂五音紛兮繁會君欣欣兮樂康

右東皇太一 太乙天之尊神祠在楚東以配東帝故云東皇漢書云天神貴者

浴蘭湯兮沐芳華采衣兮若英靈連蜷兮既留爛昭昭兮未央蹇將憺兮壽宮與日月兮齊光龍駕

攅簇景物景事句句警策一層逼一層音調旅悲切骨氣最適緊眞是奇絕以下諸篇亦莫能及也

氣清之清古本作静當是叶平音而遂訛作清耳不應兩句疊用清韻也一作平

九辯古樂章天問云啓棘賓天九辯九歌字字悲嘆

楚辭下

九辯

悲哉秋之爲氣也蕭瑟兮草木搖落而變衰憭慄兮若在遠行登山臨水兮送將歸泬寥兮天高而氣清宲廫兮收潦而水清憯悽增欷兮薄寒之中人愴怳懭悢兮去故而就新坎廩兮貧士失職而志不平廓落兮羇旅而無友生惆悵兮而私自憐燕翩翩其辭歸兮蟬宋漠而無聲鴈廱廱而南遊兮鵾雞啁哳而悲鳴獨申旦而不寐兮哀蟋蟀之

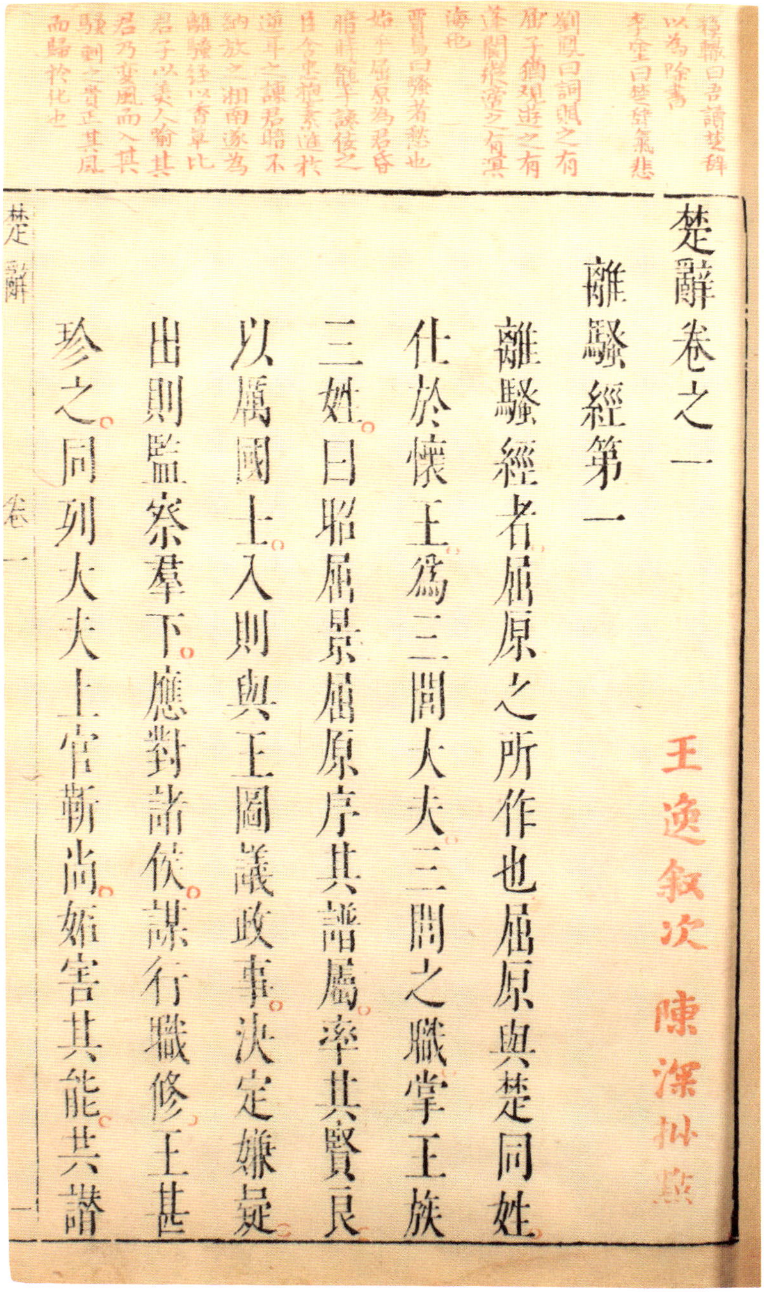

楚辭卷之一

離騷經第一

王逸叙次　陳深批點

離騷經者屈原之所作也屈原與楚同姓仕於懷王爲三閭大夫三閭之職掌王族三姓曰昭屈景屈原序其譜屬率其賢良以厲國士入則與王圖議政事決定嫌疑出則監察羣下應對諸侯謀行職修王甚珍之同列大夫上官靳尚妒害其能共譖

楚辭　卷一　一

楚辭十七卷附録一卷

（宋）洪興祖　（明）劉鳳等注　（明）陳深批點　明萬曆二十八年（1600）凌毓枏刻朱墨套印本　四册

半葉八行，行十八字。白口，無魚尾，四周單邊。版框 21.6cm × 14.7cm。有“元美”“弇州山叟”印。入選第二批《國家珍貴古籍名録》，名録號 05067。

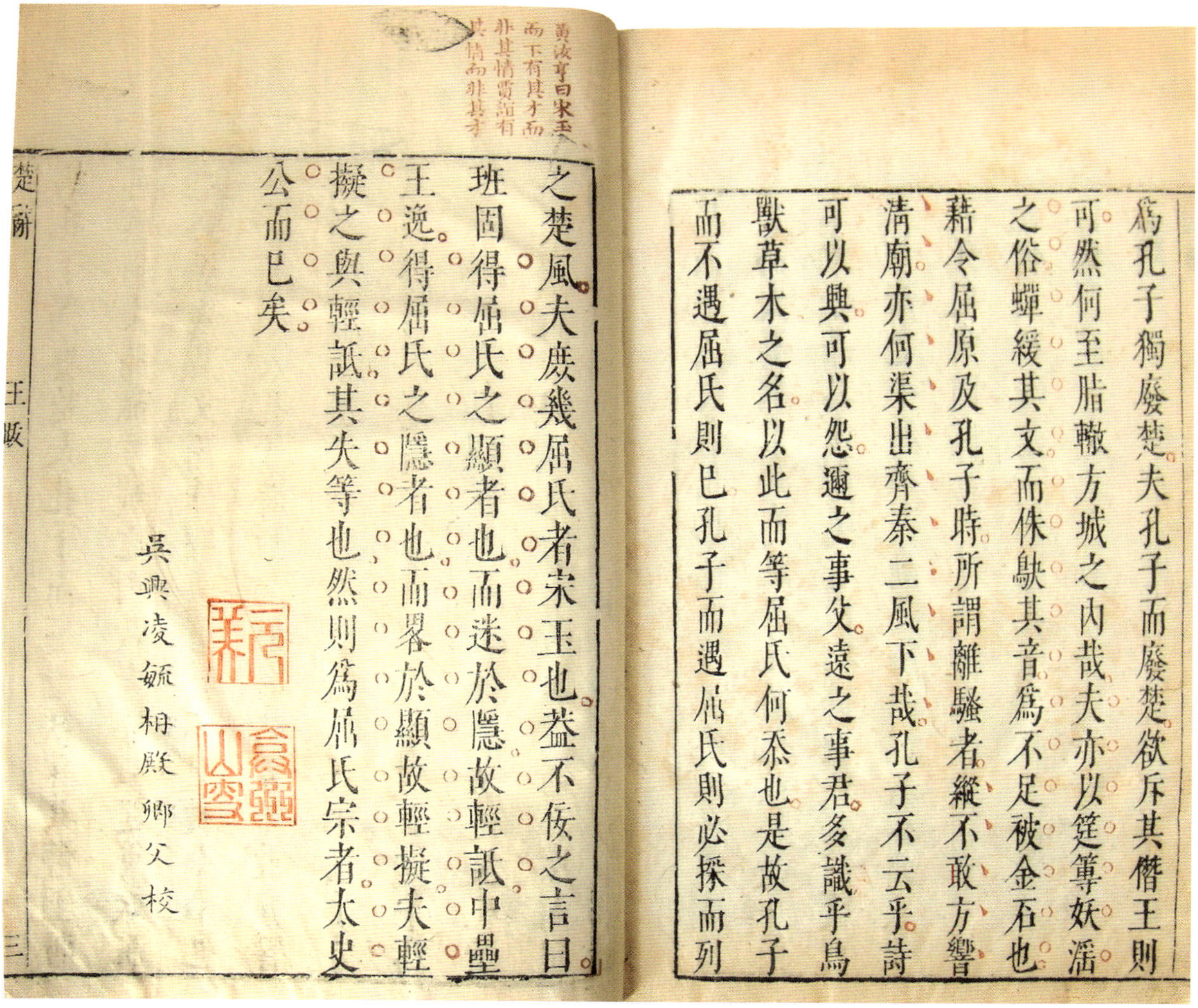

黄汝亨曰宋玉而下有其才而非其情賈誼有其情而非其才

爲孔子獨廢楚夫孔子而廢楚欲斥其僭王則可然何至脂轍方城之内哉夫亦以筳篿妖淫之俗蟬緩其文而侏𠌫其音爲不足被金石也藉令屈原及孔子時所謂離騷者縱不敢方響清廟亦何渠出齊秦二風下哉孔子不云乎詩可以興可以怨邇之事父遠之事君多識乎鳥獸草木之名以此而等屈氏何忝也是故孔子而不遇屈氏則已孔子而遇屈氏則必採而列之楚風夫庶幾屈氏者宋玉也蓋不佞之言曰班固得屈氏之顯者也而迷於隱故輕詆中壘王逸得屈氏之隱者也而畧於顯故輕擬夫輕擬之與輕詆其失等也然則爲屈氏宗者太史公而已矣

吳興淩毓柟駿卿父校

楚辭　王跋　三

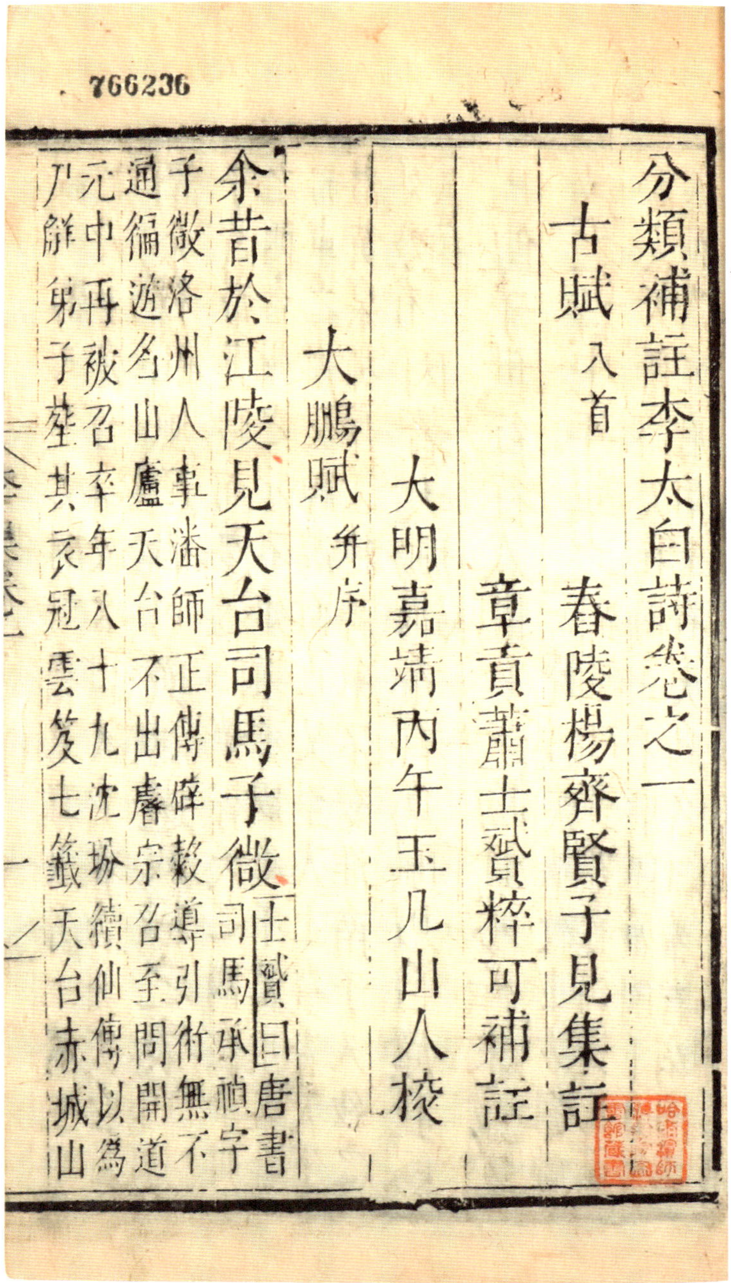
766236

分類補註李太白詩卷之一

古賦 八首　春陵楊齊賢子見集註

章貢蕭士贇粹可補註

大明嘉靖丙午玉几山人校

大鵬賦 并序

余昔於江陵見天台司馬子微士贇曰唐書司馬承禎字子微洛州人事潘師正傳辟穀導引術無不通徧遊名山廬天台不出睿宗召至問開道元中再被召卒年八十九沈汾續仙傳以為尸解弟子葬其衣冠雲笈七籤天台赤城山

分類補註李太白詩二十五卷

（唐）李白撰　（宋）楊齊賢集註　（元）蕭士贇補註　明嘉靖二十五年（1546）玉几山人刻重修本　十二册

半葉八行，行十七字，小字雙行同。白口，對白魚尾，四周雙邊。版框 22cm × 14cm。

入選第二批《國家珍貴古籍名録》，名録號 05183。

唐翰林李太白詩序

唐宣州當塗縣令李陽冰撰

李白字太白隴西成紀人凉武昭王暠九世孫蟬聯珪組世爲顯著中葉非罪謫居條支易姓與名然自窮蟬至舜五世爲庶累世不大曜亦可歎焉神龍之始逃歸于蜀復指李樹而生伯陽驚姜之夕長庚入夢故生而名白以太白字之世稱太白之精得之矣不讀

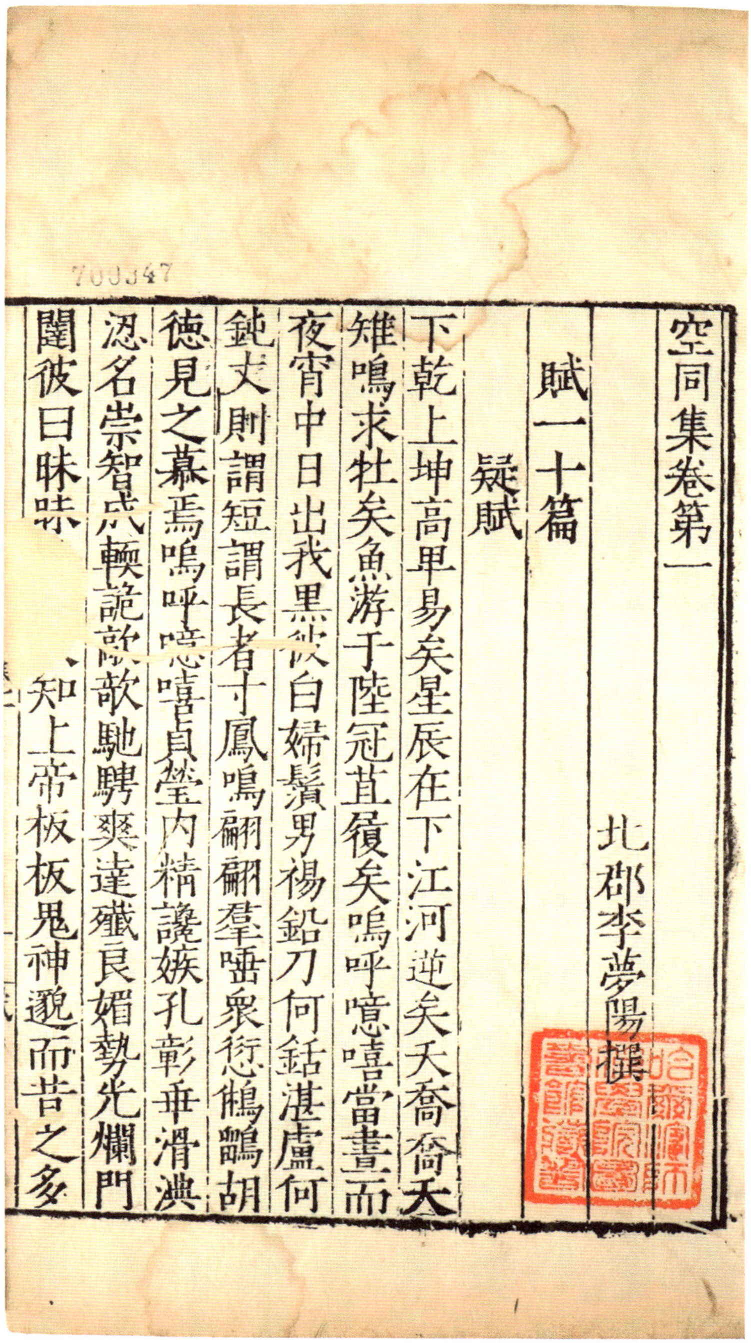
空同集卷第一
北郡李夢陽撰
賦一十篇
疑賦
下乾上坤高卑易矣星辰在下江河逆矣天喬喬天
雉鳴求牡矣魚游于陸冠苴履矣嗚呼噫嘻當晝而
夜宵中日出我黑彼白婦鬚男裼鉛刀何銛湛盧何
鈍丈則謂短謂長者寸鳳鳴翩翩羣唶衆衒鵂鶹胡
德見之慕焉嗚呼噫嘻皂瑩内精讒嫉孔彰弁滑澳
忍名崇智戍輭詭敵敵馳騁爽達殲良媚勢光爛門
闔彼日昧昧知上帝板板鬼神遐而昔之多

空同集六十三卷

（明）李夢陽撰　明嘉靖十一年（1532）曹嘉刻本　二十四册

半葉十一行，行二十字。白口，無魚尾，左右雙邊。版框 18.6cm × 14.1cm。有“溫廷敬印”印。入選第二批《國家珍貴古籍名録》，名録號 05947。

明明昊天是歆是臧臣作誦言告于萬方

甘露八章章四句

觀牲

觀牲大儀也

赫赫明明 天子攸行以修肇禘以對于上帝
天子至止觀牲于郊龍旂交交馬鳴蕭蕭
帝至于郊於赫有臨載穆載欽曰歲事是歆
帝降于囿犧人脫楅羊牛鹿豕傂傂濯濯濯濯甡甡
翔 帝之囿其牲孔碩甫甫麌麌
城人伐鼓 帝至郊所干旄湑湑虎士孔武秉彼大
路八鸞與與昭于禹邦光于 皇祖

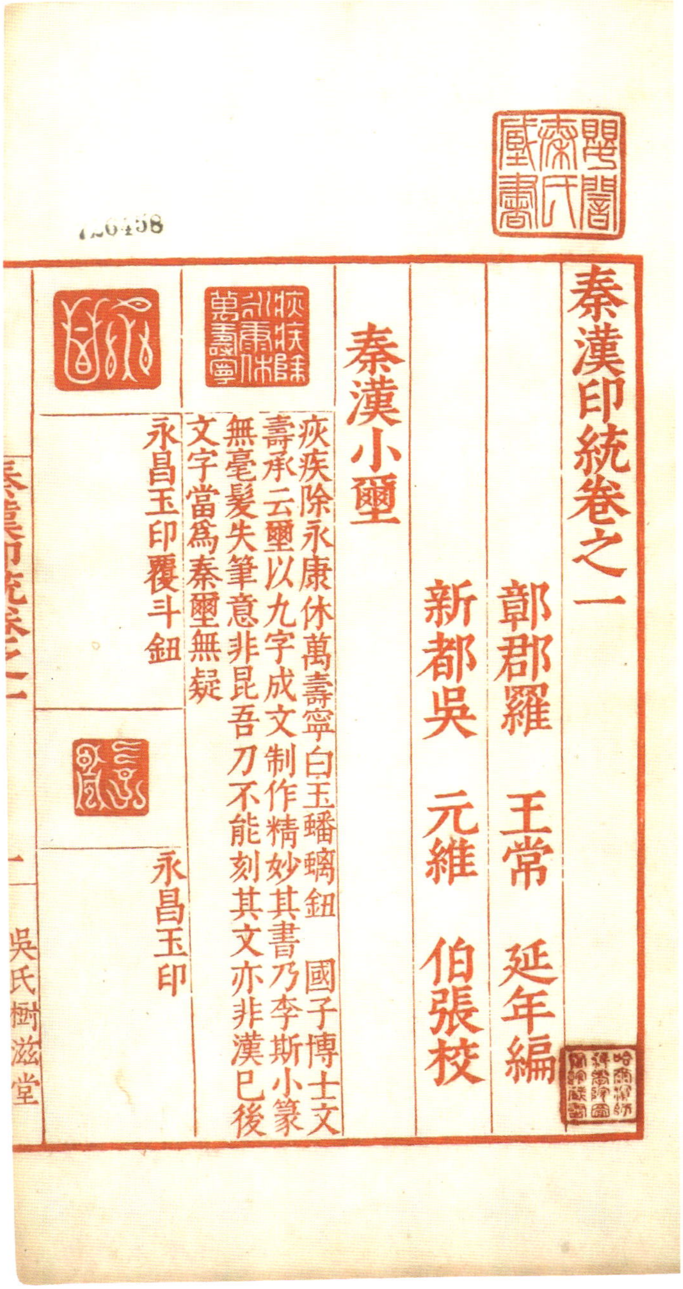
秦漢印統卷之一
鄣郡羅　王常　延年編
新都吳　元維　伯張校
秦漢小璽
疢疾除永康休萬壽寧白玉蟠螭鈕　國子博士文
壽承云璽以九字成文制作精妙其書乃李斯小篆
無毫髮失筆意非昆吾刀不能刻其文亦非漢巳後
文字當爲秦璽無疑
永昌玉印覆斗鈕
永昌玉印
秦漢印統卷之一　一　吳氏樹滋堂

秦漢印統八卷

（明）羅王常編　明萬曆三十四年（1606）吴氏樹滋堂刻朱印本　八册

白口，無魚尾，四周單邊。版框 20.5cm × 13.4cm。

有“抱玉堂”“江都秦更年曼青之印”“嬰闇秦氏藏書”等印。入選第三批《國家珍貴古籍名録》，名録號 08173。

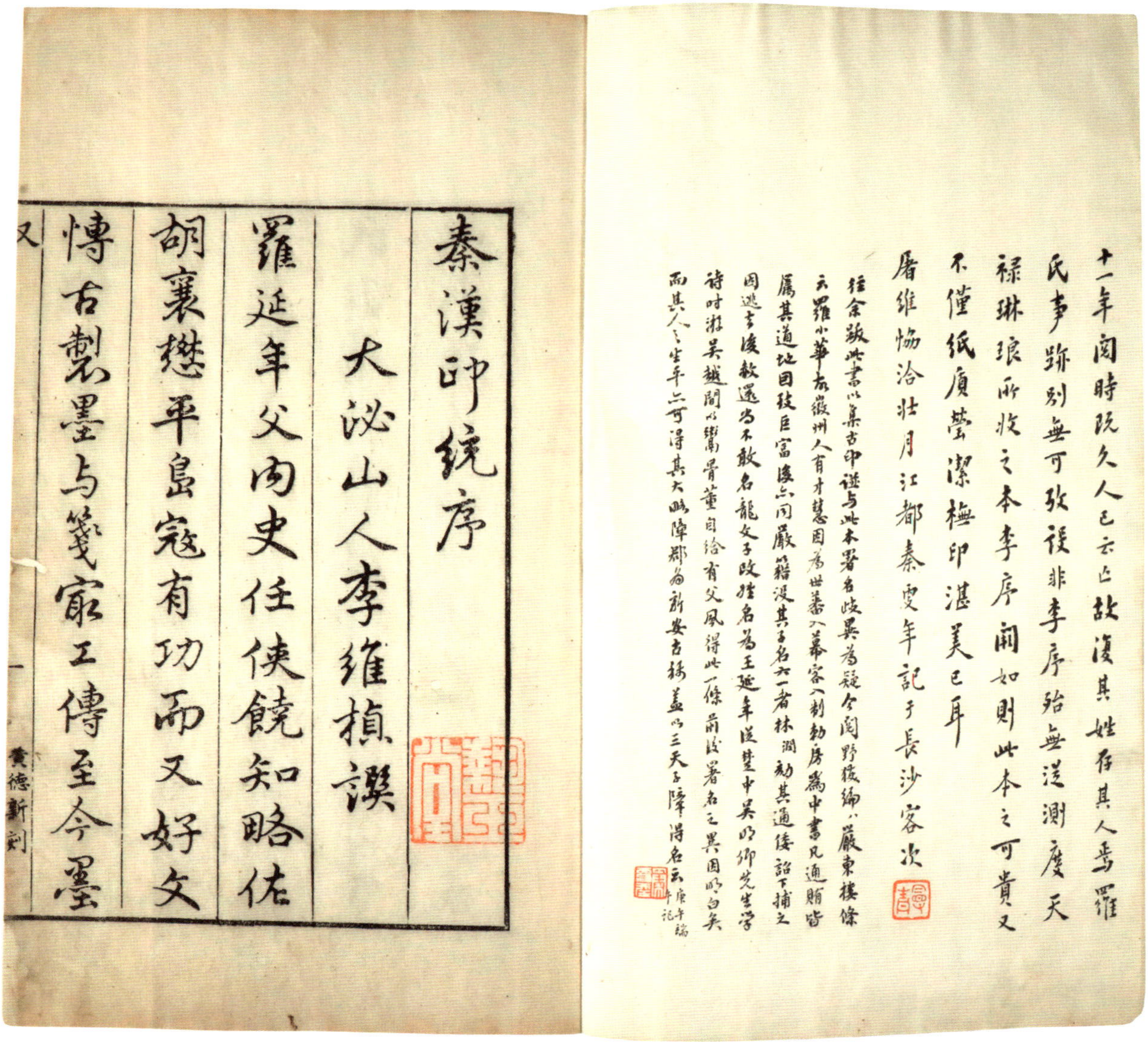

十一年間時既久人已云亡故復其姓存其人焉羅
氏事跡別無可攷復非李序殆無從測度天
祿琳瑯所收之本李序闕如則此本之可貴又
不僅紙質瑩潔極印湛美已耳
屠維協洽壯月江都秦更年記于長沙客次

往余跋此書以集古印譜與此本署名歧異為疑今閱野獲編八嚴東樓條
云羅小華本徽州人有才慧因為世蕃入幕客入制勅房為中書凡通賄皆
屬其道地因致巨富後亦同嚴籍沒其子名六一者林潤劾其通倭詔下捕之
因逃去後赦還尚不敢名龍文子改姓名為王延年從楚中吳明卿先生學
詩嘗游吳越間以鬻骨董自給有父風得此一條前後署名之異因明白矣
而其人之生平亦可得其大略障郡為新安古稱蓋以三天子障得名云 庚午端午記

秦漢印統序

大泌山人李維楨譔

羅延年父內史任俠饒知略佐
胡襄懋平島寇有功而又好文
愽古製墨與箋家王傳至今墨

又 一 貴德新刻

椒音之印銅印鼻鈕

椒欽私印銅印龜鈕

姚輔之印銅印

姚矯　臣矯　姚矯言事　矯言疏　姚世長　姚矯銅六面印

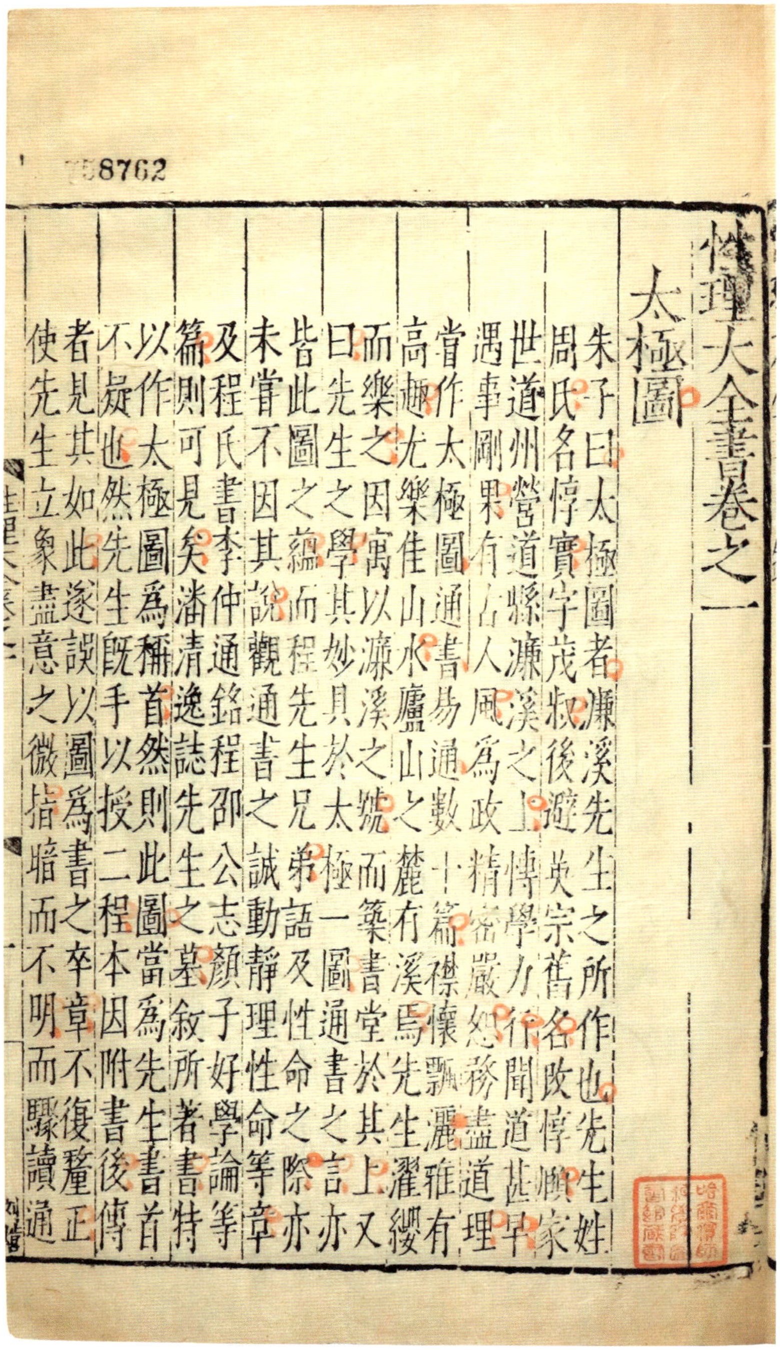
性理大全書卷之一
太極圖
朱子曰太極圖者濂溪先生之所作也先生姓周氏名惇實字茂叔後避英宗舊名改惇頤家世道州營道縣濂溪之上博學力行聞道甚早遇事剛果有古人風爲政精密嚴恕務盡道理甞作太極圖通書易通數十篇襟懷飄灑雅有高趣尤樂佳山水廬山之麓有溪焉先生濯纓而樂之因寓以濂溪之號而築書堂於其上又曰先生之學其妙具於太極一圖通書之言亦皆此圖之蘊而程先生兄弟語及性命之際亦未甞不因其說觀通書之誠動靜理性命等章及程氏書李仲通銘程邵公志顏子好學論等篇則可見矣潘清逸誌先生之墓敘所著書特以作太極圖爲稱首然則此圖當爲先生書首不疑也然先生既手以授二程本因附書後傳者見其如此遂誤以圖爲書之卒章不復釐正使先生立象盡意之微指暗而不明而驟讀通

性理大全書七十卷

（明）胡廣等撰　明嘉靖三十八年（1559）樊獻科刻本　二十四册

半葉十行，行二十字，小字雙行同。白口，順黑魚尾，四周單邊。版框 21.8cm × 14.8cm。入選第三批《國家珍貴古籍名録》，名録號 08304。

御製性理大全書序

朕惟昔者聖王繼天立極以道治
天下自伏羲神農黄帝堯舜禹湯
文武相傳授受上以是命之下以
是承之率能致雍熙悠久之盛者
不越乎道以爲治也下及秦漢以
來或治或否或久或近率不能如

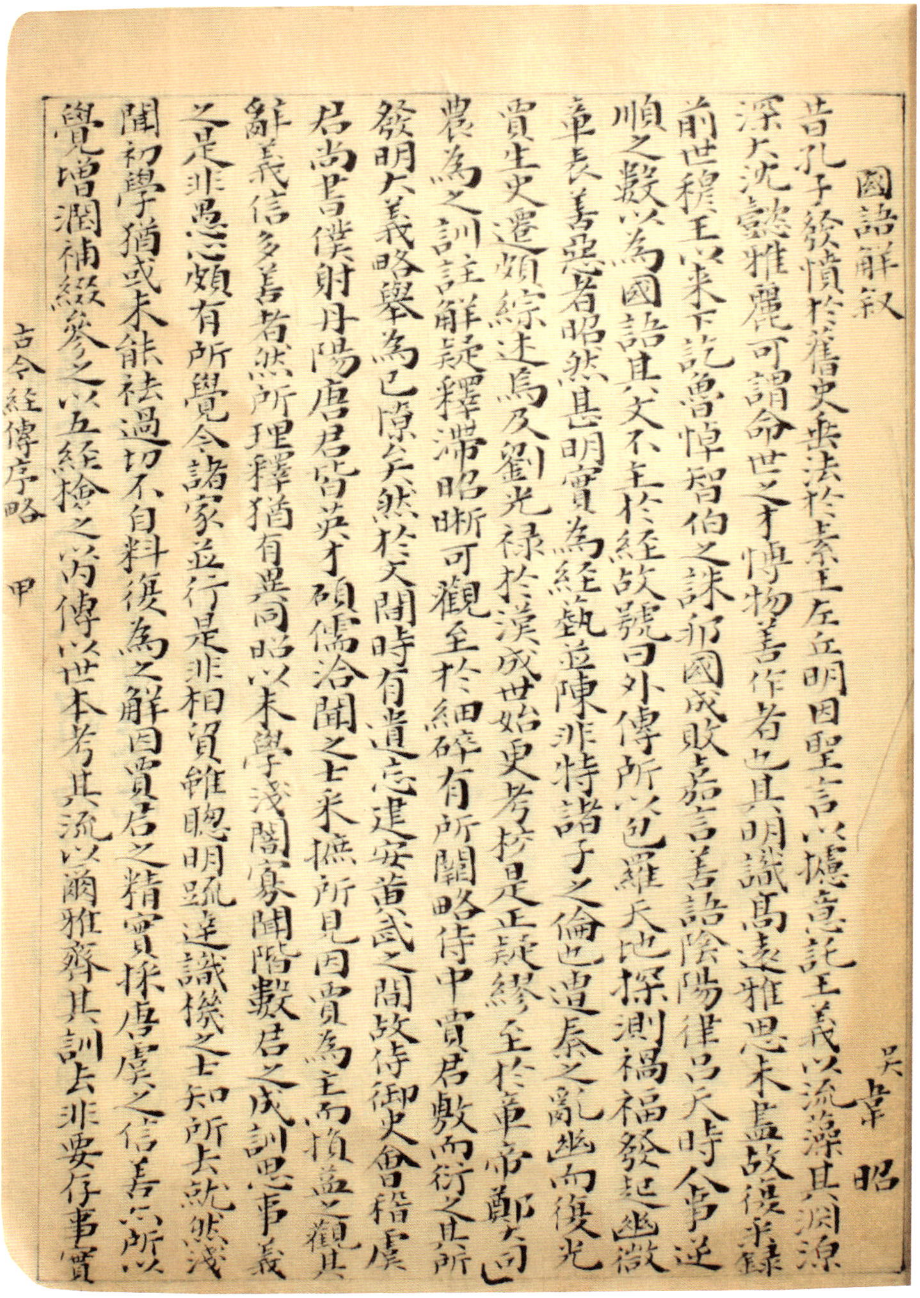

國語解敘

吳　韋昭

昔孔子發憤於舊史垂法於素王左丘明因聖言以攄意託王義以流藻其淵源深大沈懿雅麗可謂命世之才博物善作者也其明識高遠雅思未盡故復采録前世穆王以來下訖魯悼智伯之誅邦國成敗嘉言善語陰陽律呂天時人事逆順之數以爲國語其文不主於經故號曰外傳所以包羅天地探測禍福發起幽微章表善惡者昭然甚明實爲經藝並陳非特諸子之倫也遭秦之亂幽而復光賈生史遷頗綜述焉及劉光禄於漢成世始更考校是正疑謬至於章帝鄭大司農爲之訓注解疑釋滯昭晰可觀至於細碎有所闕略侍中賈君敷而衍之其所發明大義略舉爲已憭矣然於文間時有遺忘建安黄武之間故侍御史會稽虞君尚書僕射丹陽唐君皆英才碩儒洽聞之士也采摭所見因賈爲主而損益之觀其辭義信多善者然所理釋猶有異同昭以末學淺闇寡聞階數君之成訓思事義之是非愚心頗有所覺今諸家並行是非相貿雖聰明疏達識機之士知所去就然淺聞初學猶或未能祛過切不自料復爲之解因賈君之精實采唐虞之信善亦所以覺增潤補綴參之以五經檢之以內傳以世本考其流以爾雅齊其訓去非要存事實

古今經傳序略　甲

古今經傳序略不分卷

（明）張雋輯　明末抄本　八册

半葉十四行，行字數不等。白口，無魚尾，四周單邊。版框 15.4cm × 10.7cm。

有“竹坨讀本”“張雋之印”“一字文通”“潘仲賓”等印。是書目前爲止未見刊本，亦不見公私諸藏家目録，故視爲孤本。入選第六批《國家珍貴古籍名録》，名録號 12606。

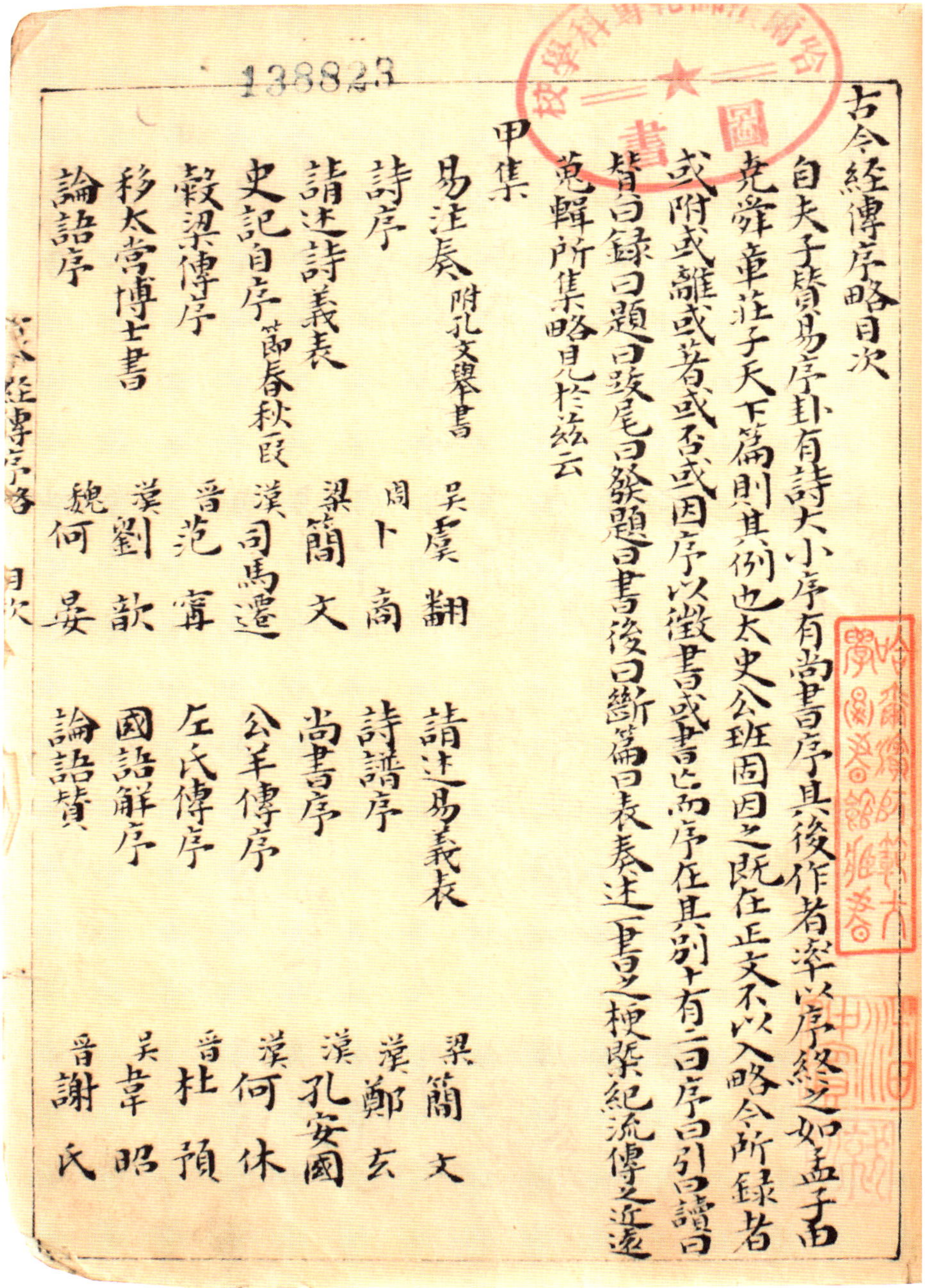

古今經傳序略目次

自夫子贊易序卦有詩大小序有尚書序其後作者率以序終之如孟子首堯舜章莊子天下篇則其例也太史公班固因之既往正文不以入略今所録者或附或離或著或否或因序以徵書或書亡而序在其别十有三曰序曰引曰讀曰贊曰録曰題曰跋尾曰發題曰書後曰斷篇曰表奏述一書之梗槩紀流傳之近遠蒐輯所集略見於茲云

甲集

題古今經傳序略

讀序略者聽之某世某年月日愼勿疾馳車句加深思始皇帝三十四年制可丞相斯非醫藥卜筮種樹之書皆燒之皆燒之六經不絕如絲故漢有京房故吳有虞翻故熙寧己酉孟冬望日文同有黄氏易圖後題故淳熙四年丁酉冬十月戊子序詩集傳新安朱熹春秋善惡並書聖如天寧復無是非翁作序略師仲尼與同森列人自知敬識時日寓所悲

吳興董　說

經　部

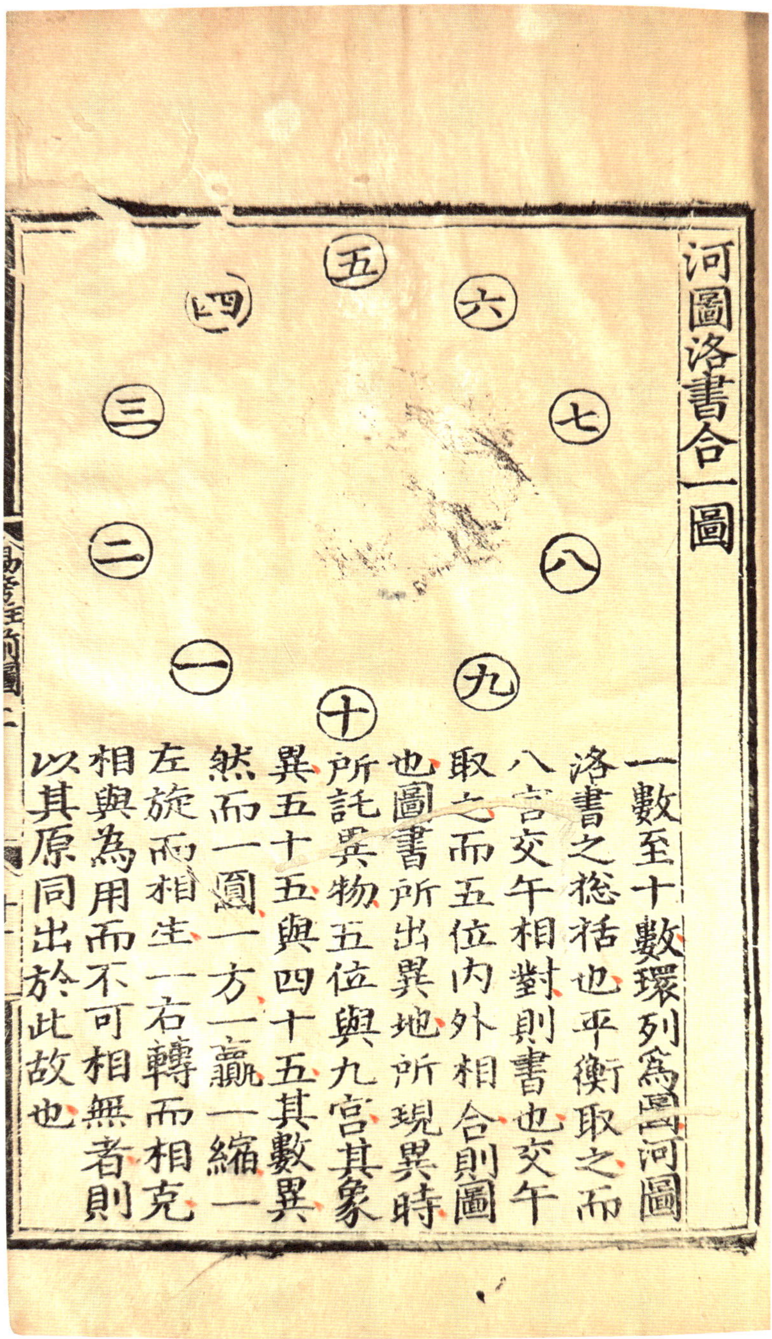
河圖洛書合一圖

五 六 四 三 七 二 八 一 九 十

一數至十數環列爲圖河圖洛書之捴括也平衡取之而八宮交午相對則書也交午取之而五位內外相合則圖也圖書所出異地所現異時所託異物五位與九宮其象異五十五與四十五其數異然而一圓一方一贏一縮一左旋而相生一右轉而相克相與為用而不可相無者則以其原同出於此故也

周易旁註前圖二卷

（明）朱升撰　（明）朱慶臣重輯　明刻本　二册

上册半葉十行，行二十字，小字雙行同。下册半葉十行，行字數不等。黑口，順黑魚尾，四周雙邊。版框 19cm × 13.7cm。

先天後天合一圖

八卦配爲四對

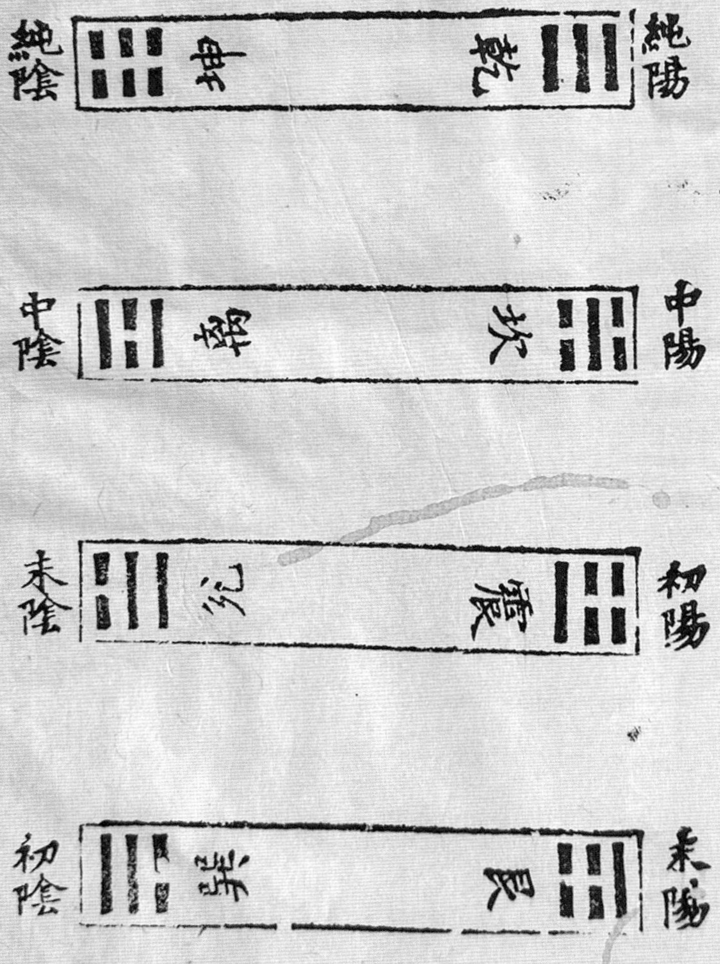

易大傳曰河出圖洛出書聖人則之○又曰天一地二天三地四天五地六天七地八天九地十一三五七九陽奇天數二四六八十陰偶地數天數五地數五五位相得而各有合天數二十有五地數三十凡天地之數五十有五此所以成變化而行鬼神也此章言河圖之數○漢書五行志劉歆曰伏羲氏繼天而王受河圖則而畫之八卦是也禹治洪水賜洛書法而陳之洪範是也○邵子曰圓者星也天之星有五宮東宮蒼龍北宮玄武西宮白虎南宮朱雀中宮紫微垣是也五者有中央四邊而無四角無四角故圓歷紀之數其肇於此乎歷紀之數皆以五起五者五行之一周也五日為一候二其五者十干之一周也十日為一旬三其五為一氣六其五為一月

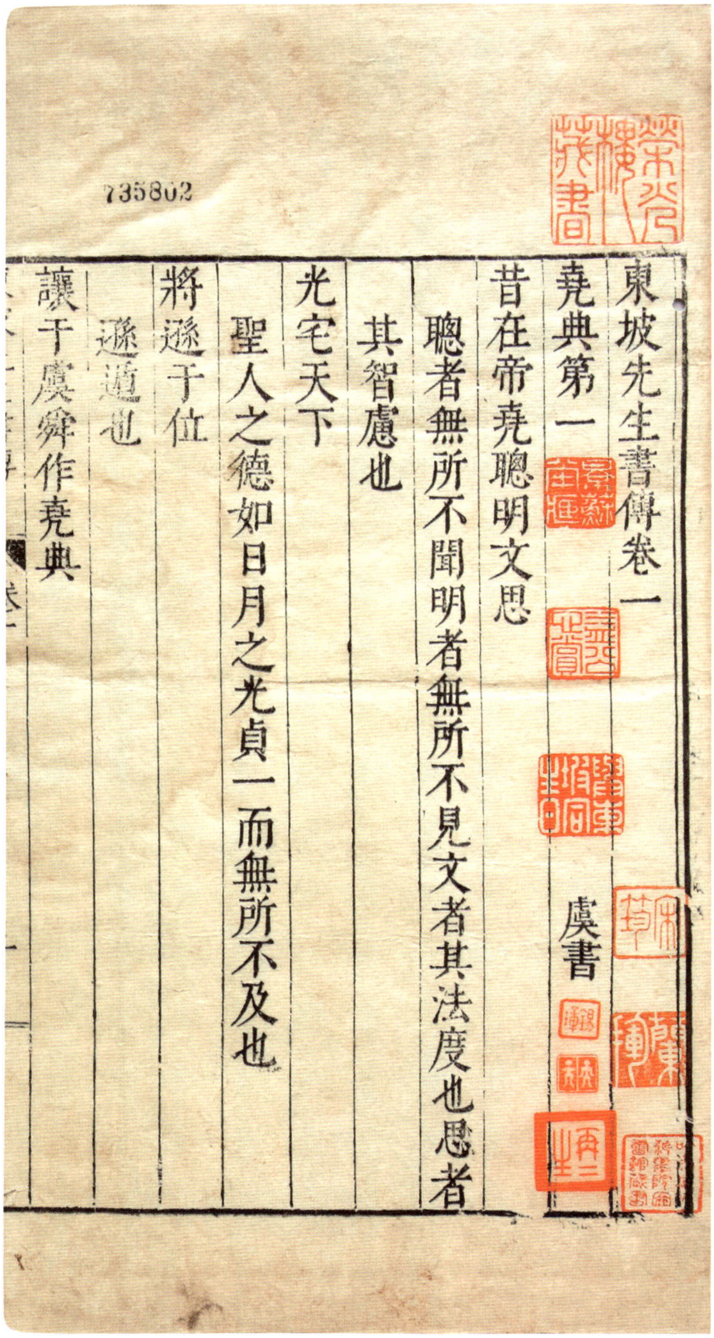
735802

東坡先生書傳卷一

堯典第一　虞書

昔在帝堯聰明文思

聰者無所不聞明者無所不見文者其法度也思者

其智慮也

光宅天下

聖人之德如日月之光貞一而無所不及也

將遜于位

遜遁也

讓于虞舜作堯典

東坡先生書傳二十卷

（宋）蘇軾撰　明萬曆刻本　十册

半葉十行，行二十一字。白口，單黑魚尾，左右雙邊。版框 22cm × 15.2cm。有“榮光樓藏書”“景蘇堂臧”“錫輝”“蘭揮”等印。

隩室也民老幼皆入室

鳥獸氄毛

氄軟厚也

帝曰咨汝羲暨和朞三百有六旬有六日以閏月定四時成歲

暨與也周四時曰朞朞當三百六十五日四分日之一而云六日舉其全也歲止得三百五十四日故以閏月定而正之有讀爲又古有又通

允釐百工庶績咸熙

釐理工官也績功也熙光明也

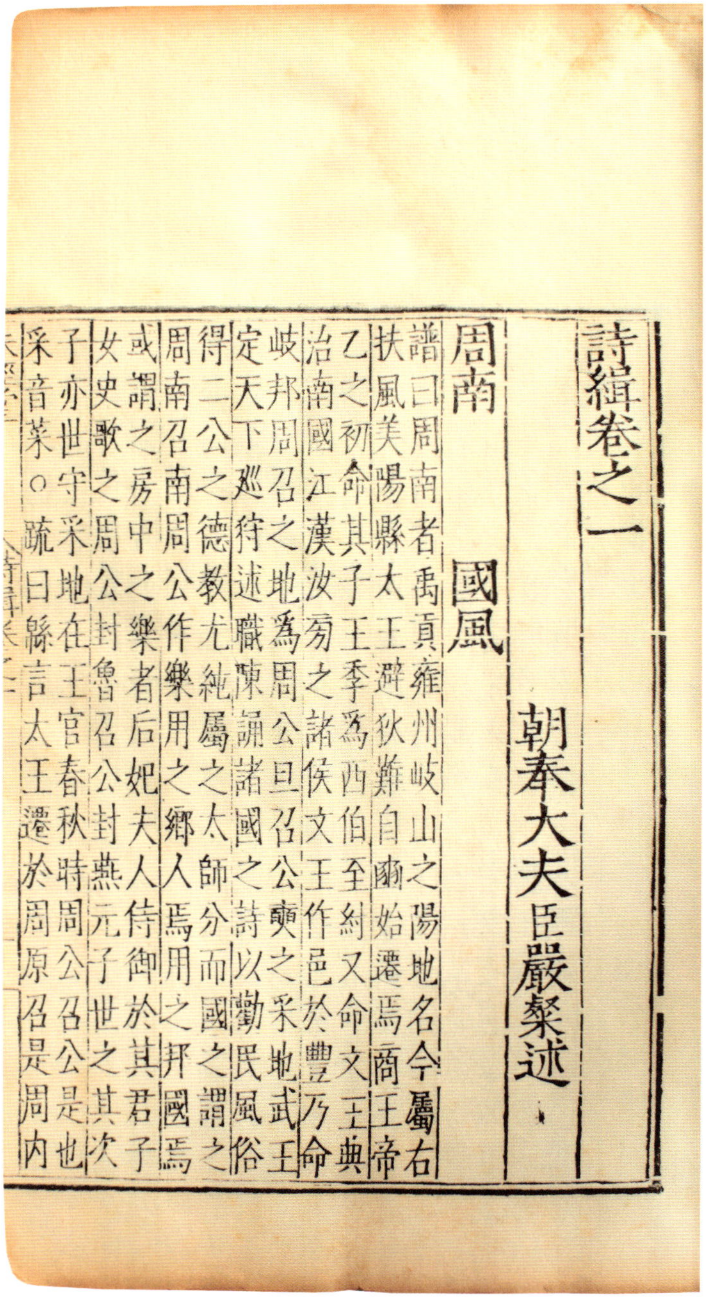

詩緝三十六卷

（宋）嚴粲撰　明嘉靖趙府味經堂刻本　十二册

半葉九行，行十八字，小字雙行同。白口，單白魚尾，四周雙邊。版框 20cm × 14.3cm。

有“謙牧堂藏書記”“謙牧堂書畫記”“壽鑫齋主人朱述盦所藏善本”“武原朱彭壽印”“筱汀一字述盦”等印。

嚴氏詩緝序

敘曰六經皆厄於傳疏詩爲甚我朝歐蘇王劉諸鉅儒雖擺落毛鄭舊說爭出新意而得失互有之東萊呂氏始集百家所長極意條理頗見詩人趣味然疏缺渙散要未爲全書蓋詩於人學自爲一宗筆墨蹊徑或不可尋逐非若他經然其流既爲騷爲選爲唐古律而吾聖人所謂可以興觀羣怨孟子所謂以意逆志者悉付之眀經家艾軒林先生嘗曰鄭康成以三禮之學

貪欲崇高得名之心其能得天下之與如是乎惟其處己也夔夔然存恭畏之心存誠也蕩蕩然無顧慮之意所以不失其聖德音所以不瑕也先儒以狼跋疐不失其猛與周公不失其聖奚若虎豹胡獨取狼也古之詩人比興以類也是以香草譬君子惡鳥譬小人豈有以豺狼興聖人乎且以上二句言跋言疐安有几几不暇之義但此詩體與他詩不同故不通耳

狼跋二章章四句

詩緝卷之十六

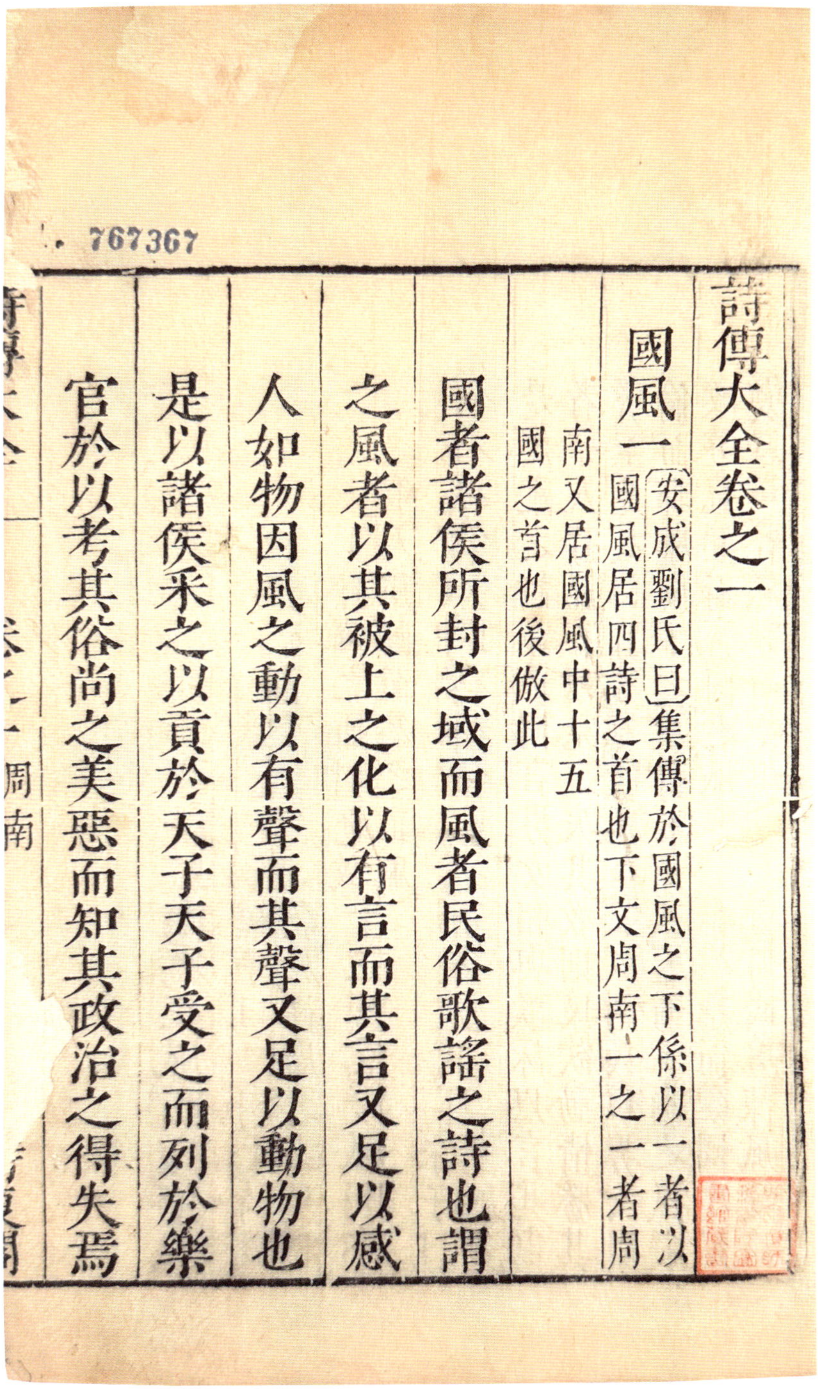

詩傳大全卷之一

國風一安成劉氏曰集傳於國風之下係以一者以國風居四詩之首也下文周南一之一者周南又居國風中十五國之首也後倣此

國者諸侯所封之域而風者民俗歌謠之詩也謂之風者以其被上之化以有言而其言又足以感人如物因風之動以有聲而其聲又足以動物也是以諸侯采之以貢於天子天子受之而列於樂官於以考其俗尚之美惡而知其政治之得失焉

詩傳大全二十卷詩圖一卷綱領一卷詩序一卷

（明）胡廣等編輯　明詩瘦閣刻本　八册

半葉八行，行二十一字，小字雙行同。白口，無魚尾，左右雙邊。版框 19.2cm × 14.5cm。

兵器服圖

甲

秦無衣

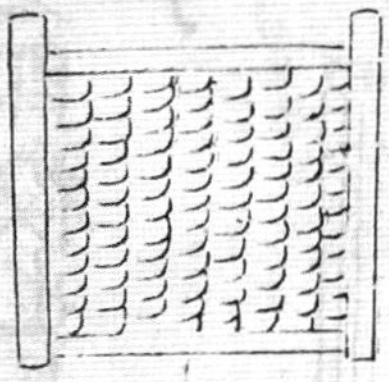

古者三甲以革爲之犀甲壽百年兕甲壽二百年合甲壽三百年後世乃用金耳

胄

閟宮

說文曰冑兜鍪也兜鍪首鎧也

干

公劉

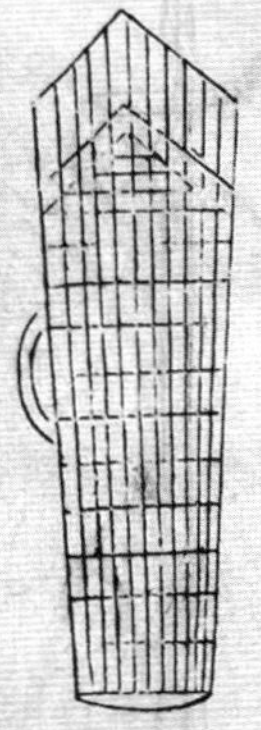

干楯也自關而東或謂之干或謂之楯關西謂之楯

戈

戈秘長六尺有六寸戈主於刺

○七月流火八月萑(戶官反)葦(韋鬼反)蠶月條(它彫反)桑取彼斧斨(七羊反)以伐遠揚猗(於宜反)彼女桑七月鳴鵙(圭覓反)八月載績載玄載黃我朱孔陽爲公子裳

賦也萑葦卽蒹葭也蠶月治蠶之月(臨川王氏曰蠶長非一月故不指言某月也○安成劉氏曰蠶月雖不可指定某月然其既條取大桑復猗彼女桑大約當在建辰之月蠶盛之時先儒或疑此詩獨闕三月蓋已具於蠶月之間矣)條桑枝落之采其葉也斧隋(駝妥二音)銎(音穹)斨方銎(釋文曰隋孔形狹而長銎斧孔也○孔氏曰斨卽斧也惟銎孔與耳)遠揚遠枝揚起者也(孔氏曰長條揚起手所不及故枝落之而采其

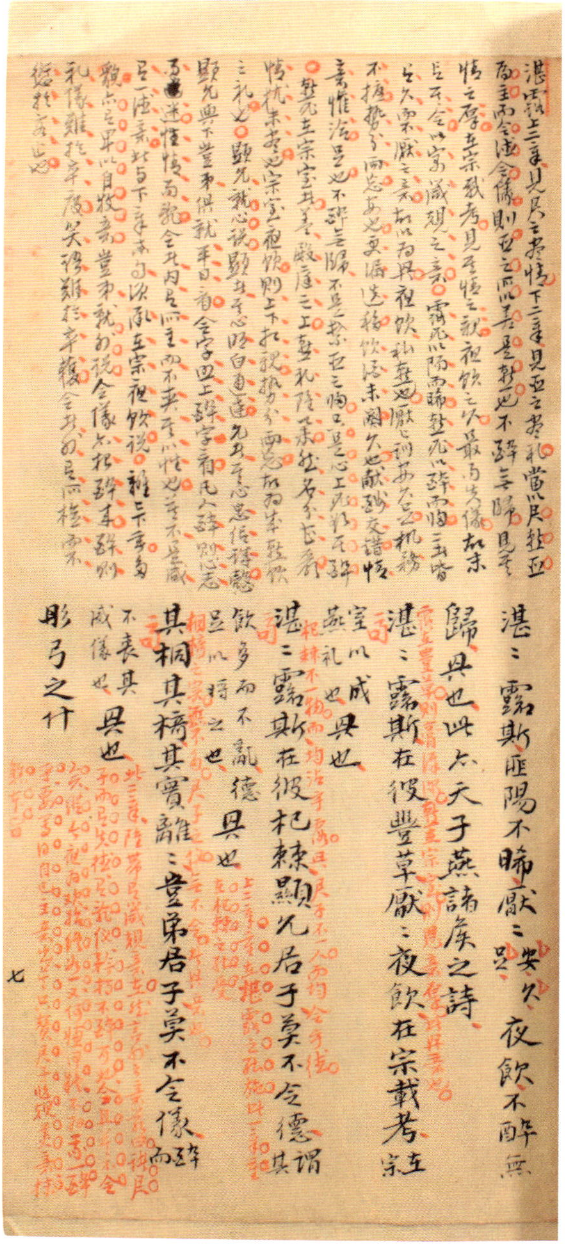

硃墨批校稿本毛詩不分卷

（□）□□撰　明稿本　二册

上部半葉行字不等；下部半葉九行，行十七字，小字雙行同。無邊框，開本 25cm × 14.7cm。

有“天廣氏”印。書根印“硃墨批校稿本毛詩”，據此定書名。書中所書内容可分爲三類：一是有《毛詩》本文、簡注及批語。二是只録《毛詩》本文及簡注，而無批語。三是既無《毛詩》本文、簡注，又無批語，但仍録毛詩篇名。不避清諱。

之後而四章之三又在方阜堅好之先四段字二不字俱自
苗時而望其成功宜經之連嘆說苗害當除不重出
成次第工害不指止於田穉而穉禾、禾尤長所采以長之
祈田祖以除害為曾孫嘗琴瑟擊鼓以祀之祈望
之如此大之未全除苗害工而以工藏年穀而保永上
章祈甘雨來先公後私此同是先後異世民情如此抱白
同公田而私田因自蒙其餘澤也彼是五句重是餘工穉
是穗之低小刈獲之而不及此一束曰穧是已刈而收歛之而
不及此會未曰秉是犛成之而不盡此一莖曰穗不是
刈而散亂秉束之而不及此彼此二字活看見動處比
有寡婦之利只經常餘意及人可曾孫穀士女意也
於頹之重畏待未收而形狀之如此通重怙民使意
曾孫田甫田章是民上有農而見農夫之勤此則農
夫私於以彼民工之心一為耘耔之時一為收歛之時不可
混之首首句是農夫私言之詞下四句人之言曾孫隆為首

有渰（雲興貌）萋萋（萋之）興雨祁祁（徐也雨徐則入土）雨我公田遂及我私彼有不獲穉此有不歛穧彼有遺秉此有滯穗伊寡婦之利賦也

曾孫來止以其婦子饁彼南畝田畯至喜來方禋祀以其騂黑（實稷四方之神赤南北以例餘）與其黍稷以享以祀以介景福賦也

瞻彼洛矣維水泱泱（深廣也）君子（指天子也）至止福祿如茨（積也）韎韐有奭（御韎韐之韐奭然而鮮明）以作六師賦也此天子會諸侯於東都以講武事而詩

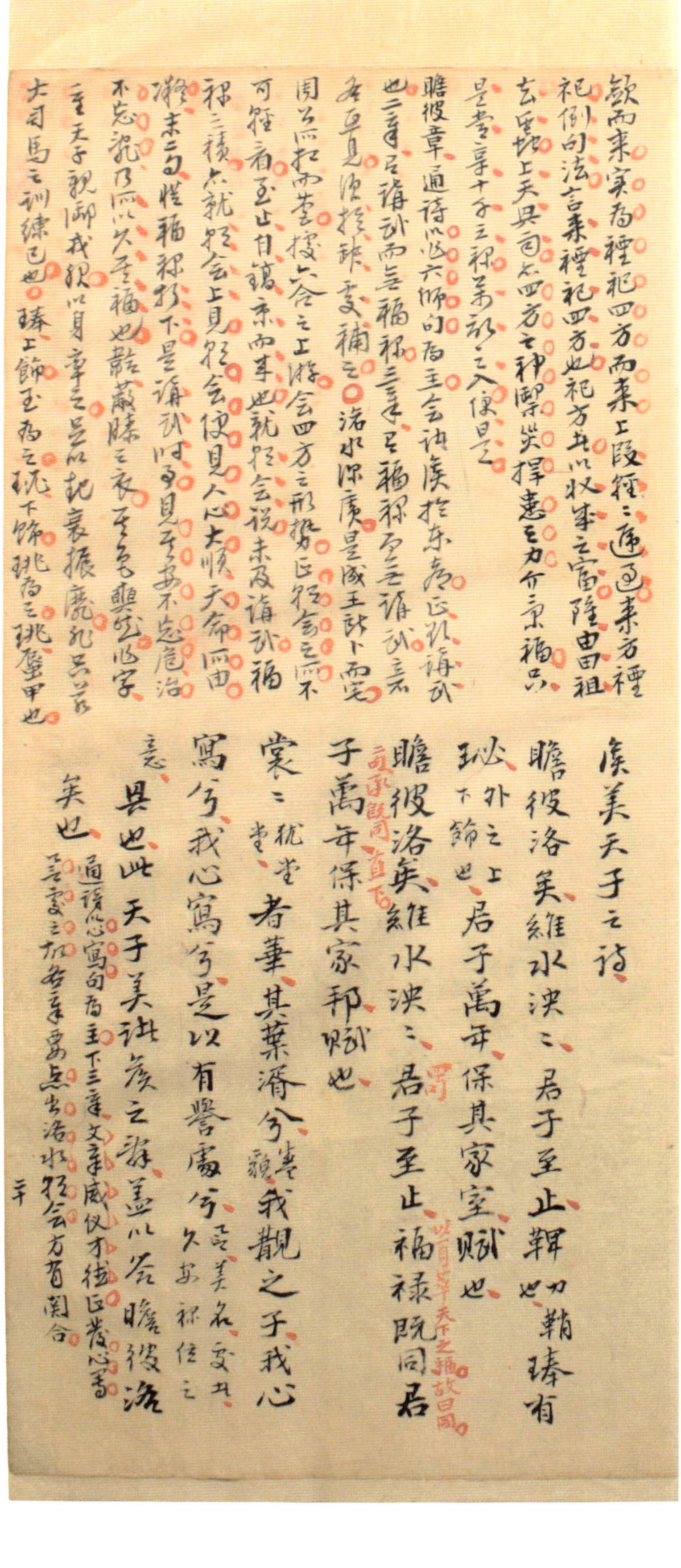

欽而來實為禋祀四方而來上段經之遹邑來方禋
祀倒句法言來禋祀四方也祀方其以收年之富隆曲田祖
玄[illegible]上天其司[illegible]四方之神潔禋揖惠之力介景福只
是豈享十千之祿第部之入使是之
瞻彼章通詩以作六師句為主會諸侯於東為正執講武
也二章言講武而無福祿三章言福祿而不言講武云
無五見[illegible]報[illegible]變補之 洛水深廣是成王詠下而宅
周公所相而營搜六合之上游會四方之形勢正相會之所不
可輕看至止自鎬京而來也就相會說未及講武福
祿之積亦就相會上見相會使見人心大順天命所由
凝來二句惟福祿於下是講武時可見至于安不忘危治
不忘亂乃所以為受福也韐蔽膝之衣至會執所以守
之至天子親御戎服以自率之是所起衰振靡欲其為
大司馬之訓練已也 琫上飾玉為之珌下飾珧為之珧蜃甲也

侯美天子之詩

瞻彼洛矣維水泱泱君子至止韠也刀鞘琫有
珌外之上下飾也君子萬年保其家室賦也
瞻彼洛矣維水泱泱竭君子至止福祿既同以有其天下之福故曰同君
子萬年保其家邦賦也言家與邦同直下
裳裳猶堂堂者華其葉湑兮盛貌我覯之子我心
寫兮我心寫兮是以有譽處兮言美名安其久安祿位之
意
是也此天子美諸侯之辭蓋以答瞻彼洛
矣也通詩以寫句為主下三章文章威儀才德臣發心曹言變之極無事要點出洛水相會方有闔合
平

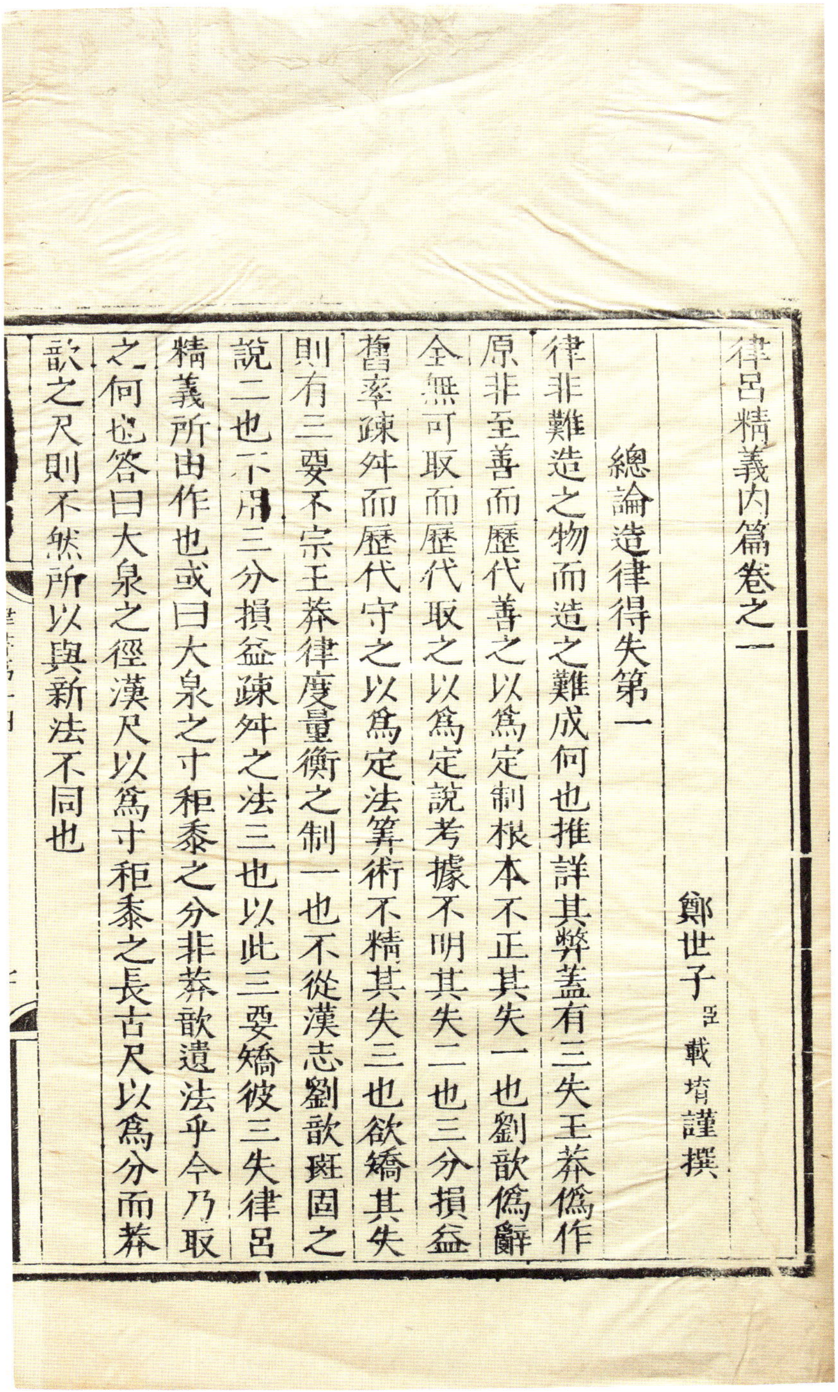
律呂精義内篇卷之一
總論造律得失第一　　鄭世子臣載堉謹撰
律非難造之物而造之難成何也推詳其弊蓋有三失王莽僞作
原非至善而歷代善之以爲定制根本不正其失一也劉歆僞辭
全無可取而歷代取之以爲定說考據不明其失二也三分損益
舊率疎舛而歷代守之以爲定法筭術不精其失三也欲矯其失
則有三要不宗王莽律度量衡之制一也不從漢志劉歆班固之
說二也不用三分損益疎舛之法三也以此三要矯彼三失律呂
精義所由作也或曰大泉之寸秬黍之分非莽歆遺法乎今乃取
之何也答曰大泉之徑漢尺以爲寸秬黍之長古尺以爲分而莽
歆之尺則不然所以與新法不同也

樂律全書四十八卷

（明）朱載堉撰　明萬曆内府刻本　四十八册

半葉十二行，行二十五字。黑口，對黑魚尾，四周雙邊。版框 24.8cm × 20cm。

四弦蕤賓為商　吹凡字按十徽定之實音為應鍾散聲即蕤賓

五弦夷則為角　吹合字按十一徽定之實音為黃鍾散聲即夷則

六弦無射為中　吹四字按十一徽定之實音為太蔟散聲即無射

七弦應鍾為徵　吹一字按十徽定之實音為姑洗散聲即應鍾

建辰月姑洗均操縵

姑洗之宮在第三弦

姑洗正律為宮　芎芑芎芑芎芑芎芑芎芑芎芑芎芑　竝同作

應鍾正律為徵　芑蒟芑蒟芑蒟芑蒟芑蒟芑蒟芑蒟　竝同作

蕤賓正律為商　茴芍茴芍茴芍茴芍茴芍茴芍茴芍　竝同作

大呂正律為羽　芍菧芍菧芍菧芍菧芍菧芍菧芍菧　竝同作

夷則正律為角　菧芍菧芍菧芍菧芍菧芍菧芍菧芍　竝同作

夾鍾正律為和　芍茵芍茵芍茵芍茵芍茵芍茵芍茵　竝同作

無射正律為中　茵芍茵芍茵芍茵芍茵芍茵芍茵芍　竝同作

六律特管小樣

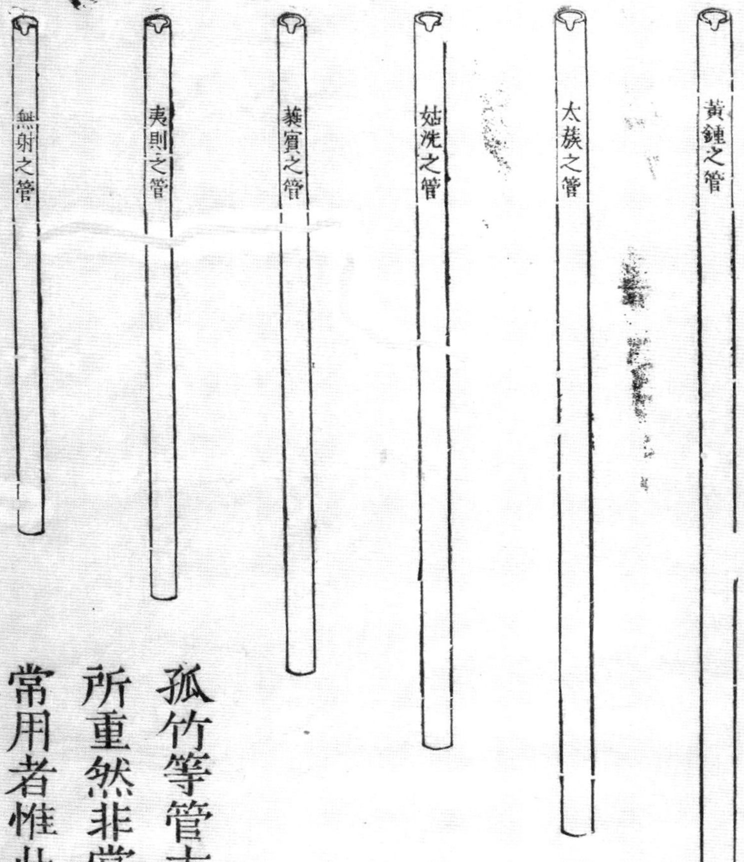

孤竹等管古人所重然非常用常用者惟此耳

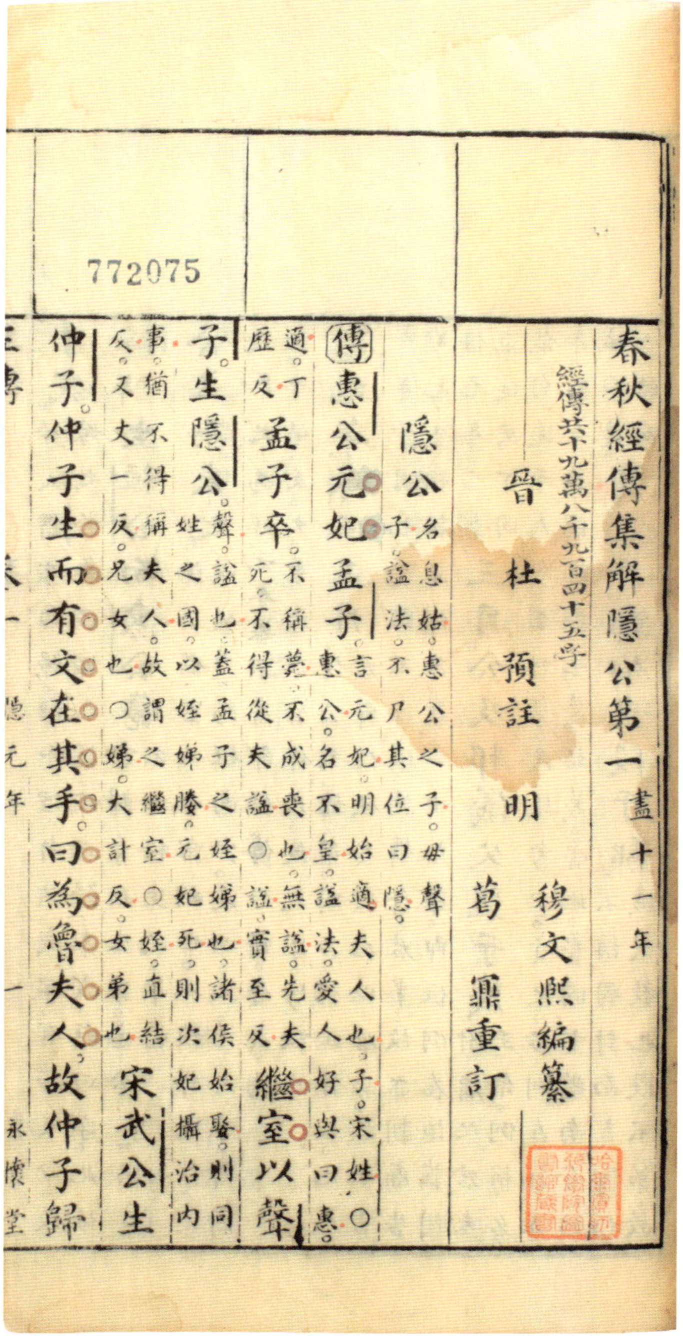

春秋經傳集解三十卷名號二卷年表一卷

（晋）杜預註　（明）穆文熙編纂　（明）葛鼒重訂　明刻本　五册

半葉九行，行二十字，小字雙行同。白口，無魚尾，左右雙邊。版框 21.9cm × 12.5cm。有“曾在何某坨處”印。書根印“明刊春秋評苑”。

少師

孫應鰲曰此節事情極為曲折左氏敘之曲盡其妙

呂氏曰伯比一毀軍而納少師之譬猶置毫末之毒於其心而使隨之君臣自勝自負自予自奪如輪如機不得少息而吾拱手

陽隨縣使薳章求成焉○薳章楚大夫○薳于委反軍於瑕以待之瑕隨地隨人使少師董成少師隨大夫董正也○少詩照反鬬伯比言於楚子曰吾不得志於漢東也我則使然鬬伯比楚大夫令尹子文之父我張吾三軍而被吾甲兵以武臨之彼則懼而協以謀我故難間也漢東之國隨為大隨張必棄小國張自侈大也○隨張豬亮反一如字小國離楚之利也少師侈請羸師以張之羸弱也○羸劣追反熊率且比曰季梁在何益熊率且比楚大夫季梁隨賢臣○率音律且子余反鬬伯比曰以為後圖少師得其君言季梁之諫不過一見從隨侯卒當以少師為計故云以為後圖○二年蔡侯鄭伯會于鄧始懼楚楚子自

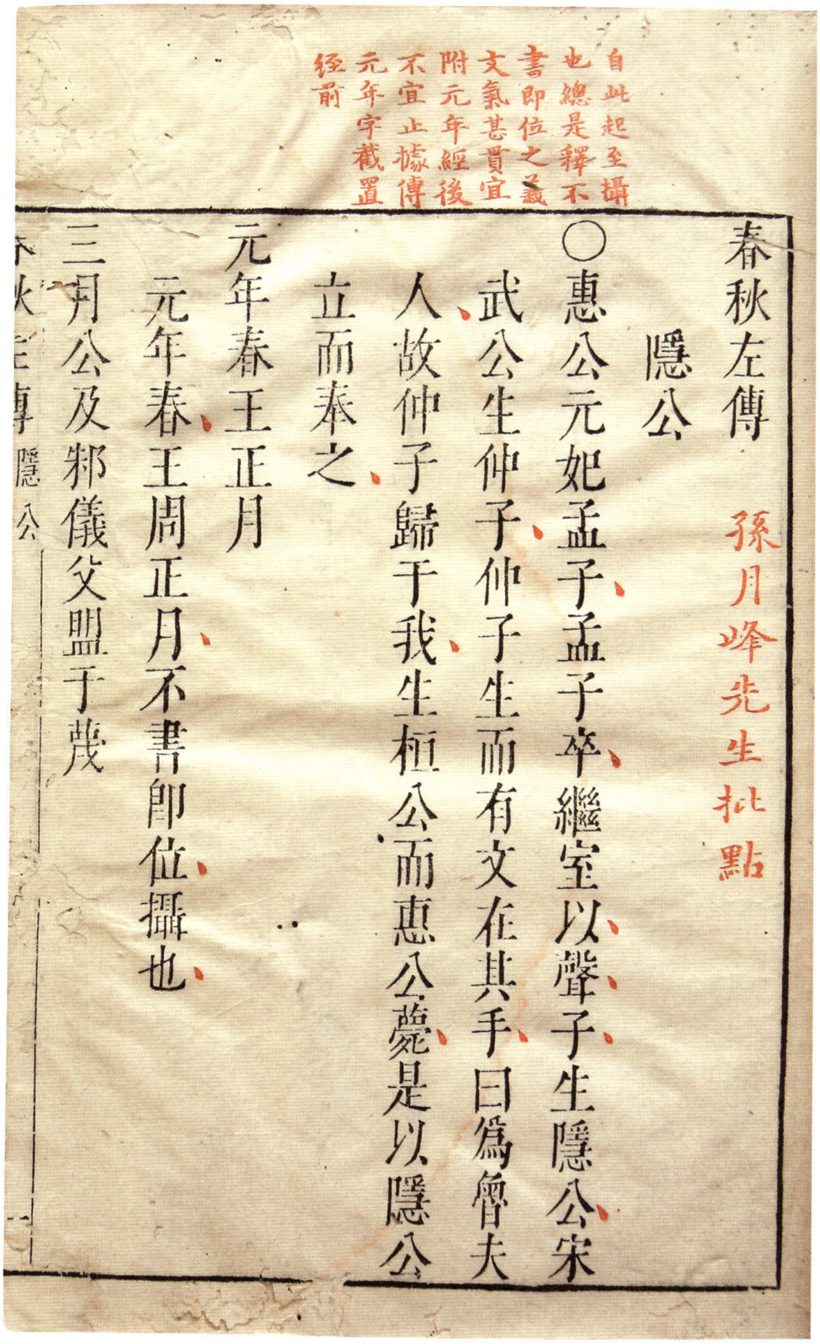

春秋左傳十五卷

（明）孫月峰批點　明萬曆四十四年（1616）閔氏刻朱墨套印本　十册

半葉九行，行十九字。白口，無魚尾，四周單邊。版框 21.2cm × 15cm。書根印“閔氏春秋”。

不辨名分却只論質之無益昔人所駁良是菜器水明是本字[illegible]上

祔于姑故不曰薨不稱夫人故不言葬不書姓爲公故曰君氏

○鄭武公莊公爲平王卿士王貳于虢鄭伯怨王王曰無之故周鄭交質王子狐爲質於鄭鄭公子忽爲質於周王崩周人將畀虢公政四月鄭祭足帥師取溫之麥秋又取成周之禾周鄭交惡君子曰信不由中質無益也明恕而行要之以禮雖無有質誰能閒之苟有明信澗谿沼沚之毛蘋蘩薀藻之菜筐筥錡釜之器潢汙行潦

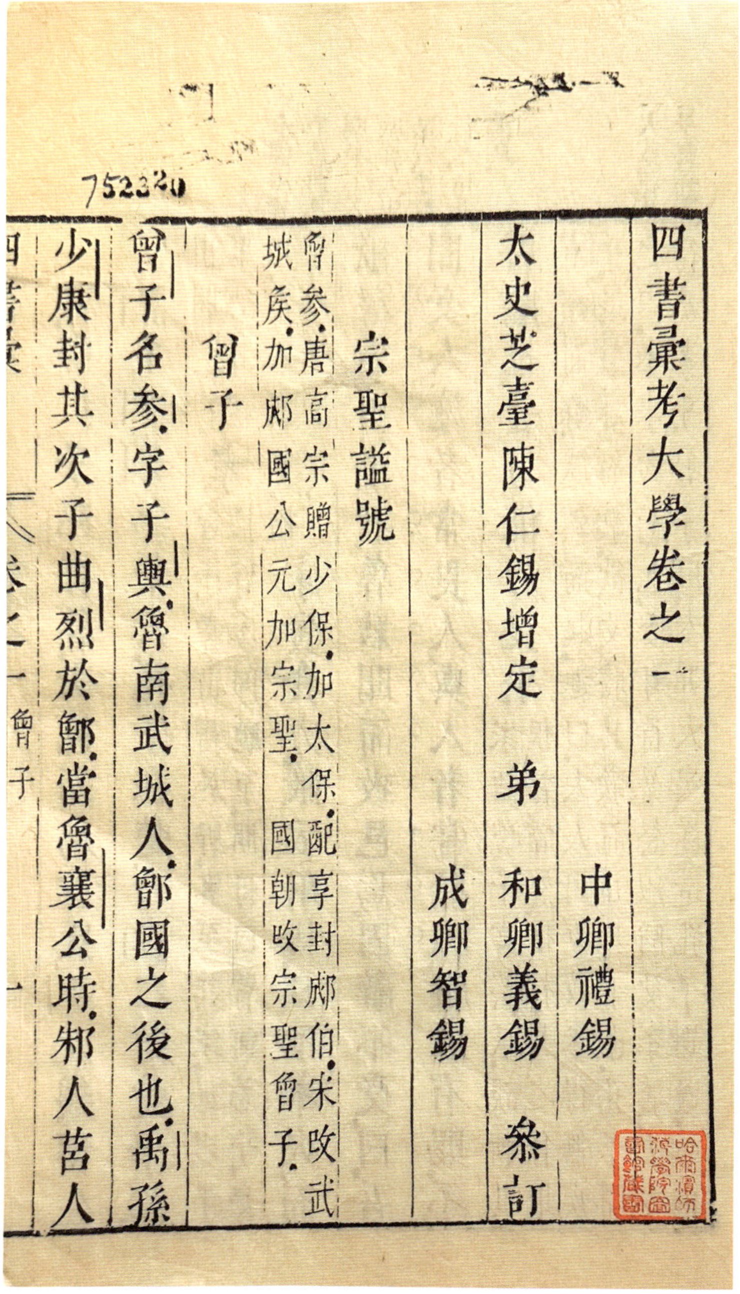

四書彙考二十八卷考異一卷

（明）陳仁錫增定　明崇禎七年（1634）刻本　十册

半葉九行，行十九字，小字雙行同。白口，單白或單黑魚尾，四周單邊。版框 20.9cm × 14cm。

有“諸暨圖書館收藏印”“諸暨圖書館之符信”印。叙題“四書備考”，版心題“四書彙”。

按顏子早卒，聖道傳于曾子，曾子傳于子思，子思傳于孟子，其

四書彙考中庸卷之三

述聖子思謚號

漢唐以來，中庸列于禮記，故子思之學不顯。至宋表章大學中庸，與論語並列爲四書，乃以徽宗崇寧元年封爲沂水侯，大觀二年從祀先聖，端平二年詔以子思升祀堂上，列于十哲之間。度宗咸淳三年，加封沂國公，升配享。元文宗至順元年，加贈沂國述聖公。國朝嘉靖九年，改稱述聖子思子。

子思

孔伋，字子思，伯魚之子，孔子之孫也。逮事孔子，而受業於曾子。嘗著書四十九篇。年十六適宋，宋大夫樂朔與之言學焉。朔曰：尚書虞夏數四篇首也，

李延平曰虛一而靜心方實則物乘之物乘之則動心方動則氣乘之氣乘之則惑惑斯不一矣則喜怒哀樂皆不中節矣

名一須臾一日一夜有三十須臾

喜怒哀樂

白虎通云夫喜怒哀樂之發與清煖寒暑其實一類也喜氣爲煖而當春怒氣爲清而當秋樂氣爲太陽而當夏哀氣爲太陰而當冬四氣者天與人所同有也非人所當畜也故可節而不可止也明王正喜以當春正怒以當秋正樂以當夏正哀以當冬上下法此以取天之道春氣愛秋氣嚴夏氣樂冬氣哀愛氣以生物嚴氣以成功樂氣以養生

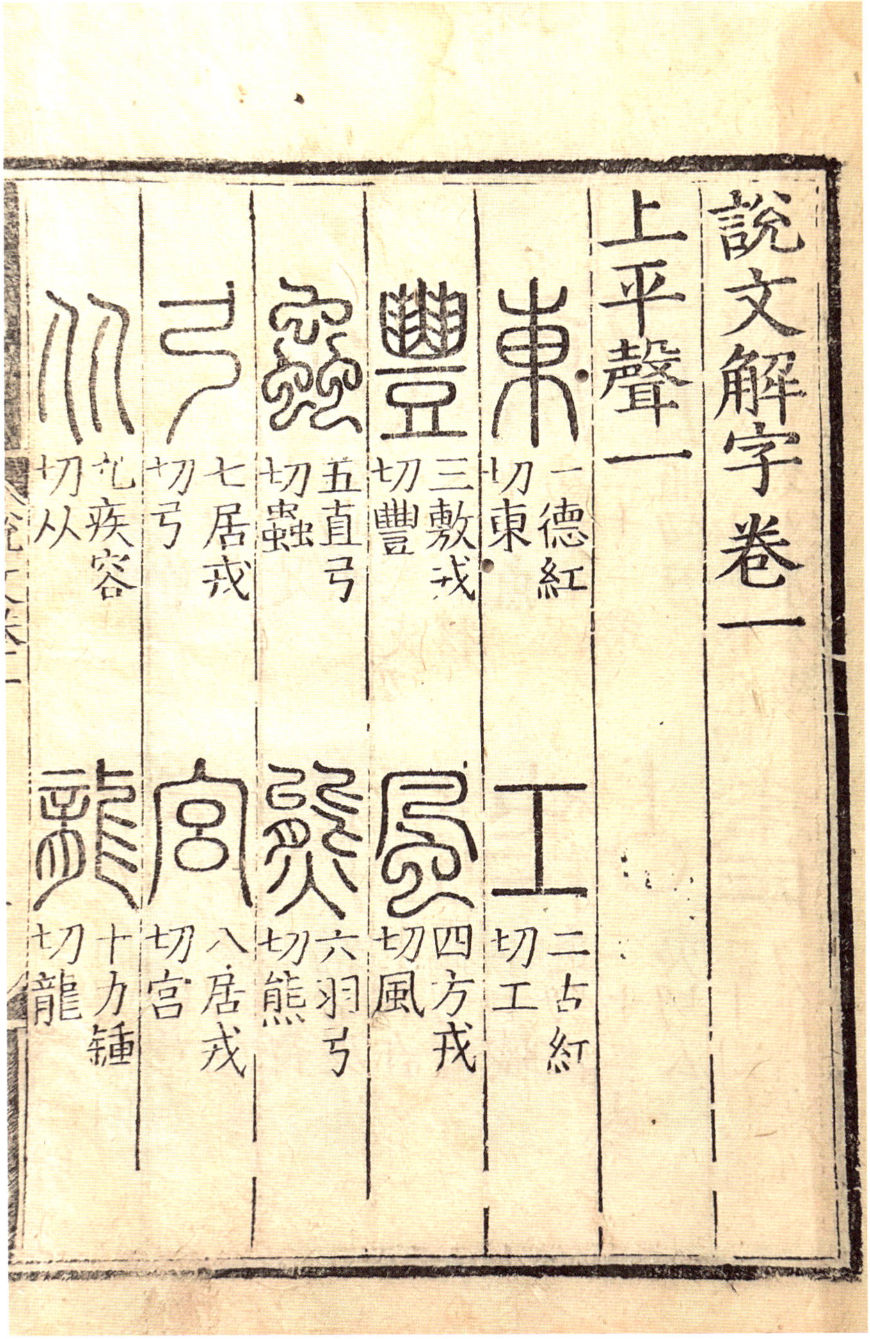
說文解字卷一
上平聲一
東 一德紅切東　工 二古紅切工
豐 三敷戎切豐　風 四方戎切風
蟲 五直弓切蟲　熊 六羽弓切熊
弓 七居戎切弓　宮 八居戎切宮
从 九疾容切从　龍 十力鍾切龍

說文解字十二卷

（漢）許慎撰　**說文異同一卷**　（明）陳大科集　明萬曆二十六年（1598）陳大科刻本　六册

半葉七行，行字數不等，小字雙行字數不等。黑口，對黑魚尾，四周雙邊。版框 24cm × 17.6cm。

說文異同

明陳大科集

按說文漢和帝時許慎纂慎子許沖上之安帝唐李陽冰刊定宋初徐鉉增正如詔志蠆个諸字闕誤鉉雖亦以次列恐不勝紀載且筆迹小異亦不止乃凡數字鉉弟鍇同時注釋太宗雍熙三年刻于國子監按是書訂于大曆增補于雍熙安得獨言許氏又舊本加五音韻譜四字據許沖上書自稱說文解字陳直齋謂有部序二篇通論

啻藋从艸翟聲徒弔切

萺 艸也从艸冒聲莫報切

菿 艸水倒从艸到聲都盜切

莝 斬芻从艸坐聲麤臥切

藉 祭藉也一曰艸不編狼藉从艸耤聲慈夜切又秦昔切

蔗 藷蔗也从艸庶聲之夜切

⿱艹暘 艸茂也从艸暘聲女亮切

⿱艹釀 菜也从艸釀聲女亮切

⿱艹⿴囗茻 艸也从艸⿴囗茻聲⿴囗茻籀文囿于救切

⿱艹造 艸皃从艸造聲初救切

茂 艸豐盛从艸戊聲莫候切

蓩 毒艸也从艸務聲莫候切

䓮 細艸叢生也从艸敄聲莫候切

蔭 艸陰地从艸陰聲於禁切

蘸 以物没水也此蓋俗語从艸未詳斬陷切

○

藗 牡茅也从艸遬聲遬

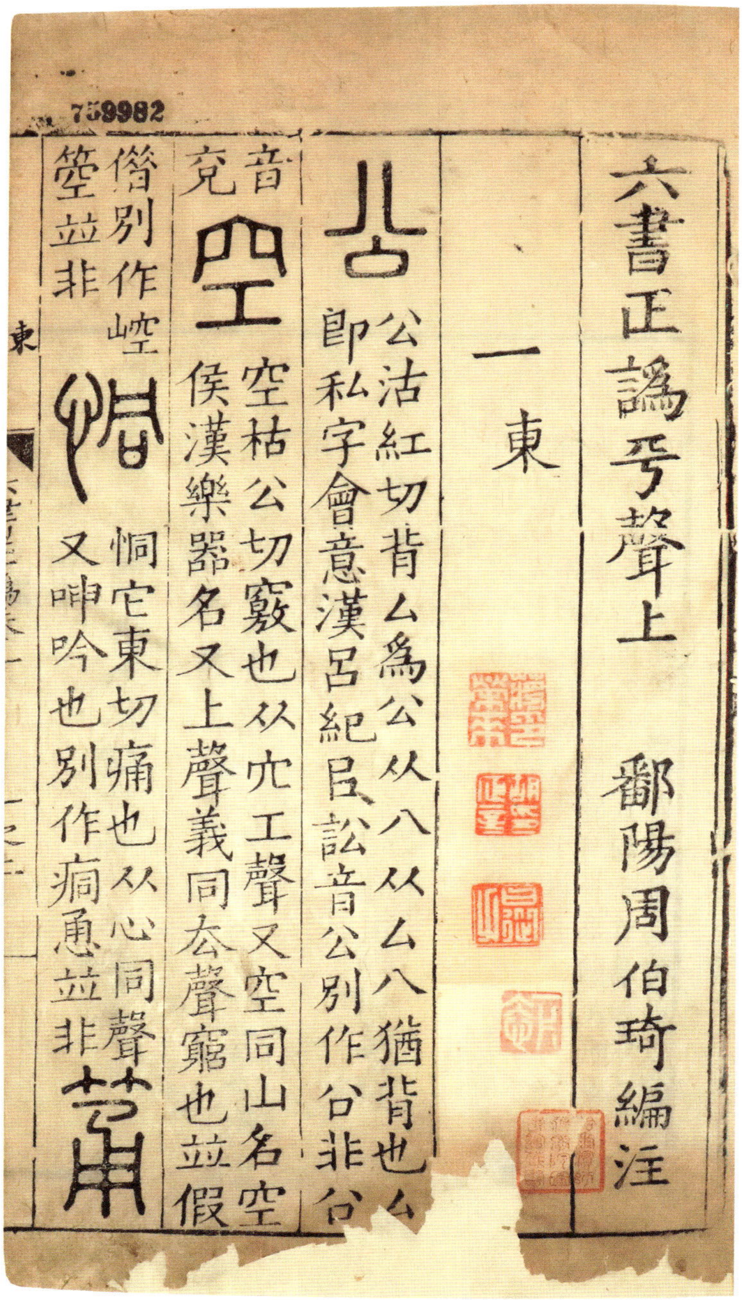

六書正譌五卷

（元）周伯琦編注　明嘉靖元年（1522）于器之翻刻本（有抄配）　五册

半葉五行，行字數不等，小字雙行二十字。白口，單黑魚尾，左右雙邊。版框 24.4cm × 15cm。

有“胡正言印”“蔣榮來印”“仲繩啟事”等印。

混用非

甾莊持切田一歲曰甾始敍艸未耕也从田巛聲巛古灾字俗作菑非

甶竹器象形蓋畚⿰田并⿰田宁皆从此舊注象缶形非俗用甾非

古文

𢀩楚宜切參𢀩不相值也从左𠂹聲俗作差非

籭所宜切竹器可吕除麤取細从竹麗聲隸作簁俗作篩非

虧驅爲切气損也从亏雐聲又許羈切虙虧古聖人名別作伏羲竝非

馗渠追切九達道也古者涂方九軌故从九𦣻一道爲一𦣻隸作逵

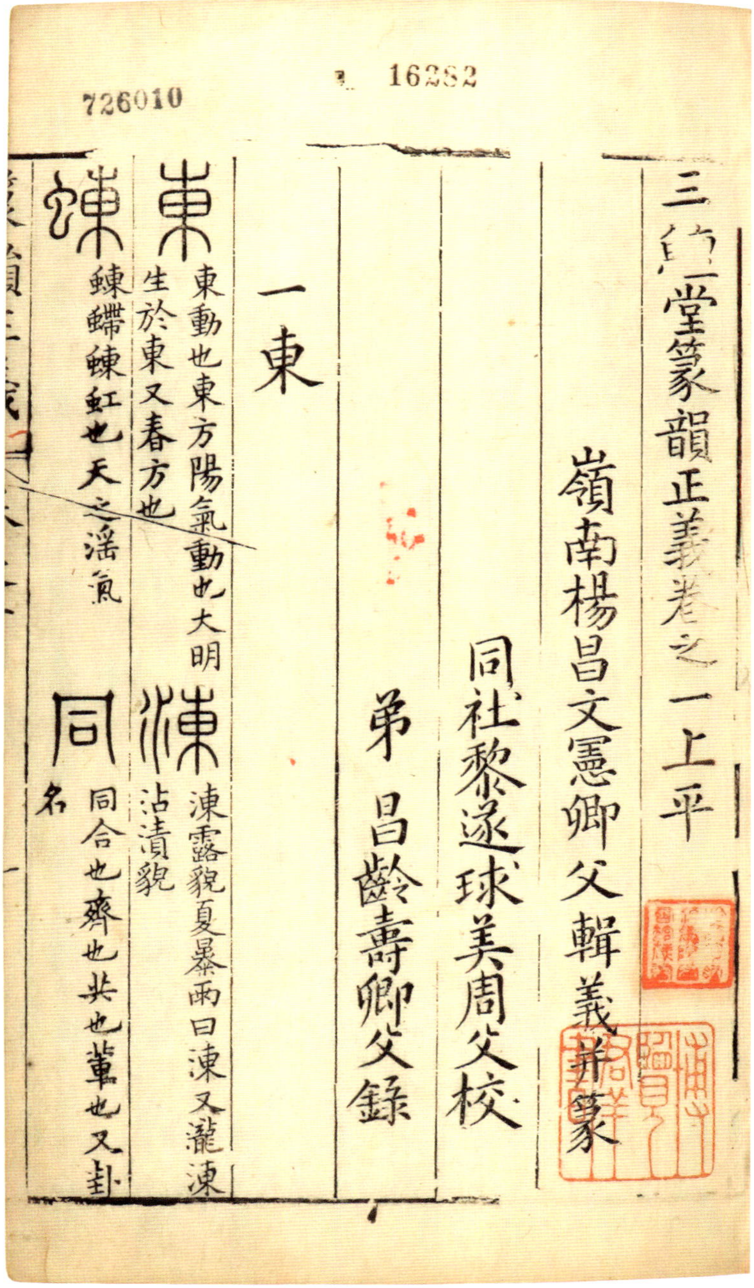
726010　16282

三籟堂篆韻正義卷之一上平
嶺南楊昌文憲卿父輯義并篆
同社黎遂球美周父校
弟　昌齡壽卿父録
一東
東　東動也東方陽氣動也大明生於東又春方也
涷　涷露貌夏暴雨曰涷又瀧涷沾漬貌
蝀　螮蝀蝀虹也天之淫氣
同　同合也齊也共也輩也又卦名

三籟堂篆韻正義五卷

（明）楊昌文輯　明崇禎十三年（1640）刻本　六册

半葉七行，行字數不等，小字雙行二十八字。白口，單白魚尾，四周單邊。版框21cm×14.3cm。

有“博覽羣書”印。

龍 龍鱗蟲之長能幽能明巨細短長𢡖為神龍有鱗曰蛟龍有翼曰應龍有角曰虬龍無角曰螭龍又春分而登天秋分而潛淵又通也和也寵也

盥 膿腫血也本作盥今作膿

蘢 蘢艸名一名馬蓼即水葒艸天蘥也又蒙蘢蔽覆貌

忪 忪心動貌又驚也

蚣 蚣蟲名本作蜙今作蚣蝑也

憧 憧意不定也

龒 龒圭為龍文禱旱之玉也

舂 舂擣米也日入曰高舂

摏 摏衝也又撞也通作舂

惷 惷騃昏也又愚也

衝 衝通道也本作衝今作衝一曰突也當也向也

鎔 鎔治器法也金在鎔謂鑄金之模範也又銷也

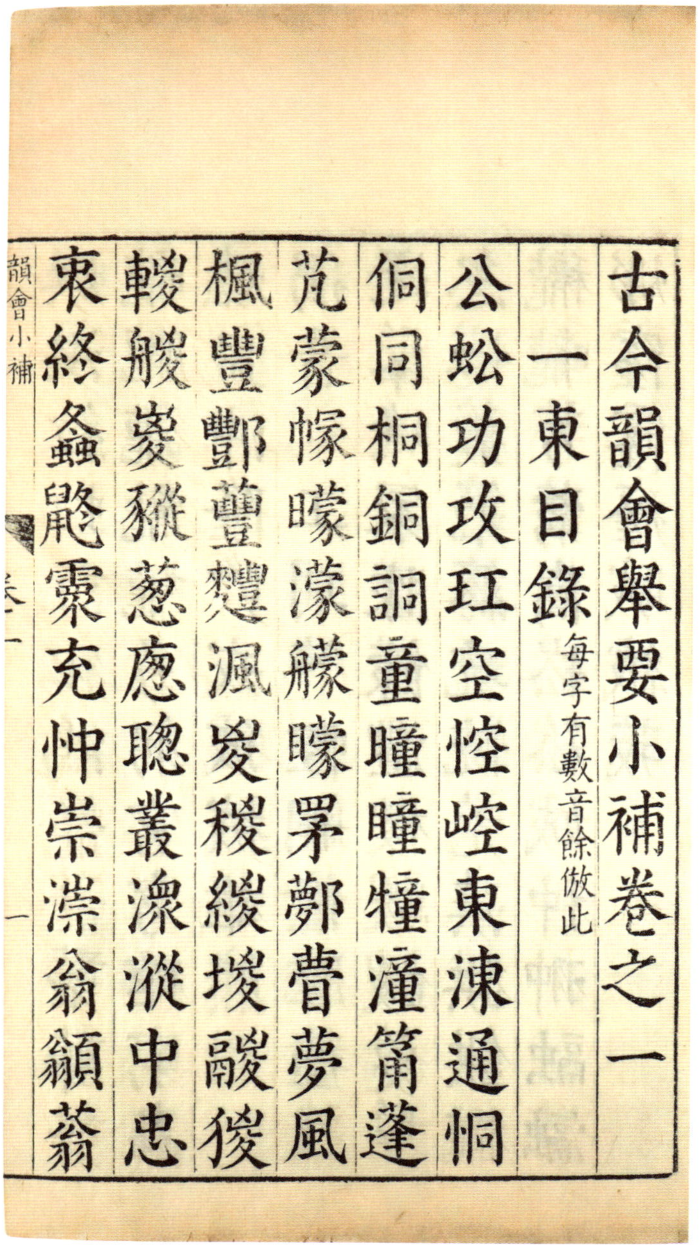

古今韻會舉要小補卷之一
一東目錄每字有數音餘倣此
公蚣功攻玒空悾崆東涷通恫
侗同桐銅詷童曈瞳橦潼筩蓬
芃蒙幪曚濛艨曚罞鄸曹夢風
楓豐酆蘴䴶渢嵏稯緵堫鬷猣
[illegible]艐嵏豵葱[illegible]聰叢潨漎中忠
衷終螽鼨[illegible]充忡崇漴翁[illegible]蓊
韻會小補　卷一　一

古今韻會舉要小補三十卷

（明）方日升編輯　明萬曆三十四年（1606）周士顯刻本　二十册

半葉八行，行十二字，小字雙行二十四字。白口，單黑魚尾，四周單邊。版框21cm×14.5cm。

有“晚香居士”“萬曆辛亥秋行人司查明”“崇禎甲戌秋日行人司楊掄查”“崇禎拾年拾壹月左司副馬思理查”等印。

韻會小補敘

南新市人李維楨撰

余初入史館學爲詩賦而不習韻
客有以黄直翁韻會舉要見遺者
曠若發蒙
免歸叔弟頫劇心六年

韻會小補

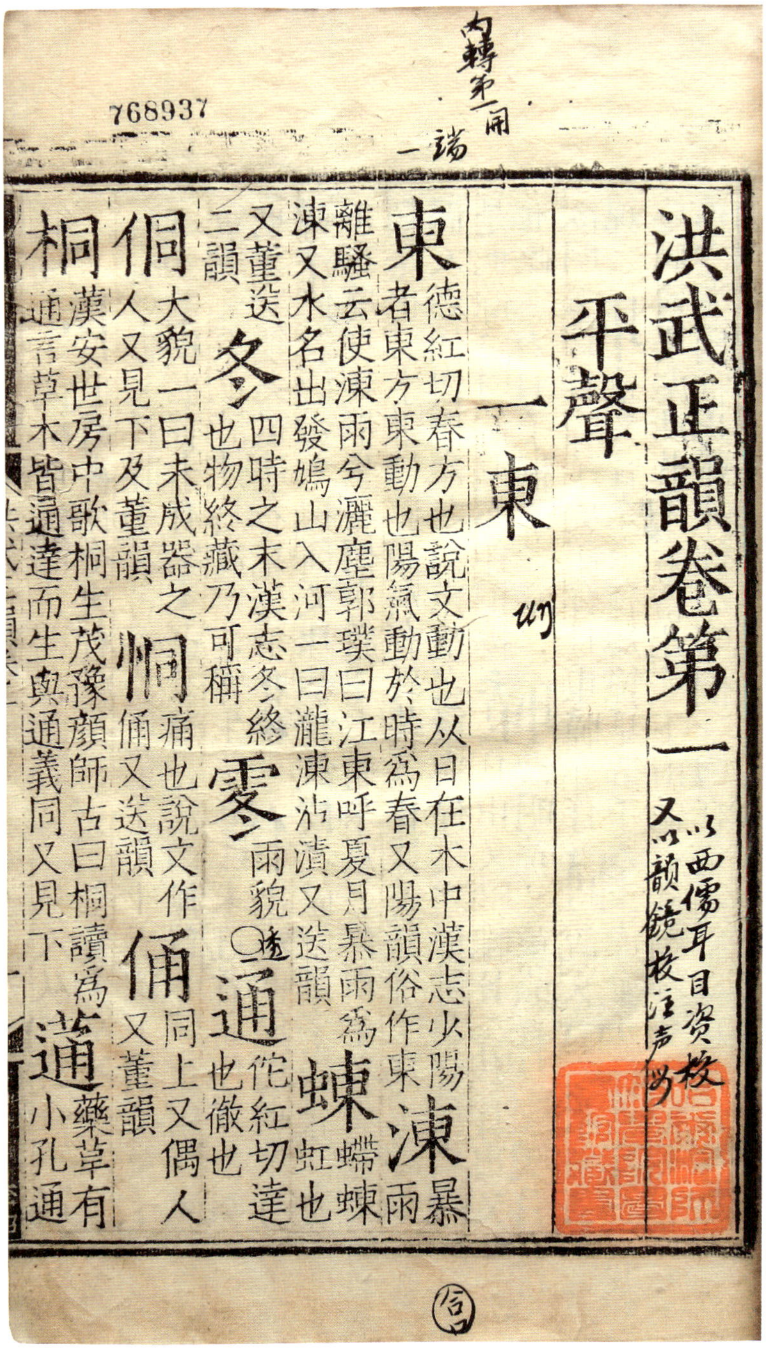

洪武正韻十六卷

（明）樂韶鳳　（明）宋濂等撰　明隆慶元年（1567）刻本　五册

半葉八行，行字數不等，小字雙行二十四字。黑口，對黑魚尾，四周雙邊。版框21.8cm×14.6cm。

賦鸑鷞山棲 緹帛丹黃色也周禮注緹衣古兵服之遺色纁也漢官儀執金吾緹騎二百人又薺韻 罤兔網亦作蹄 蹄足也又兔網莊子音義兔弥也係其脚故曰蹄古作蹏 蹏同上又赫蹏紙名趙飛燕傳赫蹏書孟康曰蹏猶地也染紙素令赤而書之鄧展曰赫音閱牆之閱應劭曰赫蹏薄小紙也亦作㡗 㡗幱㡗赤紙一曰帷也

鞮單革履又見上 䬾餹䬾餌也 䨑霽雲 桋女桑廣韻木之長條又支韻 稊似稗布地生亦作荑 苐莊子在苐稗本又作稊 梯木稚易枯楊生梯字書多作稊誤 荑卉木初生貌又初生茅詩手如柔荑又荑桑又支韻 鵜鵜鶘水鳥爾雅鵜鴮鸅又見上 綈結不解又霽韻 銻鎕銻火齊

蛦陸機草木疏蝘一名蛁蟟青徐謂之螇螰楚人名之蟪蛄秦謂之蛥蚗或名之蜓蚞郭璞曰俗呼胡蟬江南謂之螗蛦 瑅玉名 騠駃騠駿馬 鶗廣韻鶗鴂子規也亦作鶗鷤又霽韻 鯷魚名 踶廣韻小踶

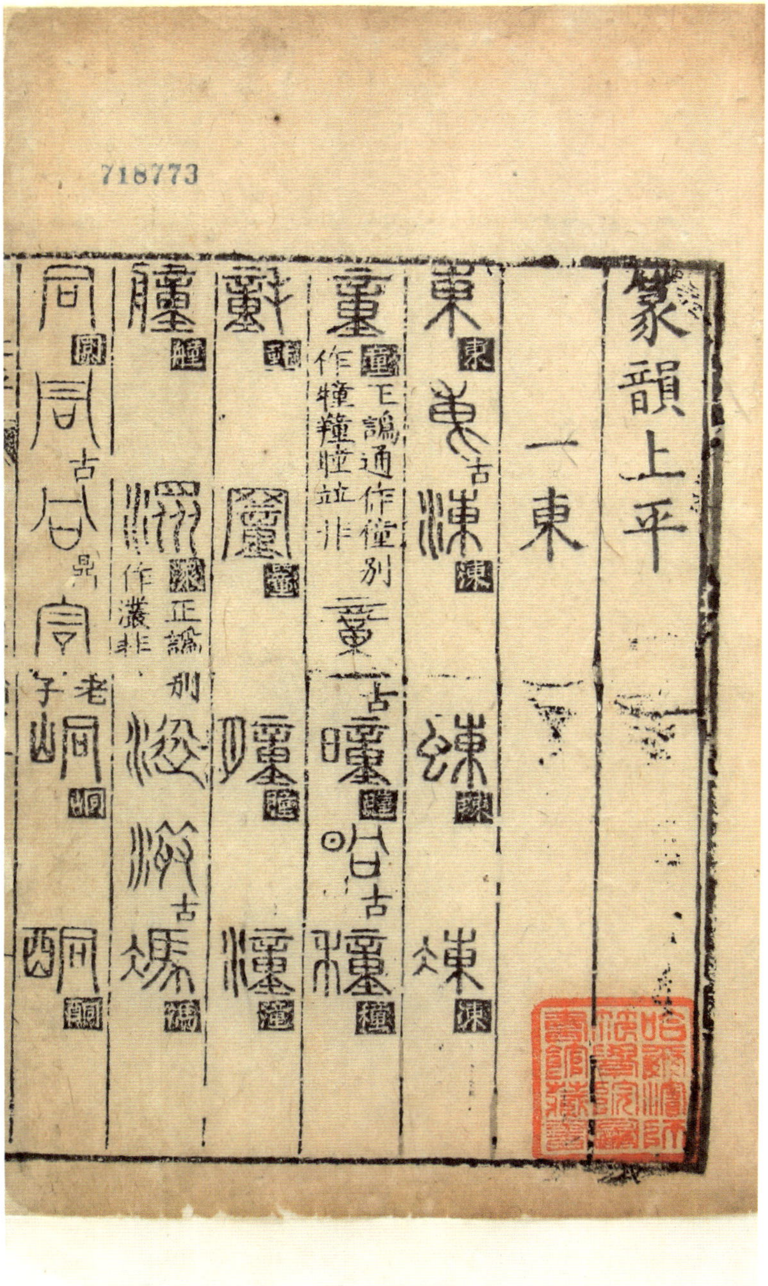

篆韻不分卷

（明）劉隅撰　明嘉靖八年（1529）刻本　十册

半葉七行，行字數不等。白口，單黑魚尾，左右雙邊。版框 19cm × 14.5cm。

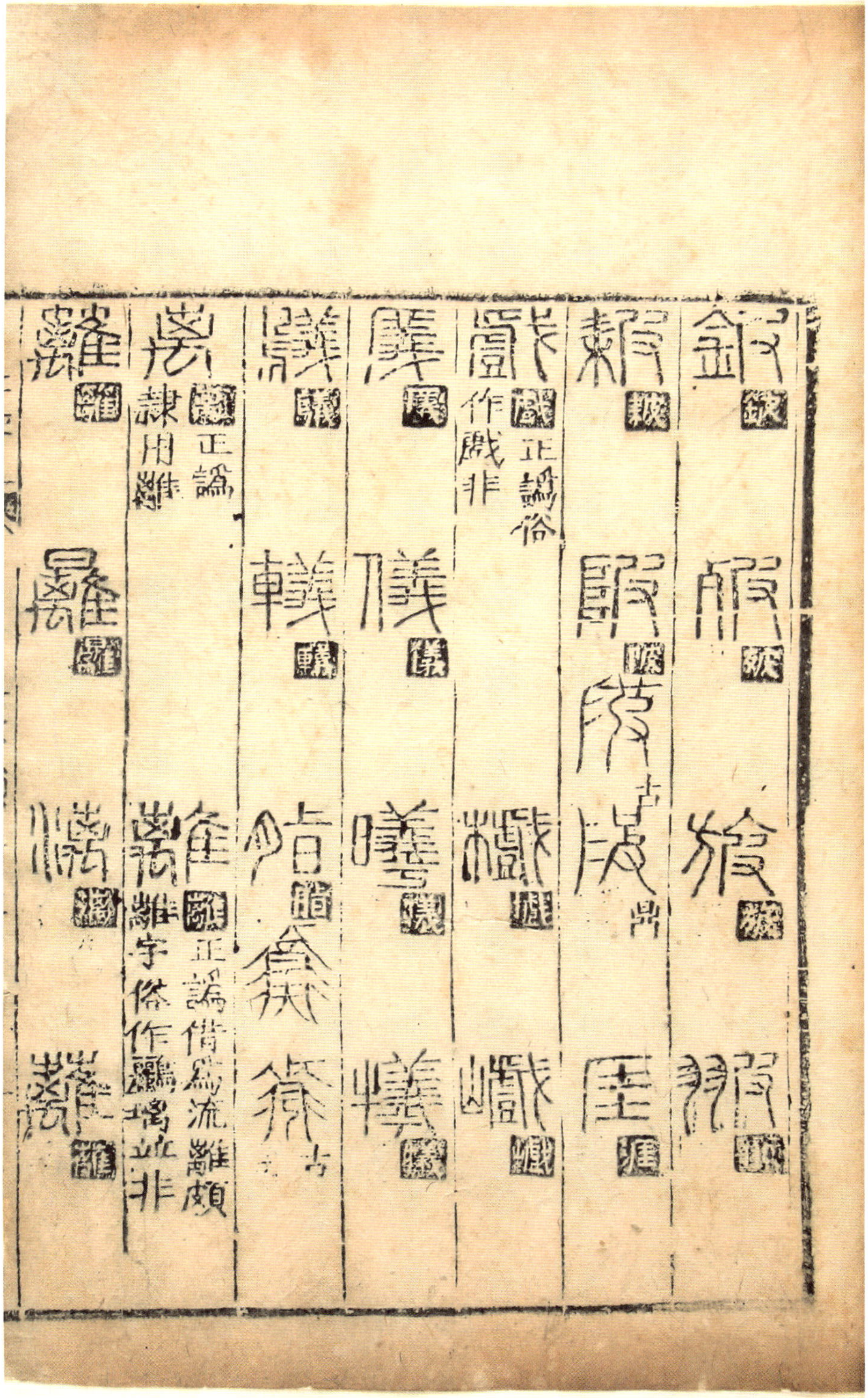
正譌俗作戲非
正譌隸用離
正譌借爲流離頗
離字俗作鸝鴞竝非

史　部

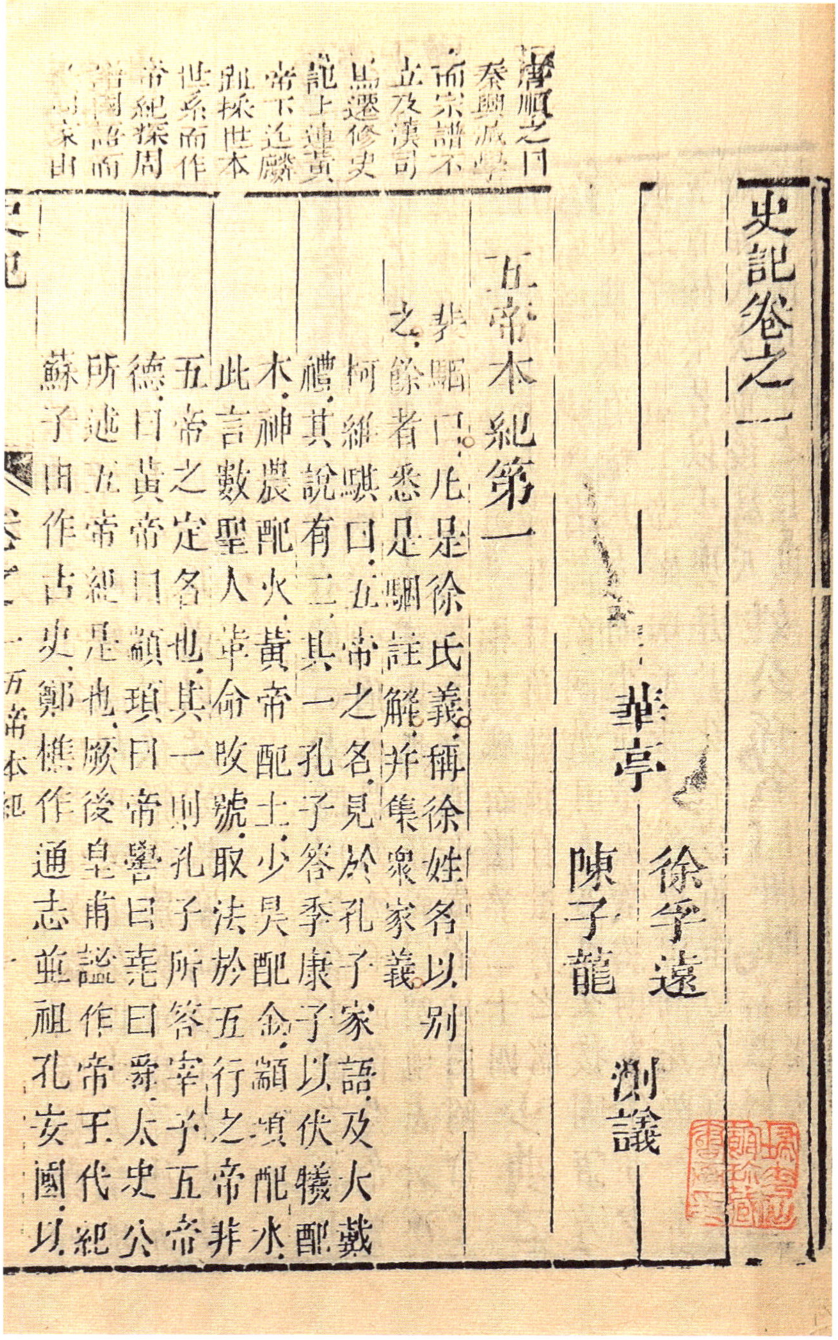

史記一百三十卷

（漢）司馬遷撰　（明）徐孚遠　（明）陳子龍測議　明崇禎十三年（1640）刻本　三十二册

半葉九行，行二十字，小字雙行同。白口，單黑魚尾，左右雙邊。版框 19.5cm × 14.7cm。有“掃花仙館珍藏書画印”印。

王鏊曰瞽叟事再提不爲重複至末後又書是太史公用意處

楊慎曰按羅泌云嘗見劉聰所書呂梁碑字可讀者餘六十言碑中序虞舜之世舜祖幕幕生窮蟬窮蟬

也舜父瞽叟頑母嚚弟象傲皆欲殺舜舜順適不失子道兄弟孝慈欲殺不可得即求嘗在側舜年二十以孝聞三十而帝堯問可用者四嶽咸薦虞舜曰可於是堯乃以二女妻舜以觀其內使九男與處以觀其外舜居嬀汭內行彌謹堯二女不敢以貴驕事舜親戚甚有婦道堯九男皆益篤正義曰非唯二女恭勤婦道九男事舜皆益惇厚謹敬也舜耕歷山歷山之人皆讓畔正義曰韓子曆云農拈侵略舜往耕朞年耕者讓畔也漁雷澤雷澤上人皆讓居陶河濱河濱器皆不苦窳一年而所居成聚正義曰聚謂村落也二年成邑

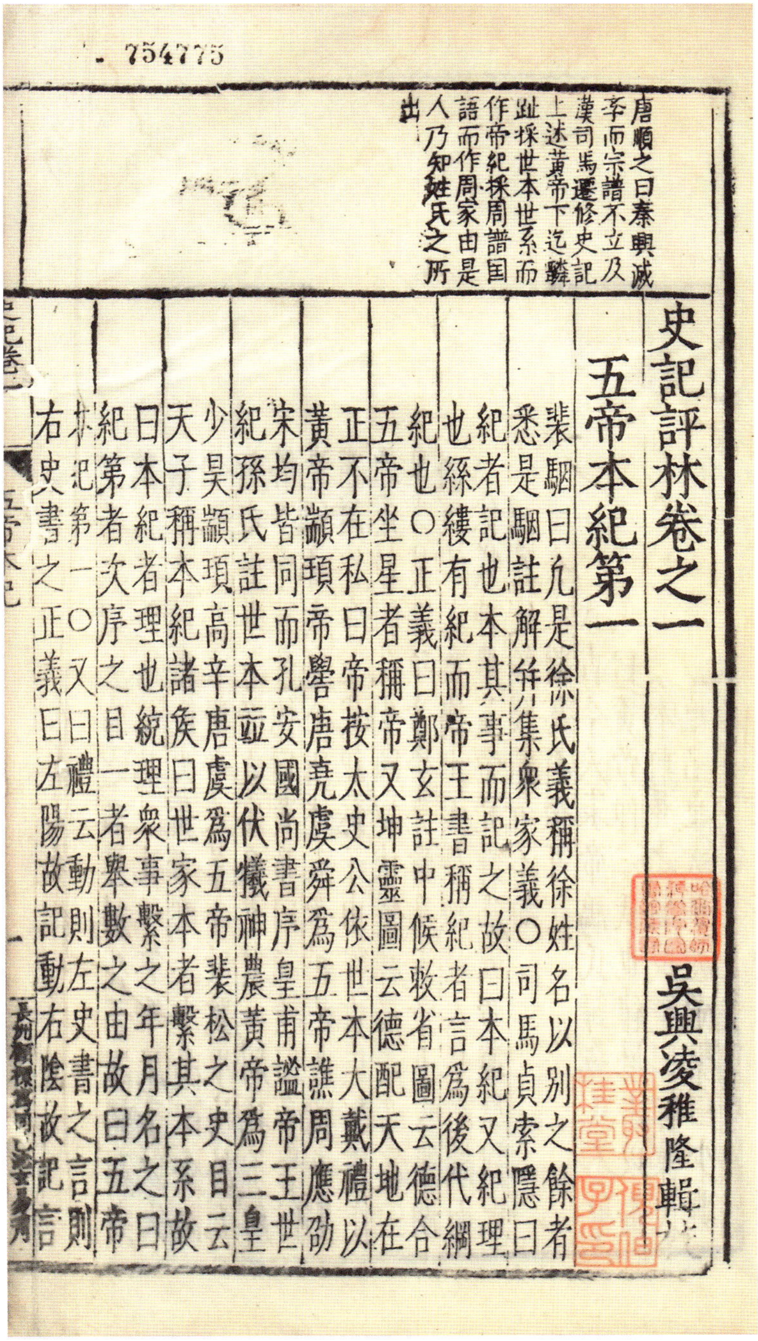
唐順之曰秦興滅學而宗譜不立及漢司馬遷修史記上述黃帝下迄麟趾採世本世系而作帝紀採周譜国語而作周家由是人乃知姓氏之所出

史記評林卷之一

五帝本紀第一

吳興凌稚隆輯校

裴駰曰凡是徐氏義稱徐姓名以別之餘者悉是駰註解并集衆家義○司馬貞索隱曰紀者記也本其事而記之故曰本紀又紀理也絲縷有紀而帝王書稱紀者言爲後代綱紀也○正義曰鄭玄註中候敕省圖云德合五帝坐星者稱帝又坤靈圖云德配天地在正不在私曰帝按太史公依世本大戴禮以黃帝顓頊帝嚳唐堯虞舜爲五帝譙周應劭宋均皆同而孔安國尚書序皇甫謐帝王世紀孫氏註世本並以伏犧神農黃帝爲三皇少昊顓頊高辛唐虞爲五帝裴松之史目云天子稱本紀諸侯曰世家本者繫其本系故曰本紀者理也統理衆事繫之年月名之曰紀第者次序之目一者舉數之由故曰五帝本紀第一○又曰禮云動則左史書之言則右史書之正義曰左陽故記動右陰故記言

史記評林一百三十卷

（漢）司馬遷撰　（明）凌稚隆輯校　（明）李光縉增補　明萬曆四年（1576）刻本　二十四册

半葉十行，行十九字，小字雙行同。白口，單黑魚尾，左右雙邊。版框 23.4cm × 14.5cm。有“叢桂堂”“倪伯子印”印。

王安石曰鯀之治水雖方命圮族而其才則群臣皆莫及然則舍鯀而孰使哉當此時禹蓋尚少而舜猶伏于下也

臣堯流四凶投諸四裔以禦魑魅也堯曰不可而試之工師。正義曰工師若今大匠卿也共工果淫辟。正義曰辟音疋亦反四嶽舉鯀治鴻水。堯以爲不可。嶽彊請試之。試之而無功。故百姓不便。三苗在江淮荊州。馬融曰三苗國名也○正義曰左傳云自古諸侯不用王命虞有三苗夏有觀扈孔安國云縉雲氏之後爲諸侯號饕餮也吳起云三苗之國左洞庭而右彭蠡按洞庭湖名在岳州巴陵西南一里南與青草湖連彭蠡湖名在江州潯陽縣東南五十二里以天子在北故洞庭在西爲左彭蠡在東爲右今江州鄂州岳州三苗之地也淮讀曰匯音胡罪反今彭蠡湖也本屬荊州尚書云南入于江東匯澤爲彭蠡是也數爲亂。於是舜歸而言於帝。請流共工於幽陵。馬融曰北裔也○正義曰尚書及大戴禮皆作幽州括地志云故龔城在檀州燕樂縣界故老傳云舜流共工幽州居此城神異經云西北荒

沙史通云嬴自伯翳至于莊王爵乃諸侯而名隸本紀合以莊王以上別作秦世家

按秦本紀為戰國策所掩

按考要云古人郊禖祈嗣以玄鳥至日為候祈而適孕乃生大業耳

按考要云大戴礼少典生黃帝黃帝生昌意昌意生顓頊之孫何其子大業得

史記評林卷之五

吳興凌稚隆輯校

秦本紀第五

索隱曰秦雖嬴政之祖本西戎附庸之君豈以諸侯之邦而與五帝三王同稱本紀斯必不可降為秦世家

秦之先帝顓頊之苗裔孫曰女脩。正義曰黃帝之孫號高陽氏女脩織玄鳥隕卵女脩吞之生子大業。索隱曰女脩顓頊之裔女吞鳦子而生大業其父不著而秦趙以母族而祖顓頊非生人之義也按左傳郯國少昊之後而嬴姓蓋其族也則秦趙宜祖少昊氏○正義曰列女傳云陶子生五歲而佐禹曹大家註云陶子者皐陶之子伯益也按此即知大業是皐陶大業取少典之子曰女華。女華生大費。索隱曰扶味反一音祕尋費後以為氏則扶味反為得此即秦趙之祖嬴

吳門顧槐寫童燧之刻

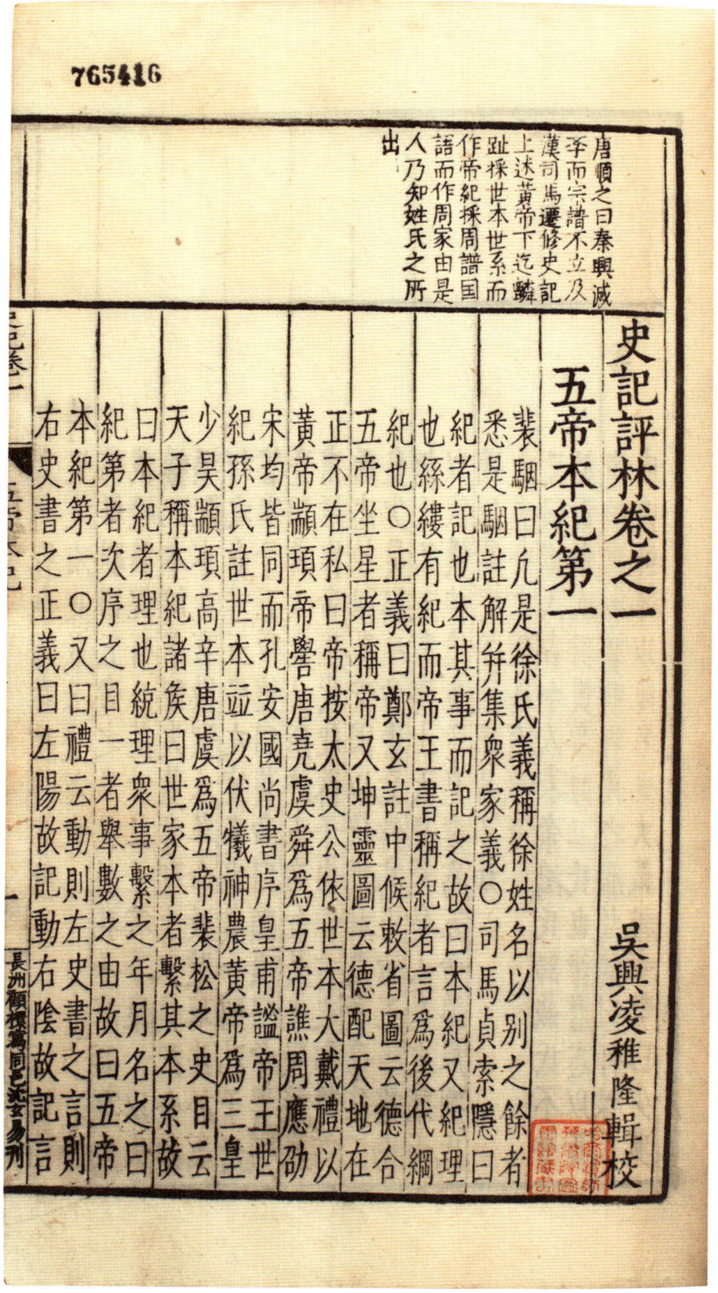
765416

唐順之曰秦興滅學而宗譜不立及漢司馬遷修史記上述黃帝下迄麟趾採世本世系而作帝紀採周譜国語而作周家由是人乃知姓氏之所出

史記評林卷之一

五帝本紀第一　　吳興凌稚隆輯校

裴駰曰凡是徐氏義稱徐姓名以別之餘者悉是駰註解并集衆家義○司馬貞索隱曰紀者記也本其事而記之故曰本紀又紀理也絲縷有紀而帝王書稱紀者言爲後代綱紀也○正義曰鄭玄註中候勑省圖云德合五帝坐星者稱帝又坤靈圖云德配天地在正不在私曰帝按太史公依世本大戴禮以黃帝顓頊帝嚳唐堯虞舜爲五帝譙周應劭宋均皆同而孔安國尚書序皇甫謐帝王世紀孫氏註世本竝以伏犧神農黃帝爲三皇少昊顓頊高辛唐虞爲五帝裴松之史目云天子稱本紀諸侯曰世家本者繫其本系故曰本紀者理也統理衆事繫之年月名之曰紀第者次序之目一者舉數之由故曰五帝本紀第一○又曰禮云動則左史書之言則右史書之正義曰左陽故記動右陰故記言

史記卷一　五帝本紀　一

史記評林一百三十卷

（漢）司馬遷撰　（南朝宋）裴駰集解　（唐）司馬貞索隱　（唐）張守節正義　（明）凌稚隆輯校　明萬曆五年（1577）刻本　三十二册

半葉十行，行十九字，小字雙行同。白口，單黑魚尾，左右雙邊。版框 23.4cm × 14.5cm。有“鍾惺之印”“鍾惺鑑藏”等印。

史記評林叙

太史公史記成於天漢而重於宣元之間班固氏欲自伸其業故互見其瑜瑕而王充劉知幾曰之皆有所指駁而其錯節衍語異沓與旨未易通解以故徐廣韋昭裴駰鄒誕生劉伯莊司馬貞張守節之流咸為之訓故考索學士大夫乃始彬彬成誦

張敫刻

既得舜歷試諸难使大録万机之政是故陰陽清和五星来備風雨各以其應不有迷錯愆伏明舜之行合于天也此説与註疏合意古相傳如此今以大麓為山麓是堯納舜于荒險之地而以狂風霹靂試其命何異于茅山道士之鬪法哉

按書傳云文祖堯始祖之廟

麓故此以爲入山林不迷孔氏以麓訓録言令舜大録萬機之政與此不同堯以爲聖。召舜曰女謀事至而言可績三年矣。鄭玄曰三年者賓四門之後三年也女登帝位。舜讓於德不懌。徐廣曰音亦今文尚書作不怡怡懌也○索隱曰古文作不嗣今文作不怡怡即懌也謂辭讓於德不堪所以心意不悅懌也俗本作澤誤爾亦當爲懌正月上日。馬融曰上日朔日也○正義曰鄭玄云帝王易代莫不改正建朔舜正建子此時未改故依堯正正月上日也舜受終於文祖。文祖者堯大祖也。鄭玄曰文祖者五府之大名猶周之明堂○索隱曰尚書帝命驗曰五府五帝之廟蒼曰靈府赤曰文祖黃曰神斗白曰顯紀黑曰玄矩唐虞謂之五府夏謂世室殷謂重屋周謂明堂皆祀五帝之所也○正義曰舜受堯終帝之事於文祖也尚書帝命驗云帝者承天立府以尊天重象也五府者黃曰神斗註云唐虞謂之天府夏謂之正室殷謂之重屋周謂之明堂皆祀五帝之所

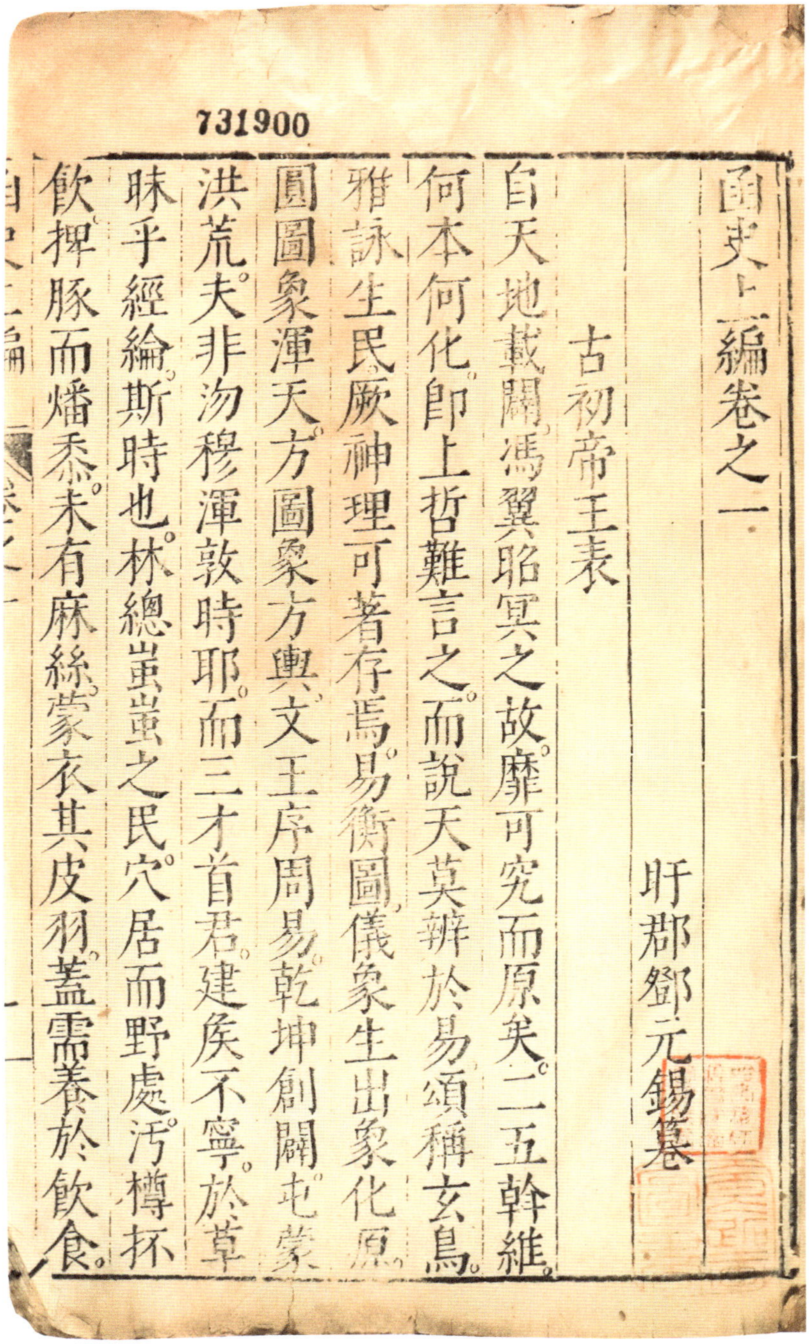

函史上編卷之一

古初帝王表

盱郡鄧元錫纂

自天地載闢馮翼昭冥之故靡可究而原矣二五幹維何本何化卽上哲難言之而說天莫辨於易頌稱玄鳥雅詠生民厥神理可著存焉易衡圖儀象生出象化原圓圖象渾天方圖象方輿文王序周易乾坤創闢屯蒙洪荒夫非沕穆渾敦時耶而三才首君建侯不寧於草昧乎經綸斯時也林總蚩蚩之民穴居而野處汚樽抔飲捭豚而燔黍未有麻絲蒙衣其皮羽蓋需養於飲食

函史上編八十一卷下編二十一卷

（明）鄧元錫纂　明萬曆金陵徐智督刻本　六十册

半葉十行，行二十一字，小字雙行同。白口，單黑魚尾，左右雙邊。版框 20cm × 13.5cm。有“食跖軒圖書”印。

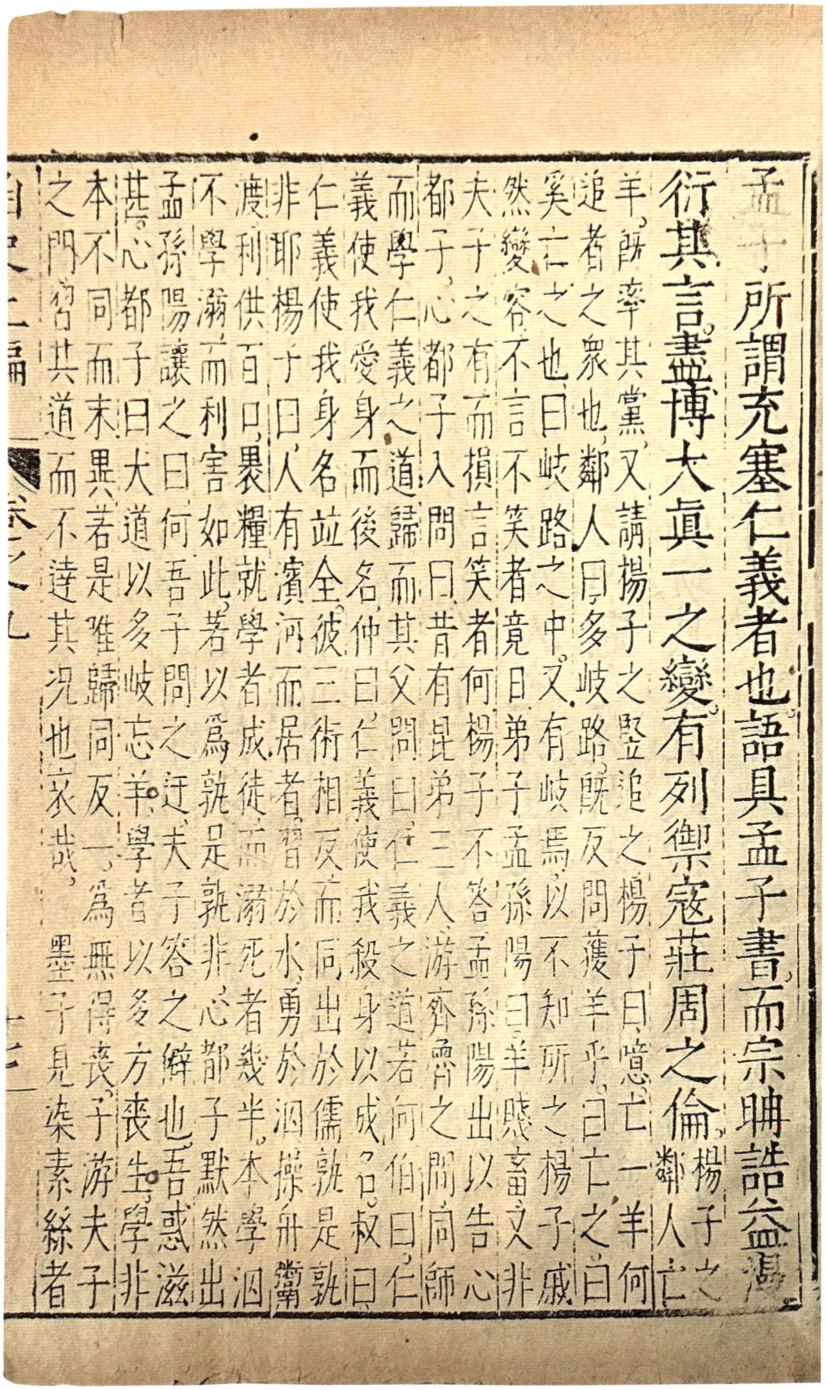

孟子所謂充塞仁義者也語具孟子書而宗聃語益濁行其言盡博大眞一之變有列禦寇莊周之倫楊子之鄰人亡羊既率其黨又請楊子之豎追之楊子曰嘻亡一羊何追者之衆也鄰人曰多岐路既反問獲羊乎曰亡之曰奚亡之也曰岐路之中又有岐焉以不知所之楊子戚然變容不言不笑者竟日弟子孟孫陽曰羊賤畜又非夫子之有而損言笑者何楊子不答孟孫陽出以告心都子心都子入問曰昔有昆弟三人游齊魯之間同師而學仁義之道歸而其父問曰仁義之道若何伯曰仁義使我愛身而後名仲曰仁義使我殺身以成名叔曰仁義使我身名並全彼三術相反而同出於儒孰是孰非耶楊子曰人有濱河而居者習於水勇於泅操舟鬻渡利供百口裹糧就學者成徒而溺死者幾半本學泅不學溺而利害如此若以爲孰是孰非心都子默然出孟孫陽讓之曰何吾子問之迂夫子答之僻也吾惑滋甚心都子曰大道以多岐亡羊學者以多方喪生學非本不同而末異若是唯歸同反一爲無得喪子游夫子之門習其道而不達其況也哀哉 墨子見染素絲者

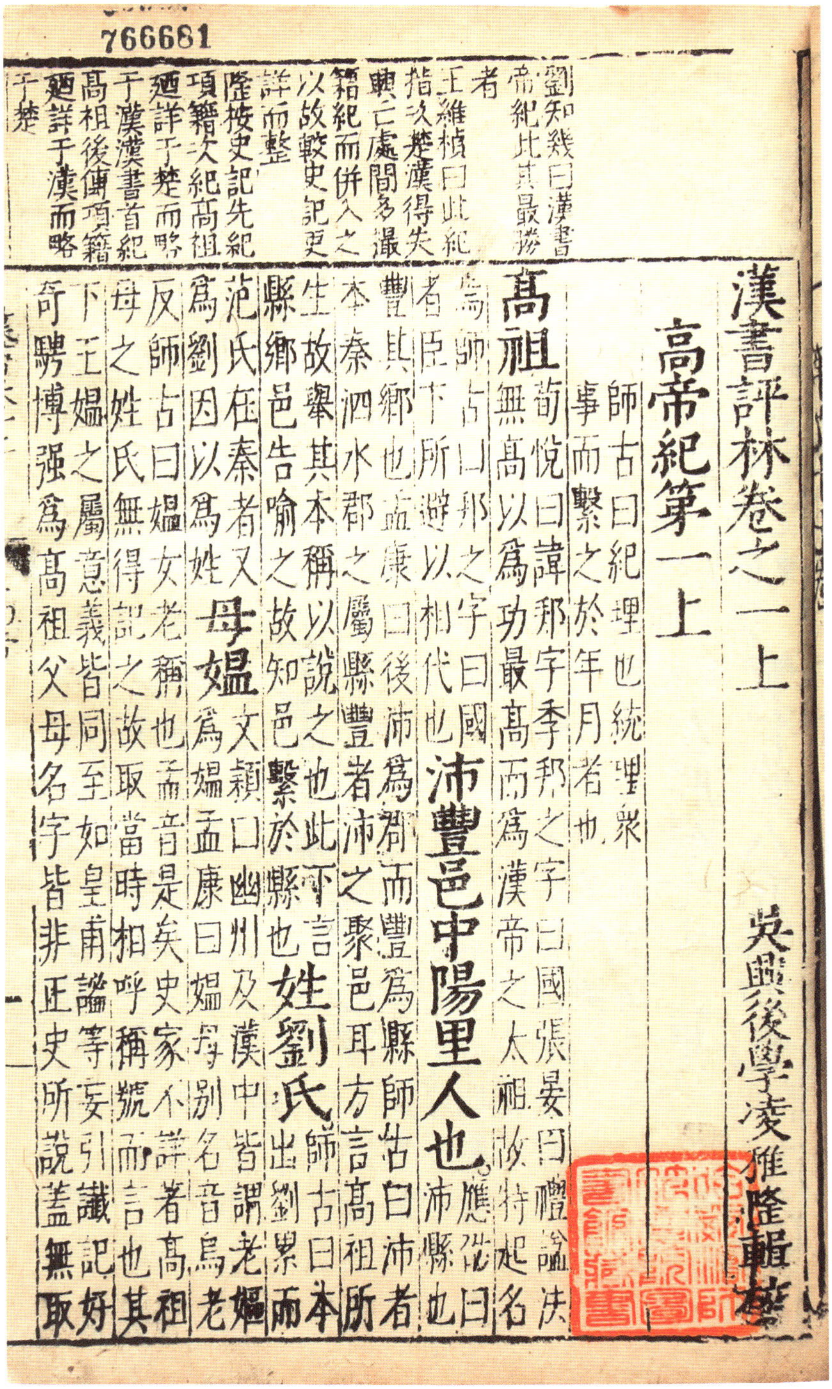

劉知幾曰漢書帝紀比其最勝者王維楨曰此紀指次楚漢得失興亡處間多攝籍紀而併入之以故較史記更詳而整隆按史記先紀項籍次紀高祖迺詳于楚而略于漢漢書首紀高祖後傳項籍迺詳于漢而略于楚

漢書評林卷之一上　吳興後學凌稚隆輯校

高帝紀第一上

師古曰紀理也統理衆事而繫之於年月者也

高祖荀悅曰諱邦字季邦之字曰國張晏曰禮謚法無髙以爲功最髙而爲漢帝之太祖故特起名焉師古曰邦之字曰國者臣下所避以相代也沛豐邑中陽里人也應劭曰沛縣也豐其鄉也孟康曰後沛爲郡而豐爲縣師古曰沛者本秦泗水郡之屬縣豐者沛之聚邑耳方言高祖所生故舉其本稱以說之也此下言縣鄉邑告喻之故知邑繫於縣也姓劉氏師古曰本出劉累而范氏在秦者又爲劉因以爲姓母媼文穎曰幽州及漢中皆謂老嫗爲媼孟康曰媼母別名音烏老反師古曰媼女老稱也孟音是矣史家不詳著高祖母之姓氏無得記之故取當時相呼稱號而言也其下王媼之屬意義皆同至如皇甫謐等妄引讖記好奇騁博強爲高祖父母名字皆非正史所說蓋無取

漢書評林一百卷

（明）凌稚隆輯校　明萬曆九年（1581）積秀堂刻本　四十册

半葉十行，行二十字，小字雙行同。白口，單黑魚尾，左右雙邊。版框 23.9cm × 14.6cm。

漢書評林字例

古字

卬古仰字 頫古俯字 墬古地字 筦古管字 餽古饋字 媿古愧字 㠯古以字 尸古夷字 嬗古禪字 檀亦古禪字 它古他字 佗亦古他字 蚤古早字 鼂古朝字 毄古繫字 絫古累字 褎古袖字 盭古戾字 隧古燧字 眊古耄字 睹古覩字 婁古屢字 廑古勤字 懬古曠字 縣古懸字 寑古浸字 囏古艱字 粤古越字 朁古僭字 柬古簡字 蒜古益字 嗁古啼字 謕亦古啼字 䙴古遷字 濆古沸字 譱古善字 攘古讓字 麤古麁字 咏古詠字 鬯古暢字 匽古偃字 屮古草字 鴹古翔字 徠古來字 迣古列字 尞古燎字 顡古貌字 皃亦古貌字 犇古奔字 僰古蝀字 鬻古煮字 宊古崇字 畮古畝字 甽古畎字 澹古贍字 饟古餉字 埶古藝字 僊古仙字 靁古雷字 髓古髓字 舝古轄字 骫

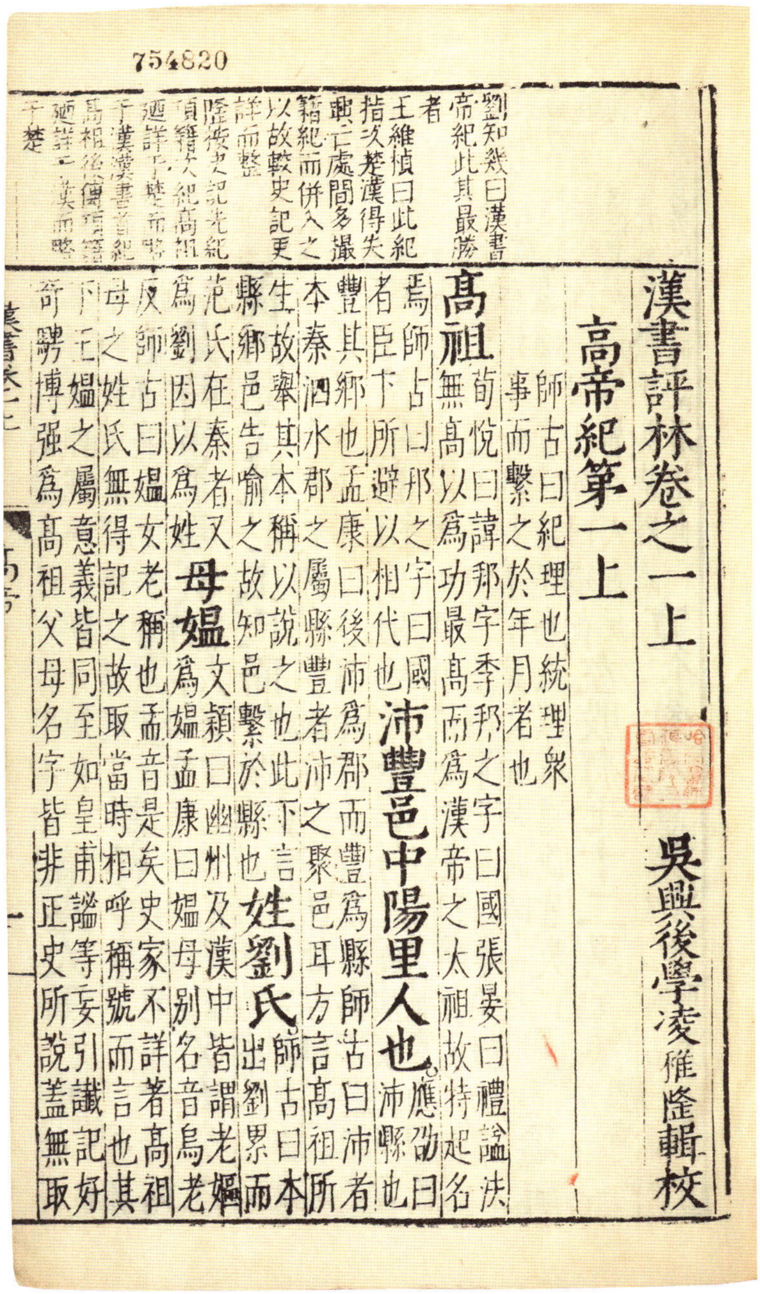
754820

漢書評林卷之一上　吳興後學凌稚隆輯校

高帝紀第一上

師古曰紀理也統理衆事而繫之於年月者也

高祖 荀悅曰諱邦字季邦之字曰國張晏曰禮謚法無高以爲功最高而爲漢帝之太祖故特起名焉師古曰邦之字曰國者臣下所避以相代也 沛豐邑中陽里人也 應劭曰沛縣也豐其鄉也孟康曰後沛爲郡而豐爲縣師古曰沛者本秦泗水郡之屬縣豐者沛之聚邑耳方言高祖所生故舉其本稱以說之也此下言縣鄉邑告喻之故知邑繫於縣也 姓劉氏 師古曰本出劉累而范氏在秦者又爲劉因以爲姓 母媼 文穎曰幽州及漢中皆謂老嫗爲媼孟康曰媼母別名音烏老反師古曰媼女老稱也孟音是矣史家不詳著高祖母之姓氏無得記之故取當時相呼稱號而言也其下王媼之屬意義皆同至如皇甫謐等妄引讖記好奇騁博强爲高祖父母名字皆非正史所說蓋無取

劉知幾曰漢書帝紀此其最勝者

王維楨曰此紀指次楚漢得失興亡處間多撮籍紀而併入之以故較史記更詳而整

陸深曰史記先紀項籍次紀高祖迺詳於楚而略於漢漢書首紀高祖後傳項籍迺詳於漢而略於楚

漢書卷一上　高帝　一

漢書評林一百卷

（明）凌稚隆輯校　明萬曆刻本（有抄配）　二十四册

半葉十行，行二十字，小字雙行同。白口，單黑魚尾，左右雙邊。版框 23.9cm × 14.6cm。

有“吳興潘澧鑑珍藏”“西佩”“蘇韋”等印。清乾隆十年（1745）重新裝訂，乾隆十二年（1747）抄配兩葉。

隆按同一入關也史次高祖所過禁毋鹵掠不殺子嬰封府庫而以秦民大喜又益喜結之次項羽一一與沛公相反而以秦民大失望結之楚漢興亡已決于此

又按當羽既存鉅鹿降章邯擁四十萬衆入咸陽懷王特塊然寄坐于楚者耳而于羽致命之日獨毅然曰如約而漫無瞻顧詎不謂英君哉而卒不免厥亡者特以處勢卑

靳彊滕公紀成步從閒道走軍。晋灼曰紀成紀通父也服虔曰走音奏師古曰閒空也投空隙而行不公顯也走謂趣向也服音是矣凡此之類音義皆同使張良留謝羽。羽問沛公安在。曰聞將軍有意督過之，師古曰督謂視責也脫身去閒至軍。師古曰脫免也不敢謁辭苟自免而去閒行以至軍也脫音他活反故使臣獻璧羽受之，又獻玉斗范增。增怒撞其斗，起曰吾屬今爲沛公虜矣。師古曰撞音丈江反沛公歸數日，羽引兵西屠咸陽，殺秦降王子嬰，燒秦宮室，所過無不殘一本無無不字滅。秦民大失望。羽使人還報懷王。懷王曰如約。師古曰謂令沛公王關中羽怨懷王不肯令與沛公俱西入關而北救趙，後天下約。乃曰懷王者吾家所立耳，非有功伐，何

漢書評林敘

自古帝王經綸一代之跡其制作變華謨議必有所托以傳於後世則史是也洪荒遠矣自唐虞三代其君臣號為賢聖尚以

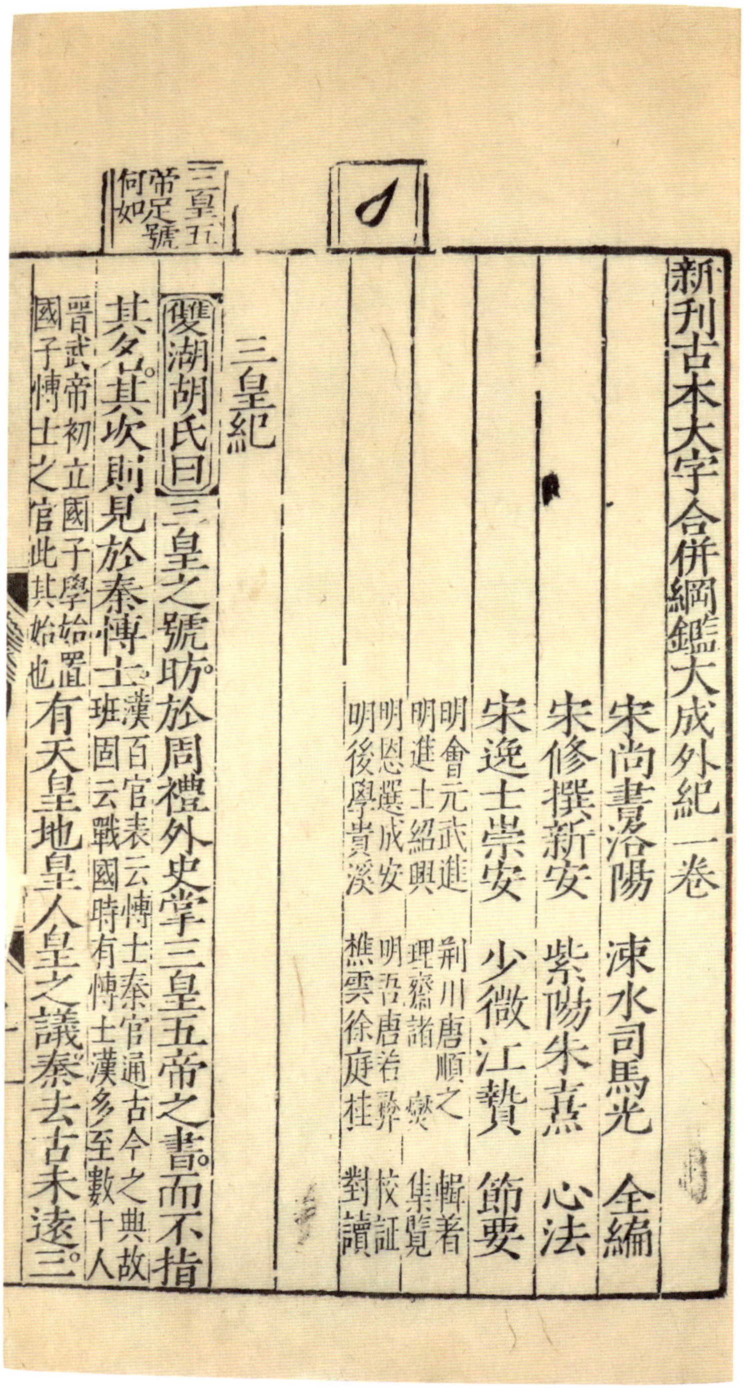
三皇五帝足號何如

新刊古本大字合併綱鑑大成外紀一卷

宋尚書洛陽　涑水司馬光　全編

宋修撰新安　紫陽朱熹　心法

宋逸士崇安　少微江贄　節要

明會元武進　荊川唐順之　輯著

明進士紹興　理齋諸燮　集覽

明恩選成安　明吾唐若彝　校証

明後學貴溪　樵雲徐庭桂　對讀

三皇紀

雙湖胡氏曰三皇之號昉於周禮外史掌三皇五帝之書而不指其名。其次則見於秦博士漢百官表云博士秦官通古今之典故班固云戰國時有博士漢多至數十人晉武帝初立國子學始置國子博士之官此其始也有天皇地皇人皇之議秦去古未遠三

新刊古本大字合併綱鑑大成四十六卷

（明）唐順之輯著　明萬曆六年（1578）瑞桃堂刻本　四十册

半葉十一行，行二十六字，小字雙行同。白口，順黑魚尾，四周單邊。版框 20cm × 13.3cm。

治天下有道 治天下有本

三者之要在身

聖賢爲萬世生民而發

綱鑑總論

陽節潘氏榮曰 治天下有道，親賢遠姦，明而已矣。治天下有法，信賞必罰，斷而已矣。治天下有本，禮樂教化，順而已矣。明則君子進而小人退，斷則有功勸而有罪懲，順則萬事理，人心悅，[illegible]下服。三者之要在身，身端心誠，不令而行矣。故唐虞三代之治，[illegible]禮樂教化大行，不言而信，不怒而威，無爲而治，如斯而已。及其衰也，夏以妹喜（桀伐有施氏，有施人以妹喜女焉。喜有寵，所言皆從，卒至禍敗。）商以妲己（有蘇氏以妲己女紂，紂亦有寵，惟言是從，所好者貴之，所憎者誅之，終以亡天下。）周以褒姒（幽王欲褒姒喜，舉烽[illegible]舉而徵兵不至，王遂[illegible]）佚欲之亡人，而百令不從矣。周室東遷之後，王政不行，諸[illegible]故夫子自衛反魯，作春秋以正王化。至於戰國，王室陵[illegible]析，故孟子去魏適齊，陳王道以正人心。是皆聖賢爲萬世[illegible]

新刊古本大字合併綱鑑大成卷二

唐堯紀

帝堯陶唐氏按謚法翼善傳聖曰堯

帝堯乃帝嚳之子摯之弟也母陳豐氏名曰慶都孕堯十有四月當高辛丁亥歲乃於丹陵生堯後徙着着音左傳作祁以祁爲姓故曰伊祁氏史記皇甫謐云堯初生時其母在三阿之南寄於伊長孺之家故從母所居爲姓也摯立堯年十三佐摯封植受封于陶年十五改國于唐故又號陶唐氏摯在位九年政微弱而唐侯德盛諸侯歸之摯服其義率群臣造唐致禪摯以兄讓弟實開唐虞與賢之端故按史增補堯年十六甲辰乃受禪即天子位以火德王色尚白都于平陽之安邑平陽府今屬山西

增註 按古人尚質故帝王之號皆以其名後代因其行實追而爲謚方有號故堯即是帝名但史記又曰帝嚳娶陳鋒氏女感赤龍之祥而生放勳

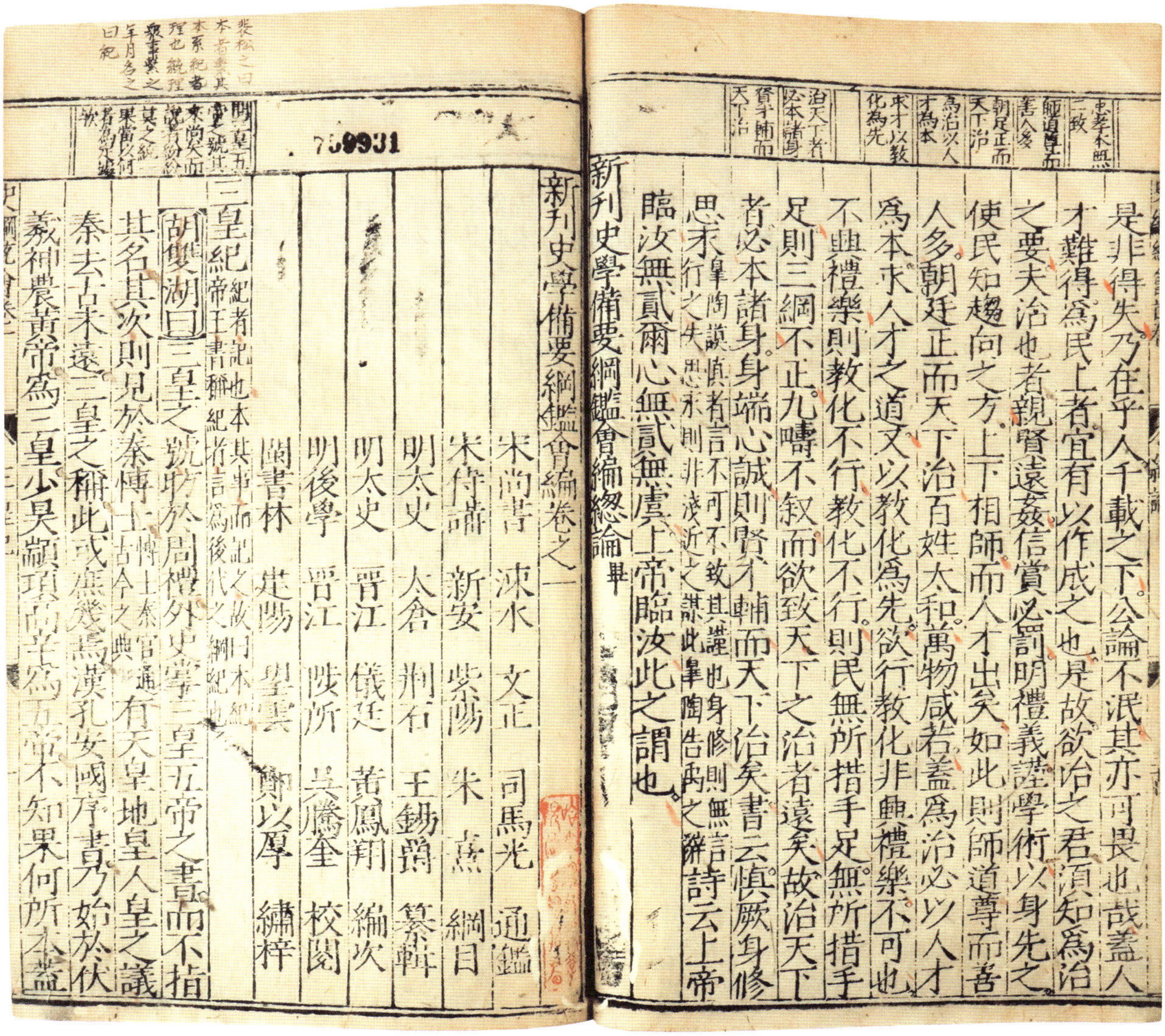

新刊史學備要綱鑑會編七十一卷（綱鑑會編四十八卷續宋元綱鑑會編二十三卷）

（明）王錫爵纂輯　明萬曆六年（1578）鄭以厚刻本（有抄配）　二十四册

半葉十二行，行二十五字，小字雙行同。白口，順黑魚尾，四周雙邊。版框 20.6cm × 13cm。有“松江近藤氏藏書記”“荆玉山印”印。

刻綱鑑會編序

夫尚書經中史也春秋史中經也尚書紀傳體
後世史家紀傳祖之春秋編年體後世史家編
年祖之策取二三開群蒙於萬古義存什伯寄
褒貶於一詞固百王準繩億代軌範也第羲黄
以下史多脱漏若三墳五典八索九丘爲楚倚
相所讀者希覯哉希覯哉漢擅班馬荀氏漢紀
亦戈一家言唐則范太史最著新舊唐書互有

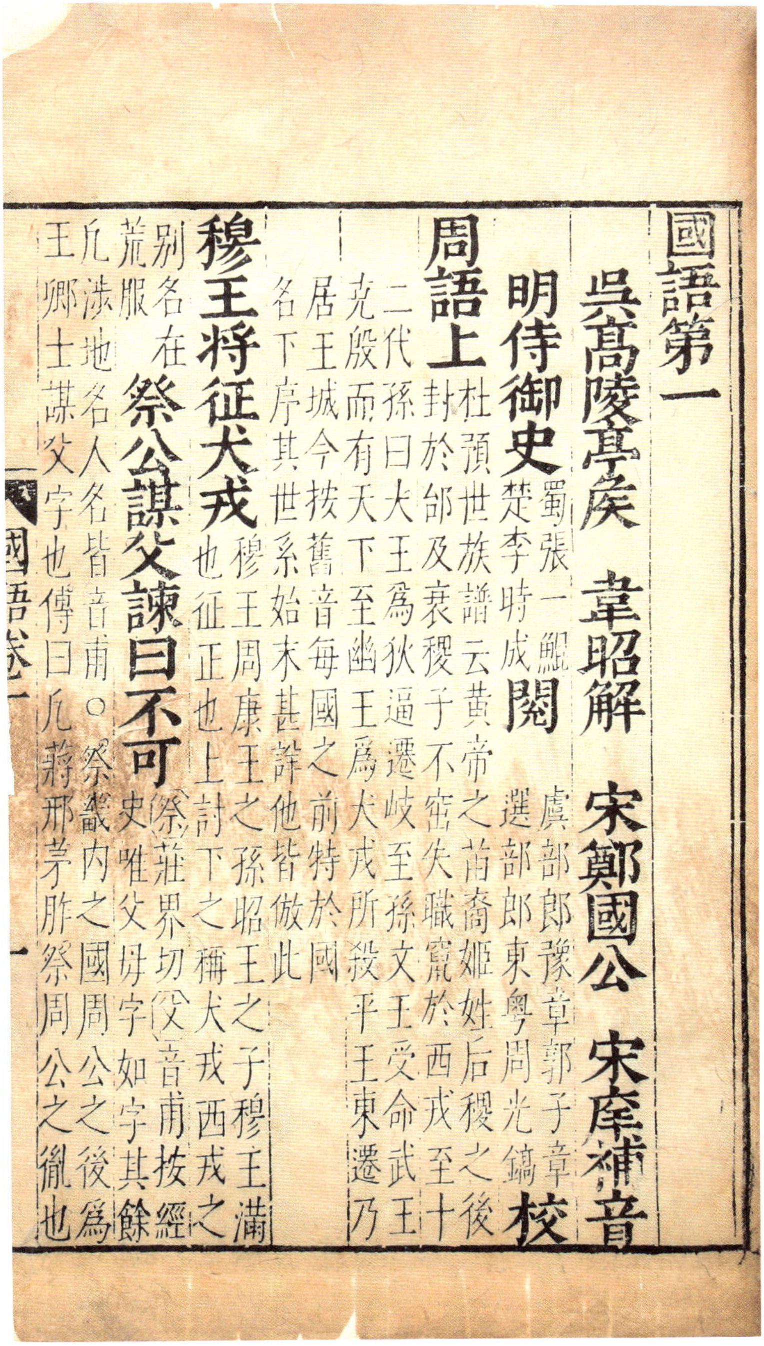

國語二十一卷

（三國吴）韋昭解　（宋）宋庠補音　明萬曆刻本　十二册

半葉九行，行二十字，小字雙行同。白口，單黑魚尾，左右雙邊。版框 21.6cm × 14.6cm。有“丹徒劉氏珍臧”印。

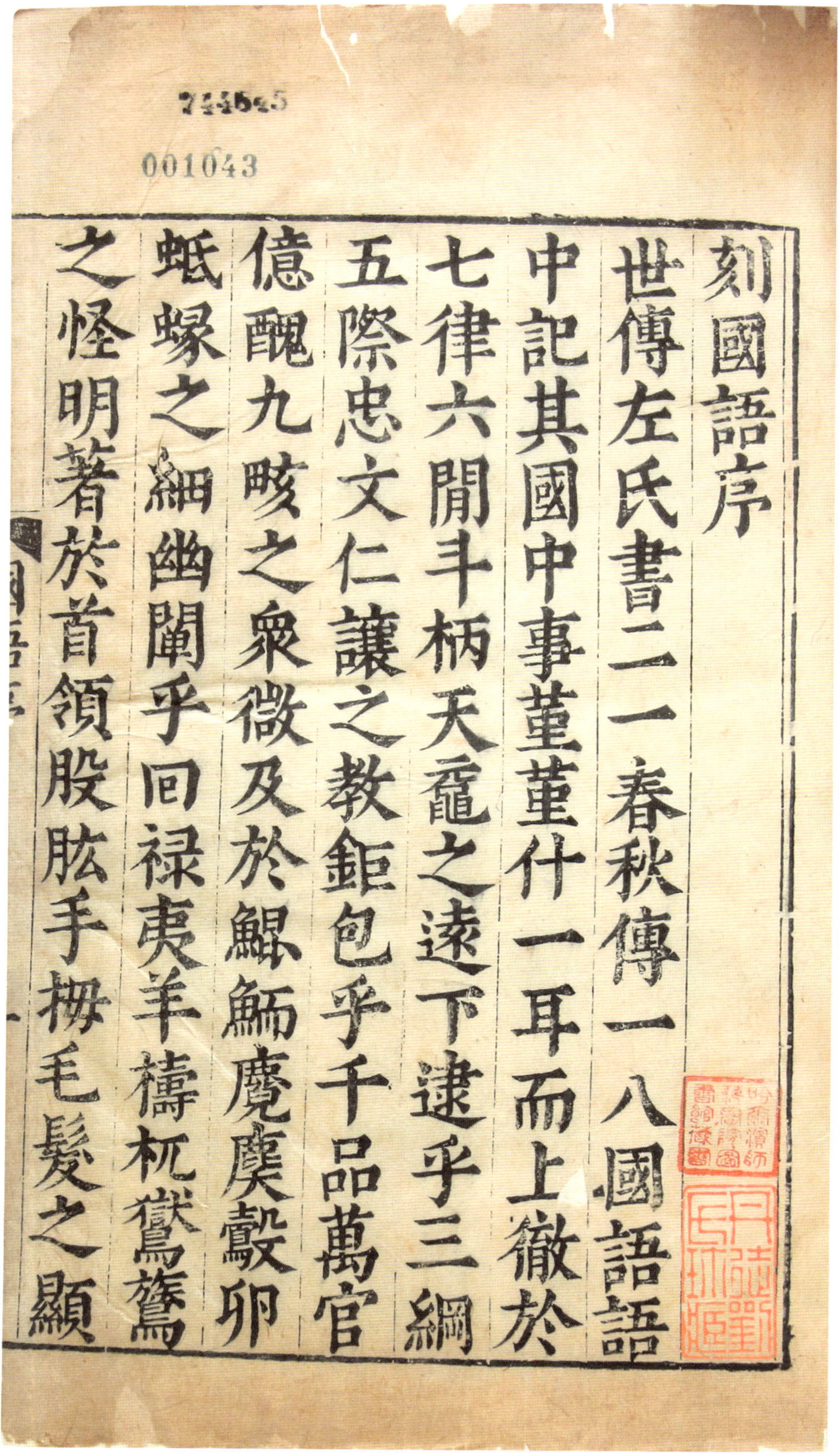

刻國語序

世傳左氏書二一春秋傳一八國語語中記其國中事堇堇什一耳而上徹於七律六閒手柄天黿之遠下逮乎三綱五際忠文仁讓之教鉅包乎千品萬官億醜九畡之衆微及於鯤鮞麑麌鷇卵蚳蝝之細幽闡乎回禄夷羊檮杌鸑鷟之怪明著於首領股肱手栂毛髮之顯

公告。王曰民不堪命矣召上照切或作邵〔告〕古毒切下同。召公召康公之後穆公虎也爲王卿士言民不堪暴虐之政令王怒得衛巫使監謗者〔監〕古銜切。衛巫衛國之巫也監察也以巫有神靈有謗必知之以告則殺之巫言謗王王則殺之國人莫敢言道路以目不敢發言以目相眄而已。〔眄〕木見切王喜告召公曰吾能弭謗矣乃不敢言〔弭〕彌耳切。弭止也召公曰是鄣之也〔鄣〕之亮切。鄣防也防民之口甚於防川流者曰川言川不可防而口又甚也川壅而潰傷人必多〔壅〕於勇切後同〔潰〕戶內切。川之潰決害於人也民亦如之民之敗亂害於上也是故爲川決之使導爲治也導通也。〔治〕直吏切〔治〕本平聲借爲去聲凡平聲無音爲民者宣之使言宣猶放也觀民所言以知其得

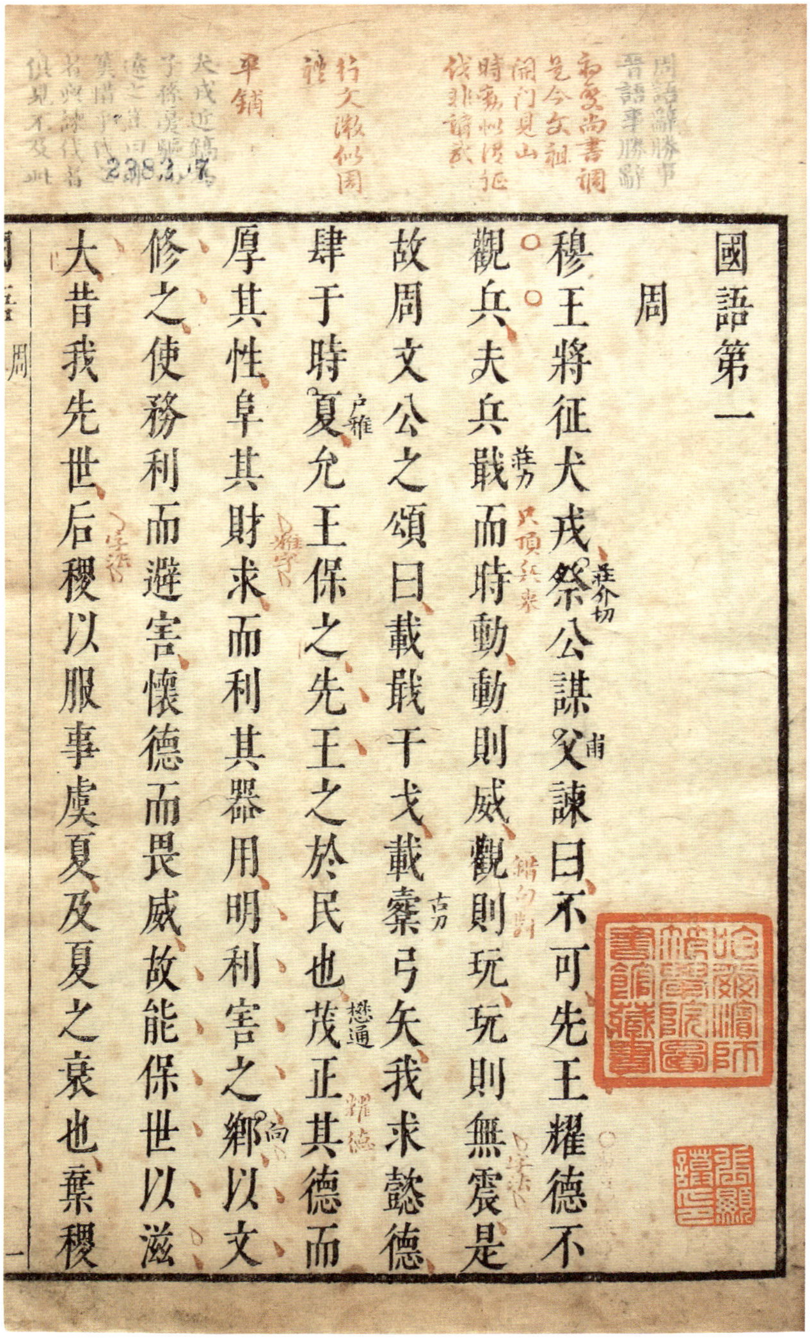
國語第一
周
穆王將征犬戎祭公謀父諫曰不可先王耀德不
觀兵夫兵戢而時動動則威觀則玩玩則無震是
故周文公之頌曰載戢干戈載櫜弓矢我求懿德
肆于時夏允王保之先王之於民也茂正其德而
厚其性阜其財求而利其器用明利害之鄉以文
修之使務利而避害懷德而畏威故能保世以滋
大昔我先世后稷以服事虞夏及夏之衰也棄稷

國語九卷

（三國吴）韋昭解　（明）閔齊伋裁注　明萬曆四十七年（1619）閔氏刻三色套印本　六册

半葉九行，行十九字，小字雙行同。白口，無魚尾，四周單邊。版框 21cm × 15cm。有“張顯謨印”“齊”“伋”等印。

總上句排句錯不覺其嘗勝句激致綜故

文氣甚逸

行下浪切經典多戶郎切

逸氣却洗鍊

中本

微謀言不亡於善謀以終上文已實謀之意植弓雖微發而已亦如此解注軍無謀累似未是

也薄德而以地賂諸侯二也棄壯之良而用幼弱三也建立卿士而不用其言四也夷鄭從之三陳而不整五也卑不由晉晉得其民四軍之師旅力方剛卒伍治整諸侯與之是有五勝也有辭一也得民二也軍帥彊禦三也行列治整四也諸侯輯集睦五也有一勝猶足用也有五勝以伐五敗而避之者非人也不可以不戰欒范不欲我則强之戰而勝是吾力也且夫戰也微謀吾有三伐勇而有禮反之以仁吾三逐楚君之卒勇也見其君必下

句法

錢。古曰泉。後轉曰錢。大錢者。大於舊。其賈重也。民患幣輕而物貴。則作重幣以行其輕。重曰母。輕曰子。以子貿物。物輕。則子獨行。物重。則以母權而行之。子母相通。民皆得其欲矣。堪。任也。不任之者。幣重物輕。妨其用也。故作輕幣雜而用之。以重者貿其貴。以輕者貿其賤。子權母者。母不足。則以子平而行之。故錢小大。民皆以爲利也。不相入。不相爲用也。二者先後各有所宜也。關。門關之征也。石。今之斛也。言征賦調均。則王之府藏常有也。旱。山名。山足曰鹿。愷。樂也。悌。易也。于。求也。君子。君長也。言陰陽調。草木盛。故君子以求祿。其心樂易。肆。極也。既。盡也。去其藏者謂善政藏於民。故也。翳。屏也。奪其資。民將叛。是遠屏其民也。一曰。翳。滅也

二十三年。王將鑄無射而爲之大林。單穆公曰。不可。作重幣以絶民資。又鑄大鐘以鮮其繼。若積聚

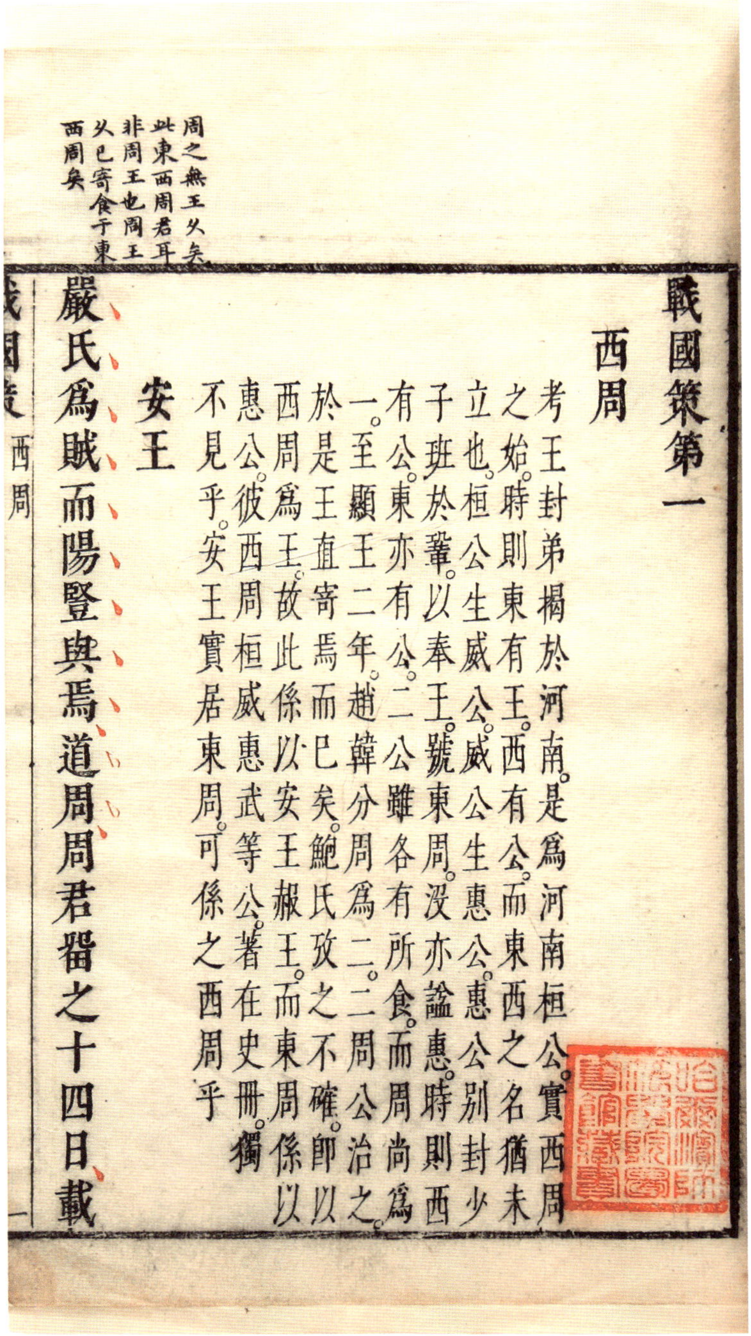
周之無王久矣此東西周君耳非周王也周王久已寄食于東西周矣

戰國策第一

西周

考王封弟揭於河南。是爲河南桓公。實西周之始。時則東有王。西有公。而東西之名猶未立也。桓公生威公。威公生惠公。惠公別封少子班於鞏。以奉王。號東周。沒亦謚惠。時則西有公。東亦有公。二公雖各有所食。而周尚爲一。至顯王二年。趙韓分周爲二。二周公治之。於是王直寄焉而已矣。鮑氏攷之不確。即以西周爲王。故此係以安王赧王。而東周係以惠公。彼西周桓威惠武等公。著在史冊。獨不見乎。安王實居東周。可係之西周乎

安王

嚴氏爲賊而陽豎與焉道周周君留之十四日載

戰國策　西周　一

戰國策十二卷元本目録一卷

（明）閔齊伋注　明萬曆四十七年（1619）閔氏刻三色套印本　十二册

半葉九行，行十九字，小字雙行同。白口，無魚尾，四周單邊。版框 20.7cm × 15.7cm。有“閔齊伋印”“遇五父”“閔”“伋”等印。

不字補

不字必不可缺

而元作也

也字亦無礙然而字固勁轉下有力

攻元作破

破字自可通不必改

只數語括幾許利害

之韓魏南無楚憂西無秦患則地廣而益重齊必輕矣夫本末更盛虛實有時竊爲君危之君不如令敝邑陰合爲秦而君無攻又無藉兵乞食君臨函谷而無攻令敝邑以君之情謂秦王曰薛公必不破秦以張韓魏所以進兵者欲王令楚割東國以與齊而秦出楚王以爲和君令敝邑以此惠秦秦得無攻而以楚之東國自免也必欲之楚王出必德齊齊得東國而益強而薛世世無患秦不大弱而處之三晉之西三晉必重齊薛公曰善因

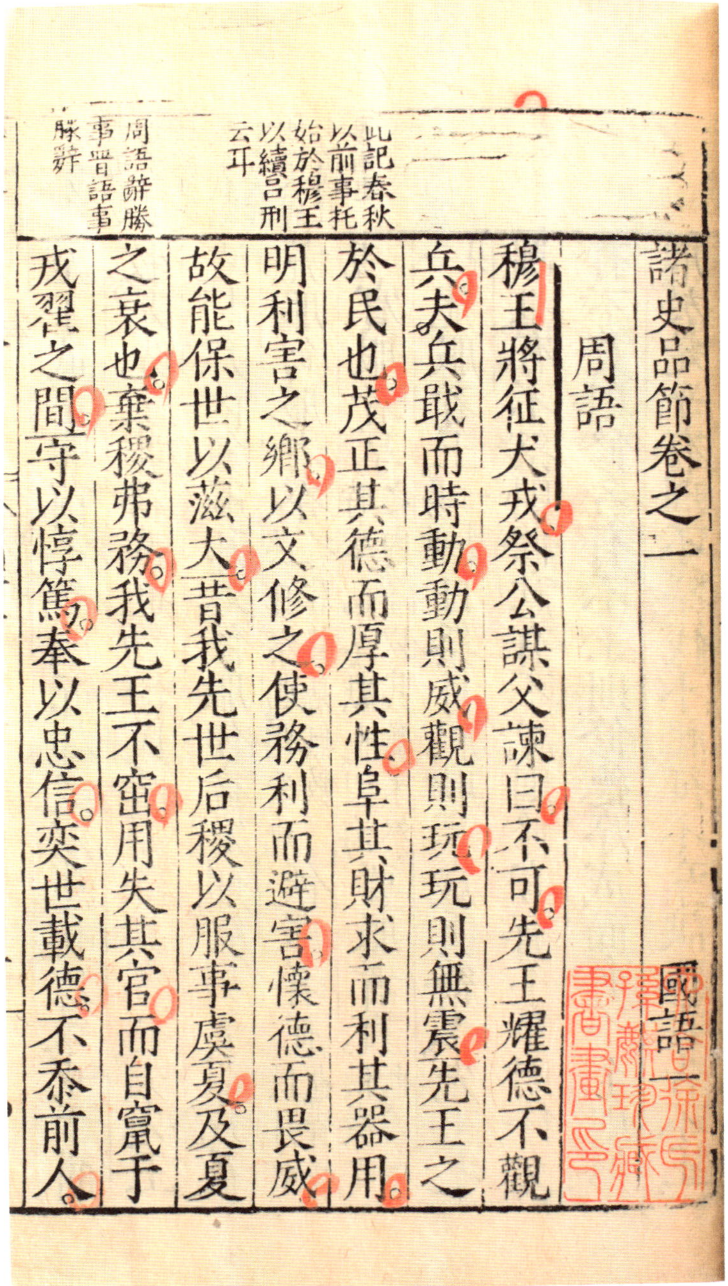

諸史品節三十九卷

（明）陳深編　明萬曆刻本　十七册

半葉九行，行二十字，小字雙行同。白口，單白或單黑魚尾，四周單邊。版框21.8cm × 14.6cm。

有“江陰黄永年藏書之記”“六合徐氏孫麒珍藏書畫印”“孫麒氏使東所得”印。

悲鳴自告

驥乎夫驥之齒至矣服鹽車而上大行蹄伸膝折尾湛胕潰（湛沉同，汗多故然。胕膚同，亦汗出於膚如潰）漉汗灑地白汗交流外阪遷延負棘而不能上（棘言步蹇）伯樂遭之下車攀而哭之解紵衣以冪之驥於是俛而噴仰而鳴聲達於天若出金石聲者何也彼見伯樂之知己也今僕之不肖阨於州部堀穴窮巷沉洿鄙俗之日久矣君獨無意湔祓僕（湔洗其惡，祓除不祥也）使得爲君高鳴屈於梁乎（聲己之屈。梁，南梁）

諸史品節卷之六

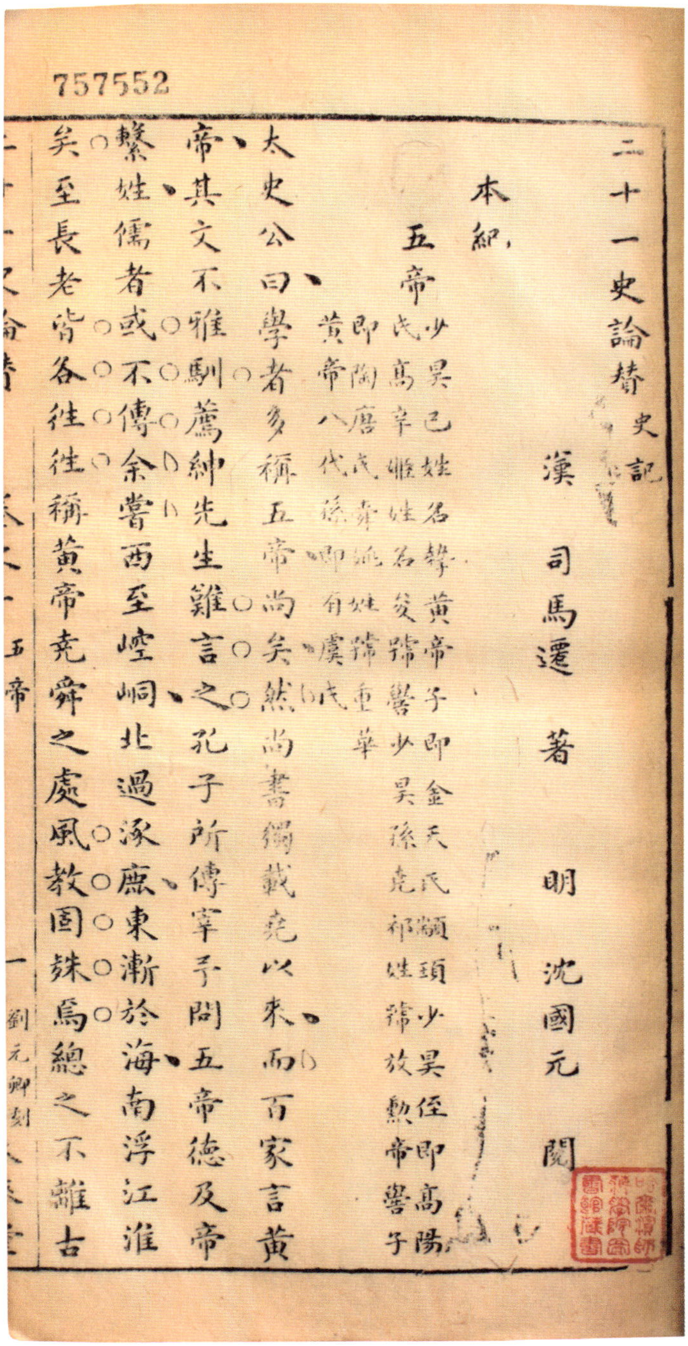

二十一史論贊三十六卷

（明）沈國元編　明崇禎十年（1637）大來堂刻本　五十册

半葉九行，行二十五字，小字雙行同。白口，無魚尾，四周單邊。版框 21.8cm × 12.3cm。有“耘圃老農藏書”“逍遙游”印。

以求容媚，豈不哀哉。是以究其終始強弱之變，明鑒戒焉。篇綱領

董用均曰：剖分之過，失之漢高；削弱之禍，基於景武，至哀平之際。諸侯單弱，莫能振救矣。想見周制之可法。

唐應德曰：敘事中累帶議論。

陳大士曰：利害昭晰，非後世封建論所及。

史記合異姓同姓為一，經國緯一，寓目而漢初親疎相錯之旨明矣。固剖而為二，論者謂無以究天下之大勢，洵然歟。

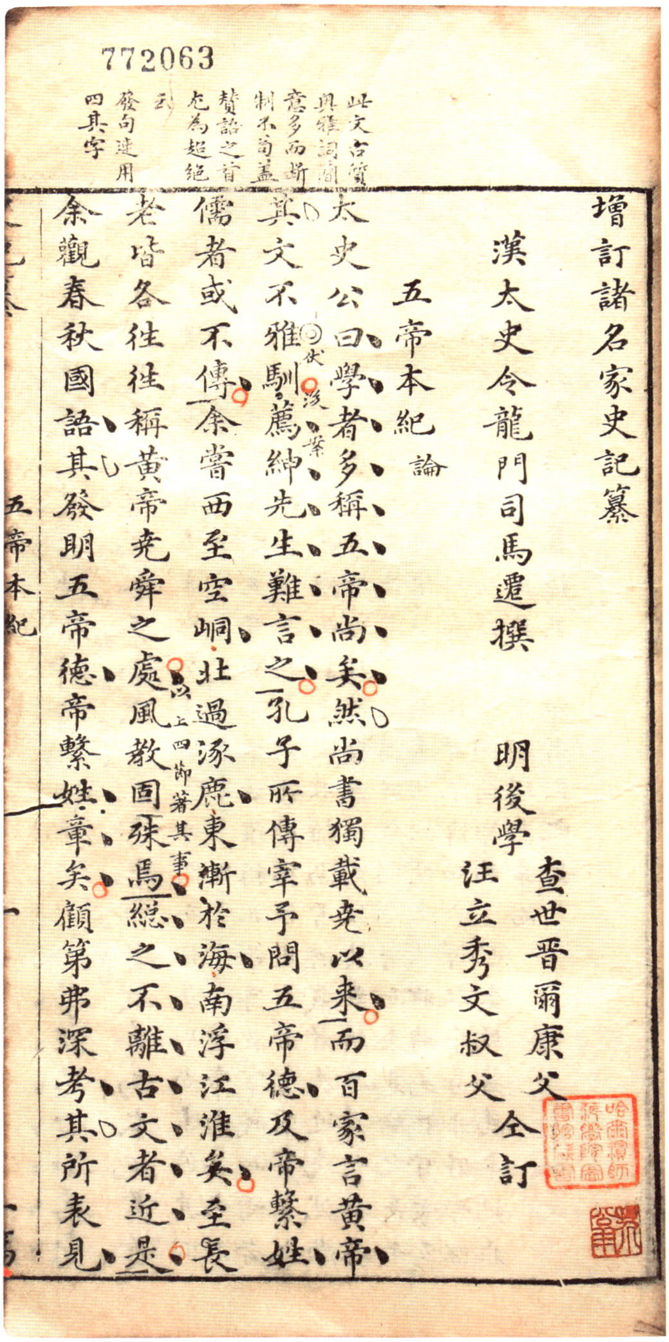
772063

此文古質典雅詞簡意多而斷制不苟蓋贊語之首尤為超絕

發句迭用四其字

增訂諸名家史記纂

漢太史令龍門司馬遷撰

明後學　查世晉爾康父　汪立秀文叔父　仝訂

五帝本紀　論

太史公曰學者多稱五帝尚矣然尚書獨載堯以來而百家言黃帝其文不雅馴薦紳先生難言之孔子所傳宰予問五帝德及帝繫姓儒者或不傳余嘗西至空峒北過涿鹿東漸於海南浮江淮矣至長老皆各往往稱黃帝堯舜之處風教固殊焉總之不離古文者近是余觀春秋國語其發明五帝德帝繫姓章矣顧第弗深考其所表見

五帝本紀

增訂諸名家史記纂五卷

（漢）司馬遷撰　（明）查世晉　（明）汪立秀仝訂　明崇禎刻本　六册

半葉九行，行二十六字。白口，無魚尾，四周單邊。版框 22cm × 11.6cm。有“芥翁”印。

叙鴻門事歷歷如目覩無毫髮滲漏非十分筆力摸

紀坐次詳悉如畫

曰旦日不可不蚤自来謝項王沛公曰諾於是項伯復夜去至軍中具以沛公言報項王因言曰沛公不先破關中公豈敢入乎今人有大功而擊之不義也不如因善遇之項王許諾沛公旦日從百餘騎来見項王至鴻門謝曰臣與將軍戮力而攻秦將軍戰河北臣戰河南然不自意能先入關破秦得復見將軍於此今者有小人之言令將軍與臣有郤項王曰此沛公左司馬曹無傷言之不然籍何以至此項王即日因留沛公與飲項王項伯東嚮坐亞父南嚮坐亞父者范增也沛公北嚮坐張良西嚮侍范增數目項王舉所佩玉玦以示之者三項王默然不應范增起出召項莊謂曰君王為人不忍若入

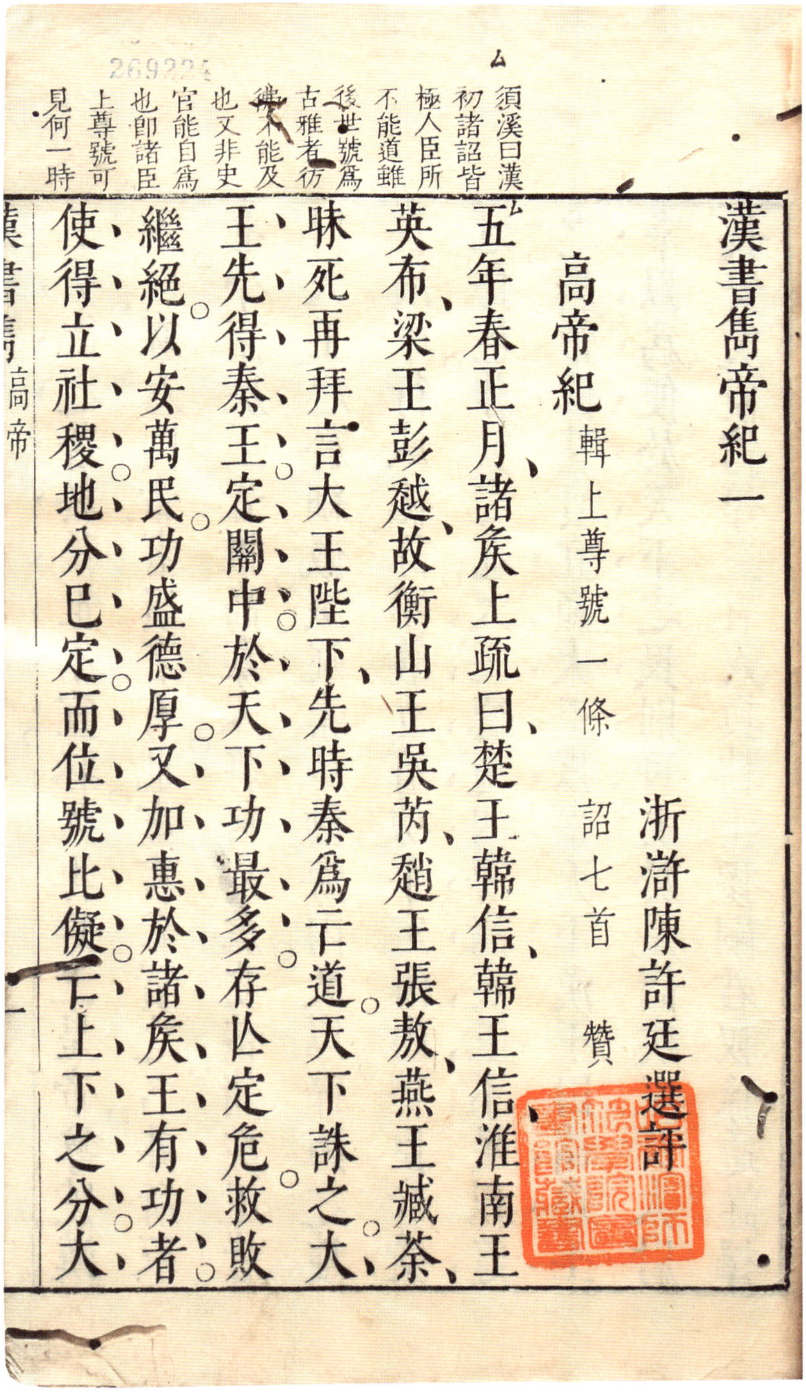

漢書雋不分卷

（明）陳許廷選評　明崇禎刻本　十册

半葉九行，行二十字。白口，無魚尾，四周單邊。版框 21.5cm × 15cm。

當免奏可

春三月詔曰朕聞天地不變不成施化陰陽不變物不暢茂易曰通其變使民不倦詩云九變復貫知言之選朕嘉唐虞而樂殷周據舊以鑒新其赦天下與民更始諸逋貸及辭訟在孝景後三年㠯前皆勿聽治

三年春三月詔曰夫刑罰所㠯防姦也內長文所㠯見愛也㠯百姓之未洽于教化朕嘉與士大夫日新厥業祗而不解其赦天下

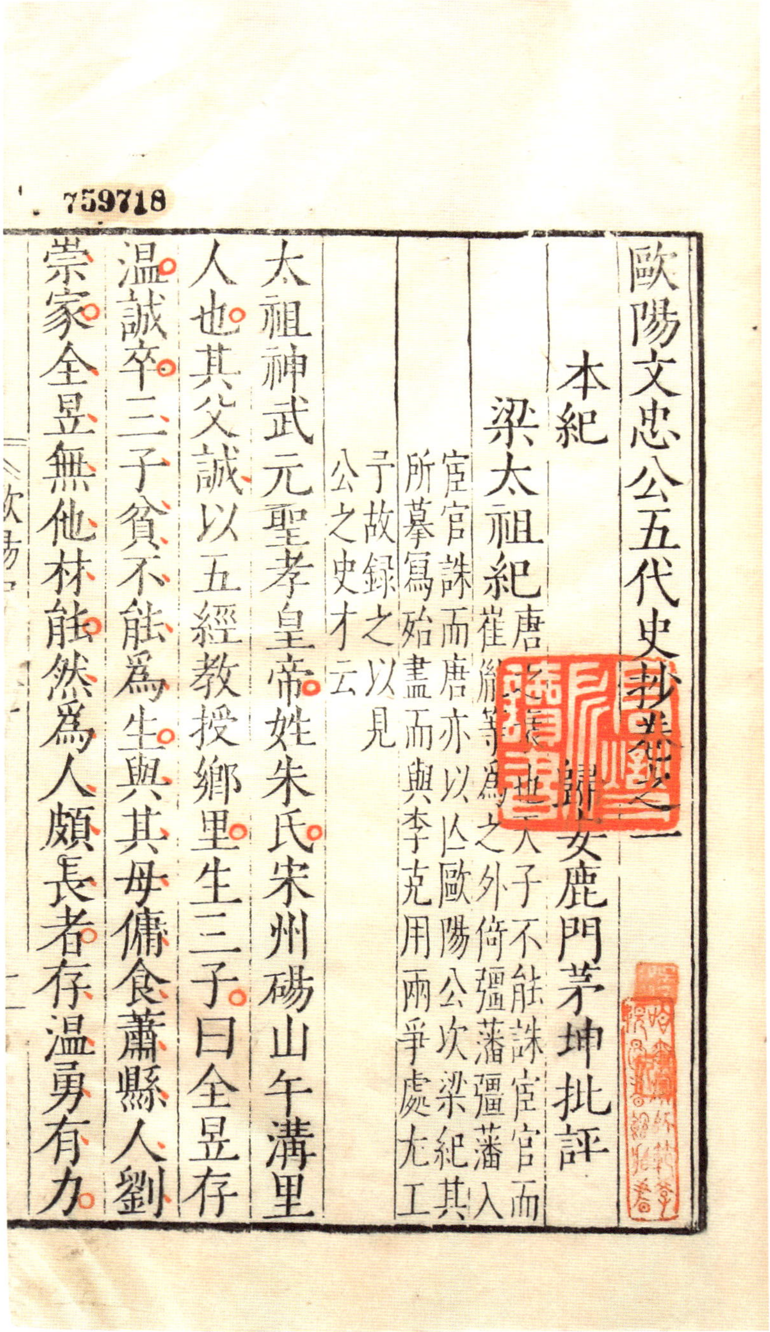

歐陽文忠公五代史抄二十卷

（明）茅坤批評　（明）茅闇叔重訂　明萬曆四十三年（1615）茅一桂刻朱墨套印本　十册

半葉九行，行十九字，小字雙行同。白口，單白魚尾，左右雙邊。版框 19.7cm × 13.4cm。有“高氏吹萬樓所得善本書”“高燮所讀書”等印。

老賊使性

誣及太后是誠何心

南師厚取荆南荆南留後趙明奔于蜀遂出光州以攻壽州不克天子卜祀天于南郊王怒以爲蔣玄暉等欲祈天以延唐天子懼改卜郊十一月辛巳天子封王爲魏王相國總百揆以宣武宣義天平護國天雄武順佑國河陽義武昭義武寧保義忠義武昭武定泰寧平盧匡國鎮國荆南忠武二十一軍爲魏國備九錫王怒不受十二月天子以王爲天下兵馬元帥王益怒遣人告樞密使蔣玄暉與何太后私通殺玄暉而焚之遂弒太后于積

歐陽公史鈔引

或問余於歐陽公復有史鈔何也歐陽公他文多本韓昌黎而其序次國家之大及謀臣戰將得失處余竊謂猷得太史公之遺其為唐書則天子詔史官與宋庠輩共為分局視州故僅得其志論十餘首而五

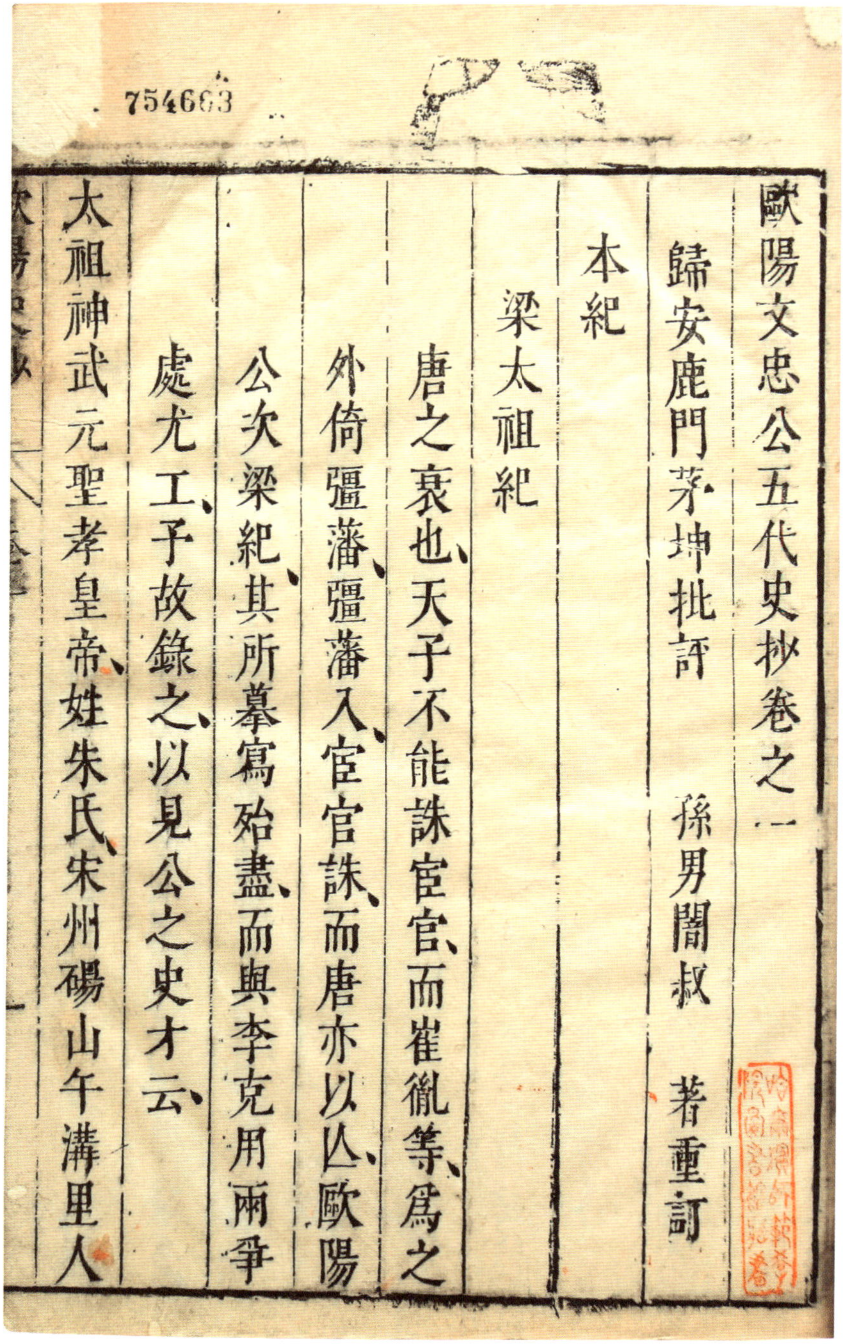

歐陽文忠公五代史抄二十卷

（明）茅坤批評　（明）茅闇叔重訂　明末刻本　八册

半葉九行，行二十字。白口，單白魚尾，四周單邊。版框 21.3cm × 14.9cm。有“王氏耐齋珍藏”“惟願子孫能讀”等印。

按始而稱名既而稱爵既而稱帝漸進爵至王而後稱著其過者

義成軍亂逐其節度使安師儒推牙將張驍爲留後師儒來奔殺之遣朱寶李唐寶陷滑州以胡眞爲留後十二月徙封吳興郡王自黃巢死秦宗權稱帝陷陝洛懷孟唐許汝鄭州遣其將秦賢盧瑭張晊攻汴賢軍板橋晊軍北郊瑭軍萬勝環汴爲三十六柵王顧兵少不敢出乃遣朱珍募兵於東方而求救於兗鄆三年春珍得兵萬人馬數百匹以歸乃擊賢板橋拔其四柵又擊瑭萬勝瑭敗投水死宗權聞瑭等敗乃自將精兵數千柵北郊五月兗州朱瑾鄆州朱宣

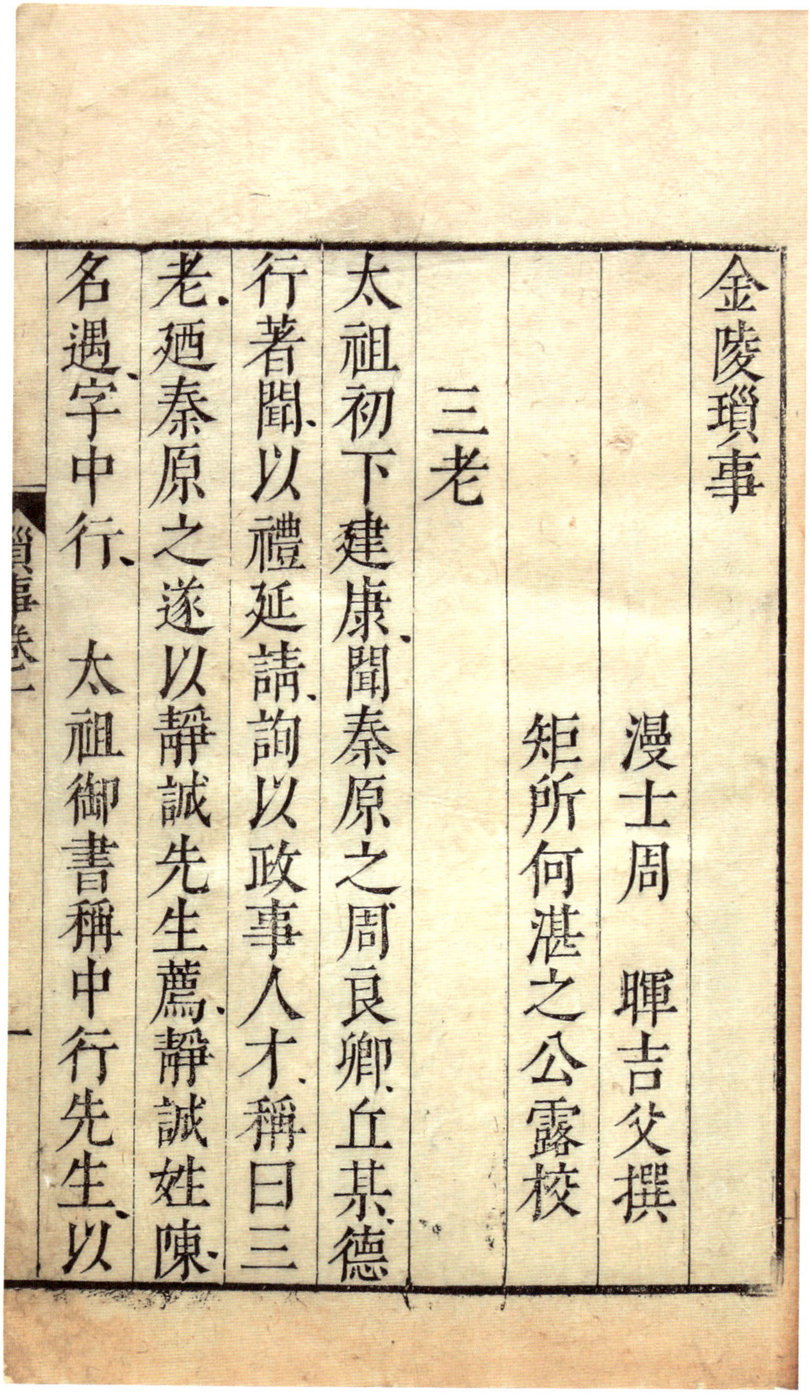
金陵瑣事

漫士周　暉吉父撰

矩所何湛之公露校

三老

太祖初下建康、聞秦原之周良卿、丘其德行著聞、以禮延請、詢以政事人才、稱曰三老、廼秦原之遂以靜誠先生薦、靜誠姓陳、名遇、字中行、太祖御書稱中行先生、以

瑣事卷之一　一

金陵瑣事四卷續二卷二續二卷

（明）周暉撰　明萬曆三十八年（1610）刻本　八册

半葉八行，行十六字。白口，單黑魚尾，四周單邊。版框 19.9cm × 13.8cm。

市二樓何也諸樓盡廢獨南市樓尚存

十景

盛仲交自大城山中寄𥜽憶十詩命余步韻且約往遊其題云祈澤寺龍泉天寧寺流水玉皇觀松林龍泉庵石壁雲居寺古松朝真觀檜徑宮氏泉大竹虎洞庵奇石天印山龍池東山寺薔薇此十景皆衆人之所忽仲交所獨取者

子　部

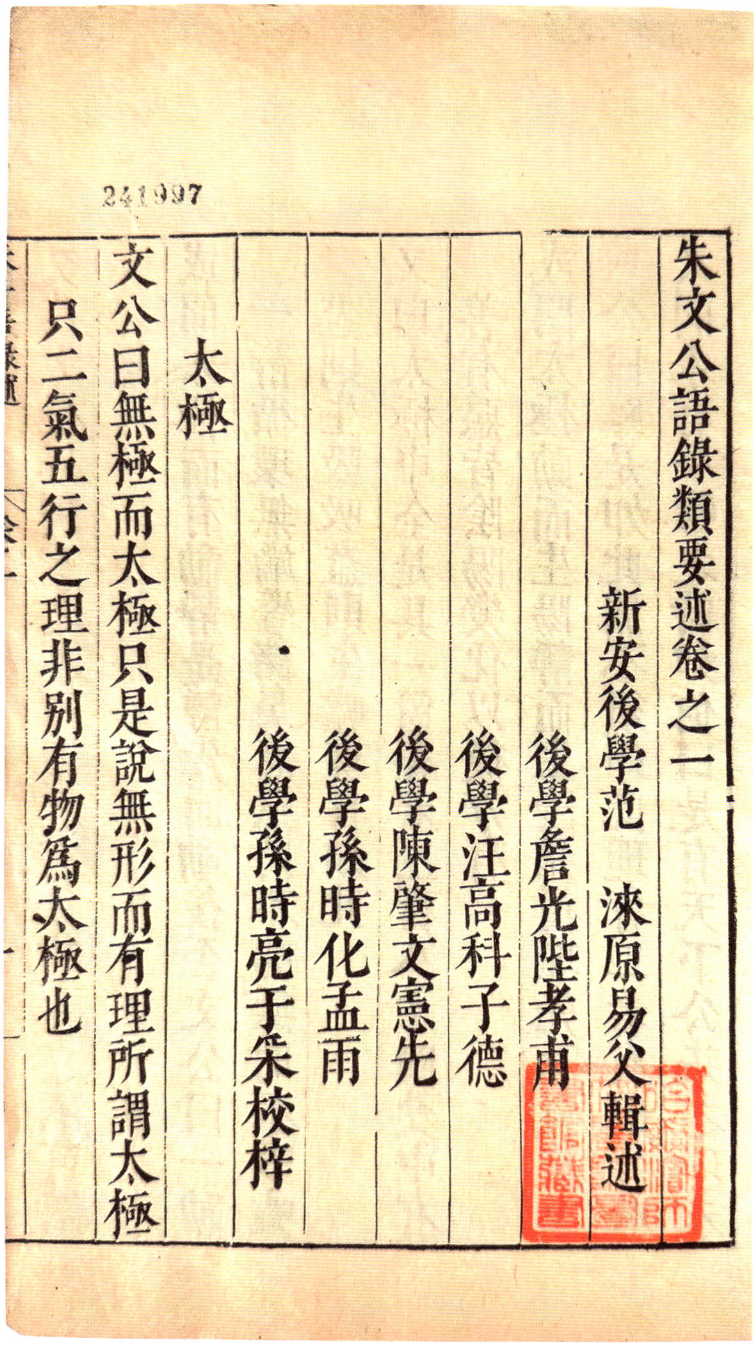

朱文公語錄類要述卷之一
新安後學范　淶原易父輯述
後學詹光陛孝甫
後學汪高科子德
後學陳肇文憲先
後學孫時化孟甫
後學孫時亮于宋校梓

太極
文公曰無極而太極只是説無形而有理所謂太極
只二氣五行之理非別有物爲太極也

朱文公語錄類要述十八卷

（明）范淶輯述　明萬曆四十年（1612）刻本　四册

半葉十行，行二十字。白口，單白魚尾，四周單邊。版框 20.3cm × 14.2cm。有“阮芸臺記”“山陽丁晏藏書”“招商局公學藏”印。

刻文公語録類要述引

吾鄉文公紫陽朱夫子爲乾坤間氣挺生宋代上遡洙泗道脉源流以迄濂洛集羣聖之統緒而爲一大成其繼往開来之功業與霄壤同敝信不誣也傳註經書奉

敕頒行四海學官者有成憲矣其語類一書世傳刊本種種如池刊語録四十三

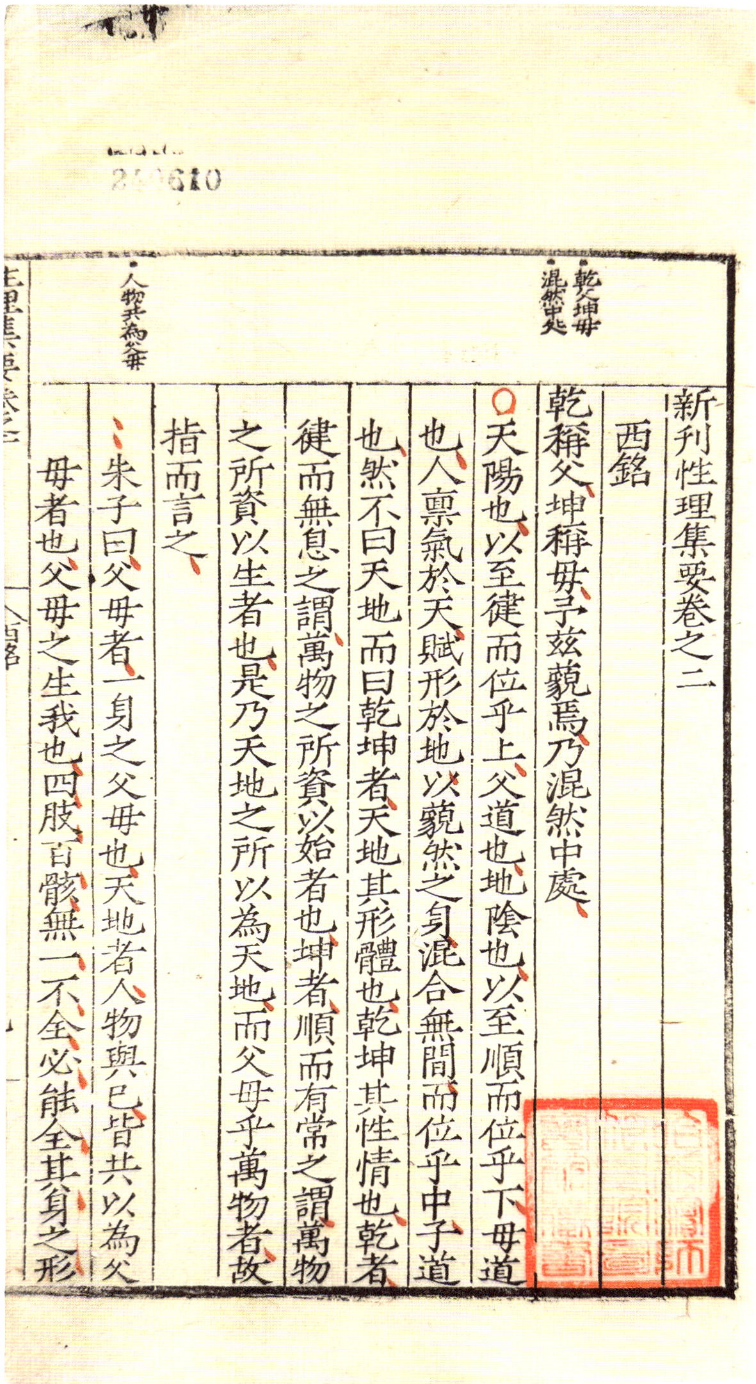

新刊性理集要八卷

（明）詹淮編輯　明嘉靖四十年（1561）李廷海刻本　八册　缺首卷首頁

半葉十一行，行二十六字。細黑口，單白魚尾，四周單邊。版框 19.5cm × 12.8cm。

聖王以道治天下

能致雍熙悠久之盛

御製序

朕惟昔者聖王繼天立極以道治天下自伏羲神農黃帝堯舜禹湯文武相傳授受上以是命之下以是承之率能致雍熙悠久之盛者不越乎道以爲治也下及秦漢以來或治或否或久或近率不能如古昔之盛者或忽之而不行或行之而不純所以天下率無善治人不得以蒙至治之澤可勝嘆哉夫道之在天下無古今之殊人之稟受於天者亦無古今之異何後世治亂得失與古昔相去之遼絶歟此無他道之不明不行故也道之不明不行夫豈道之病哉其爲世道之責孰得而辭焉夫知世道之責在己則必能任斯道之重而不敢忽如此則道豈有不明不行而世豈有不治也哉纘承

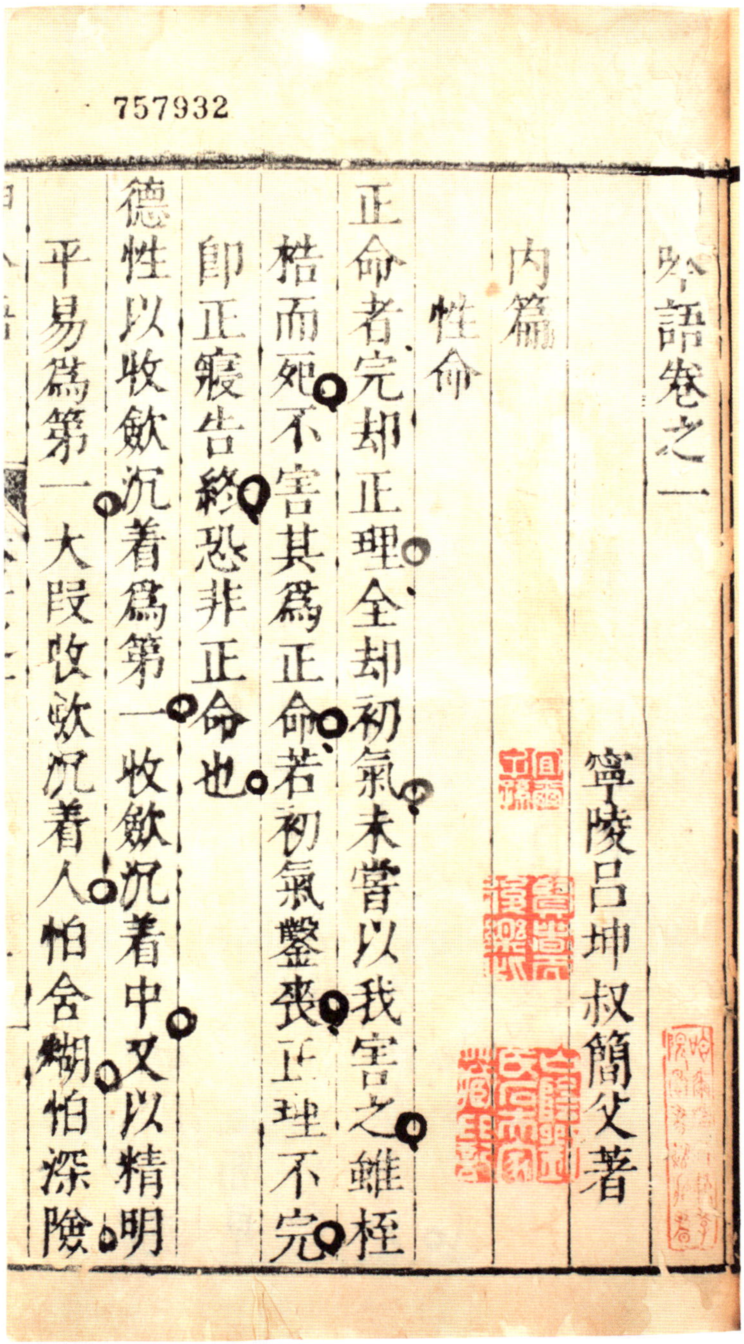

呻吟語六卷

（明）呂坤著　明刻本　六册

半葉九行，行十九字。白口，單黑魚尾，左右雙邊。版框 21.5cm × 14cm。

有“山陰劉石夫藏書”“宜爾子孫”“賢者而後樂此”“山陰劉氏石夫家藏印記”印。

是震雷之氣狂肆是疾風之氣昏惑是霾霧之氣隱恨留連是積陰之氣從容溫潤是和風甘雨之氣聰明洞達是青天朗月之氣有所鍾者必有所似

先天之氣發洩處不過毫釐後天之氣擴充之必極分量其實分量極處原是毫釐中有底若毫釐中合下原無便是一些增不去萬物之形色才情種種可驗也

蝸藏於殼烈日經年而不枯必有所以不枯者在

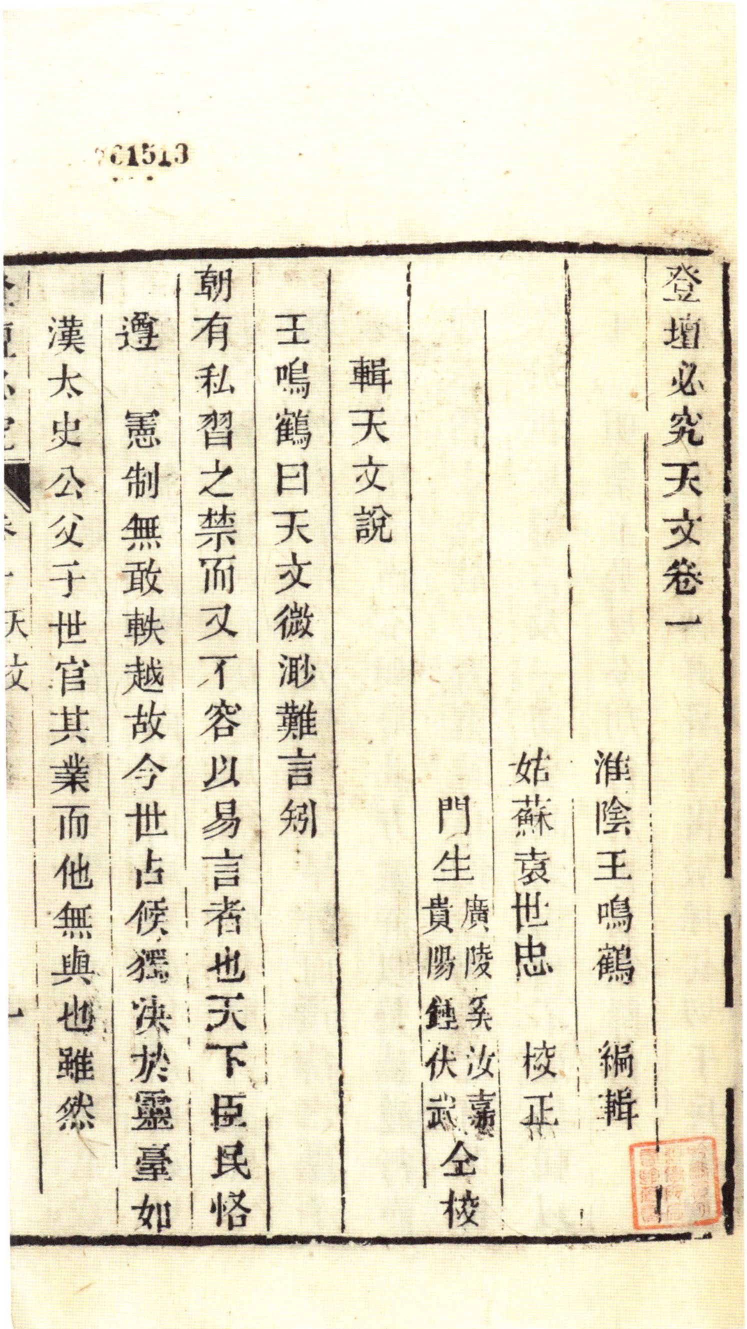

登壇必究天文卷一

淮陰王鳴鶴　編輯

姑蘇袁世忠　校正

門生　廣陵奚汝嘉　貴陽鍾伏武　仝校

輯天文説

王鳴鶴曰天文微渺難言矧

朝有私習之禁而又不容以易言者也天下臣民恪

遵

憲制無敢軼越故今世占候獨決於靈臺如

漢太史公父子世官其業而他無與也雖然

登壇必究四十卷

（明）王鳴鶴編輯　明萬曆刻本　三十六册

半葉九行，行二十字，小字雙行同。白口，單黑魚尾，四周單邊。版框 20.6cm × 15cm。有“曲波珍藏”印。

太壬軍帳賦

上將論戎傳式論功測方圓之動靜辨主客之雌雄

月將加時戰雄神者春寅夏巳秋甲冬亥皆旲次臨雄擊雌戰雌神者春申夏亥秋寅冬巳也

奇歲剛柔之運轉　分兵定偶月支干以研窮旲為丑地

黃多初占云陽年以大吉加歲支陰年以小吉加歲支常以四課三傳及占十二邦國各得神吉凶將主之事每陽月子寅辰午申戌是也陰月丑卯巳未酉亥是也以十二天官所臨宮以配前后天官剛柔之月建每月月支臨日之辰用用日上神今日假令巳丑陰年為用立課曰支上神以小吉加丑反為四柔用對沖為初傳已上登明將得初傳騰蛇中傳丑上見小吉將得青龍末傳巳課等未上見大吉將得天后此例也丑占用也卯上宋國分從魁為朱雀主口舌為反吟占暮治以從魁見太冲為白虎二月忌実

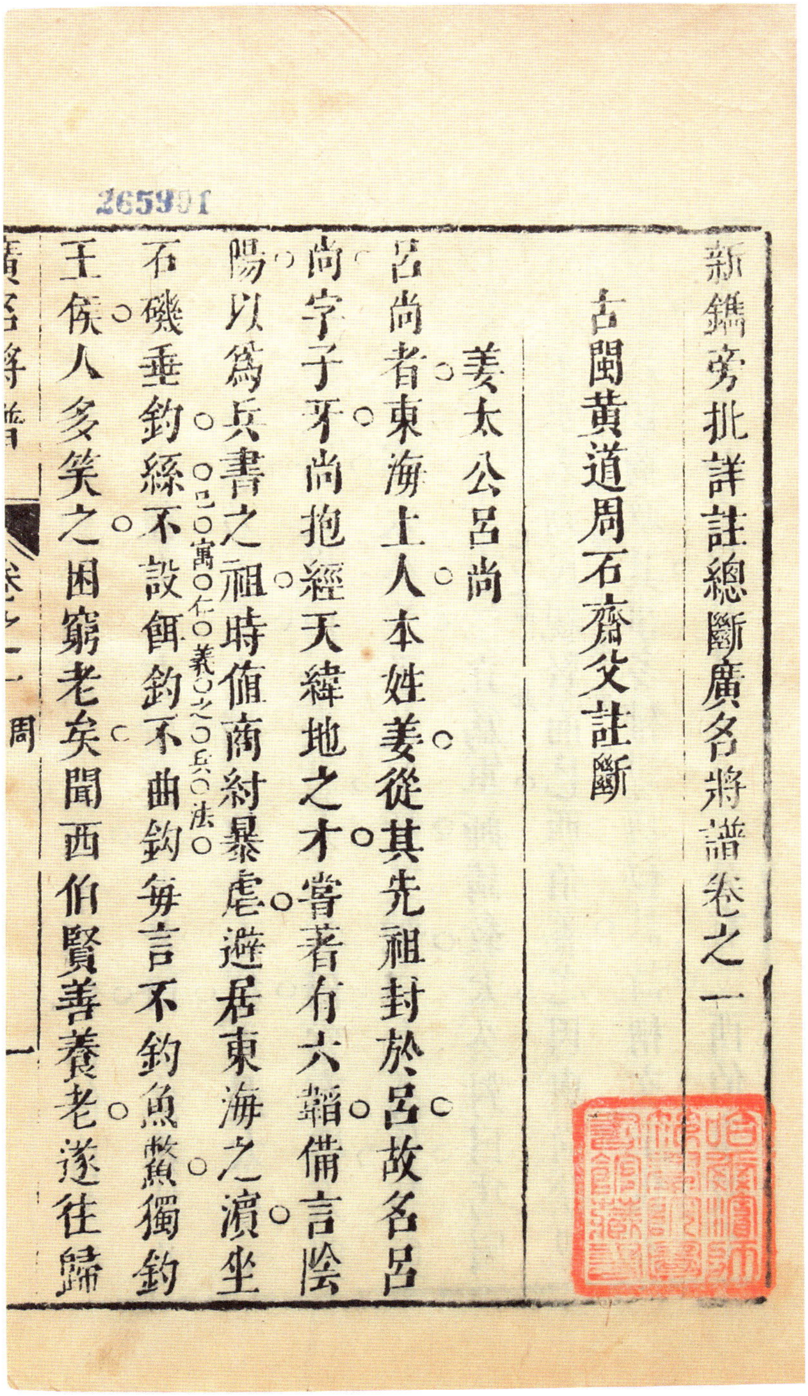

新鐫旁批詳註總斷廣名將譜二十卷

（明）黃道周註斷　明崇禎十六年（1643）刻本　十册

半葉九行，行二十字。白口，單黑魚尾，四周單邊。版框 18.5cm × 13.2cm。

齊大敗燕燕昭王怨齊未嘗一日忘報於是屈身下士先尊禮郭隗以爲招毅聞而心動因請于魏王爲使燕燕昭王一見即以客禮待之毅感其誠遂委質而臣燕昭王喜竟以爲亞卿因問伐齊之事而其時齊湣王正强南敗楚相唐昧于重丘西服三晉于觀津且與秦昭王爭重爲帝諸侯皆欲背秦而服于齊毅因對曰齊地大人衆未易獨攻也王必欲伐之莫若與趙及楚魏合燕昭王以爲然因別遣使連楚魏先使毅約趙惠文王毅復令趙啗秦以伐齊之利是

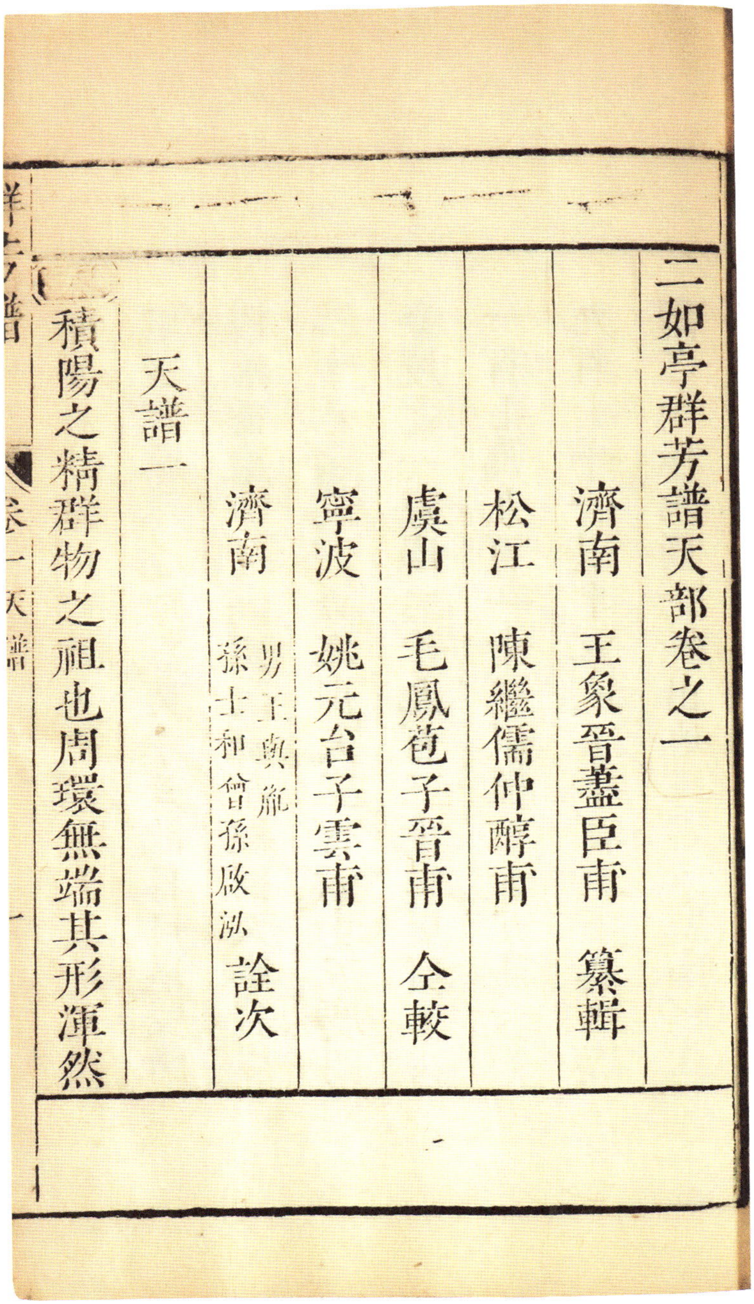

二如亭群芳譜天部卷之一
濟南　王象晉藎臣甫　纂輯
松江　陳繼儒仲醇甫
虞山　毛鳳苞子晉甫　仝較
寧波　姚元台子雲甫
濟南　男王與胤　孫士和　曾孫啟泓　詮次
天譜一
積陽之精群物之祖也周環無端其形渾然

群芳譜　卷一　天譜　一

二如亭群芳譜二十八卷首一卷

（明）王象晋纂輯　明刻本（清印）　十六册

半葉八行，行十八字，小字雙行同。白口，單黑魚尾，左右雙邊。版框 21.8cm × 14.5cm。

有“适園灌畦生九世孫元珪珍藏”“北平市農事試驗場總務股”等印。木部卷之一詮次人處“玄”字剜刻避諱，正文皆不避清諱，故爲明刻清印。

二如亭群芳譜木部卷之一

濟南　王象晉藎臣甫　纂輯

松江　陳繼儒仲醇甫

虞山　毛鳳苞子晉甫　仝較

寧波　姚元台子雲甫

濟南　男　王與齡　孫　士贍　玄孫　兆桐　詮次

木譜一

梓　或作杍楸類一名木王植於林諸木皆內拱

三光下蟠九地青鸞白鵠朝夕是憩夫豈鷦
鷯之敢寄也貞松巨栢戢戢相比夫豈蔓草
之敢麗也莊生索之而駭眙匠石過焉而睥
睨顧神物之偉奇斧欲揮而終忌是宜棟梁
乎清廟為九垓之大庇繄楠之壽也瀋液內
盎姿華外妍顱項不肅視融不然枝拂常春
之霧根漬不涸之泉玄龜蟠其下卿雲覆其
巔豐隆為之呵護王孫休而不前望之蒼蒼
然叩之砰砰然騰神光兮夜曙播蒼陰兮晝
晰老坤曾息蔭於髻髭王母於茲表道兮屢
焉笑蟠桃之難熟輕銅狄之千年諒
玄精之丕構與日月而周旋 王燁

詩五言

楠樹色冥冥江邊一蓋青近根開藥圃接葉
製茅亭落景陰猶合微風韻可聽尋常纔醉
困臥此片時醒 杜少陵
籠籠抱靈秀簇簇
抽芳膚寒月吐再艷頳子流細珠鶯鶯花數
重翡翠葉四鋪雨洗新糚色一株如一姝聳
異敷庭院傾妍來座隅散彩飾几案餘輝盈
盤盂 孟郊
傾柟枯崢嶸鄉黨皆莫記不知
幾百歲慘慘無生意上枝摩黃天下根蟠厚
地巨圍雷霆折萬孔虫蟻萃凍雨落流膠衝
風奮佳氣白鵠遂不來天鷄為愁思猶含棟
梁具無復霄漢志良工古昔少識者出涕淚
種榆水中央成長何容易截承金露盤梟梟
不自畏 杜子美

七言

傘蓋低垂金翡翠薰籠亂搭舊
衣裳春芽細炷千燈焰夏蘂濃
燒百合香 白樂天
近郭城南山寺深亭亭
奇樹出禪林結根幽壑不知歲聳榦摩天凡
幾尋翠色晚將嵐氣合月光時有夜猨吟經
行綠葉望成蓋宴坐黃花長滿襟此木嘗聞
生豫章今朝獨秀在巴鄉凌霜不肯讓松栢
作宇由來稱棟梁會待良工時一盼應歸法

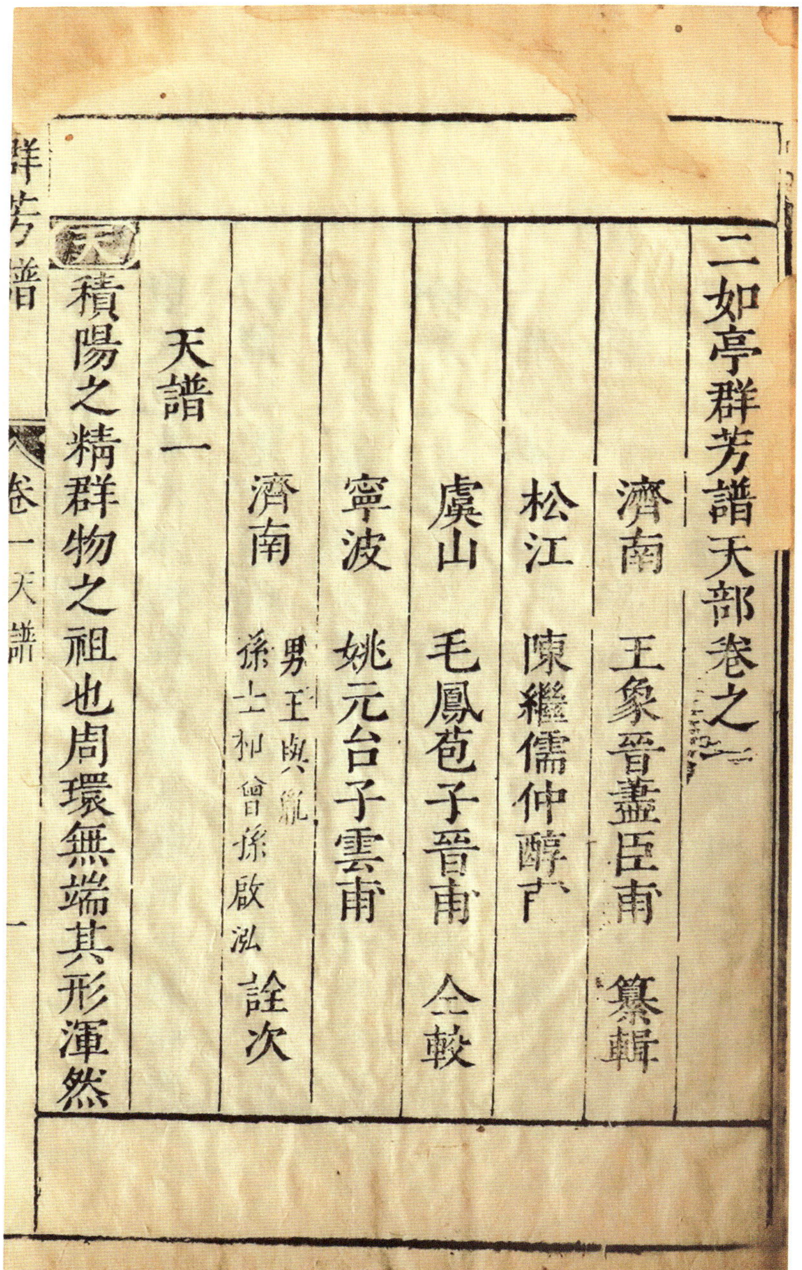

二如亭群芳譜二十八卷首一卷

（明）王象晉纂輯　明刻本（清印）（有抄配）　二十三册　缺利部棉譜

半葉八行，行十八字，小字雙行同。白口，單黑魚尾，左右雙邊。版框 21.8cm × 14.5cm。

有“知止室藏”“大興周沿度收藏金石書畫印”等印。木部卷之一詮次人處“玄”字剜刻避諱，正文皆不避清諱，故爲明刻清印。

二如亭群芳譜木部卷之一

濟南　王象晉藎臣甫　纂輯
松江　陳繼儒仲醇甫
虞山　毛鳳苞子晉甫　全較
寧波　姚元台子雲甫
濟南　男王與齡　孫士禧　玄孫兆桐　詮次

木譜一

梓

一作杍楸類一名木王植於林諸木皆内拱

三光下睇九地青鸞白鵠朝夕是憩夫豈鴝鵒之敢敵奇也貞松巨栢㦸㦸相比夫豈蔓草之敢麗也莊生索之而駭貽匠石過焉而睥睨傾神物之偉奇斧欲揮而終忌是宜棟梁乎清廟爲九垓之大庇繫楠之壽也瀋液内蓄姿華外妍顓頊不肅祝融不然枝拂常春之霧根漬不涸之泉玄龜蟠其下卿雲覆其巔豐隆爲之呵護王孫休而不前望之蒼蒼然叩之砰砰然騰神光兮夜曙播蕃陰兮晝帡老䑕曾息蔭於髣髴王母於茲表逍兮屢焉笑睇桃之難熟輕銅狄之千年諒玄精之丕構與日月而周旋【王偉】

詩五言

楠樹色冥冥江邊一蓋青近根開藥圃接葉製茅亭落景陰猶合微風韻可聽尋常穠醉困臥此片時醒【杜少陵】

籠籠抱靈秀簇簇抽芳膚寒月吐再艷頳于流細珠鴛鴦花數

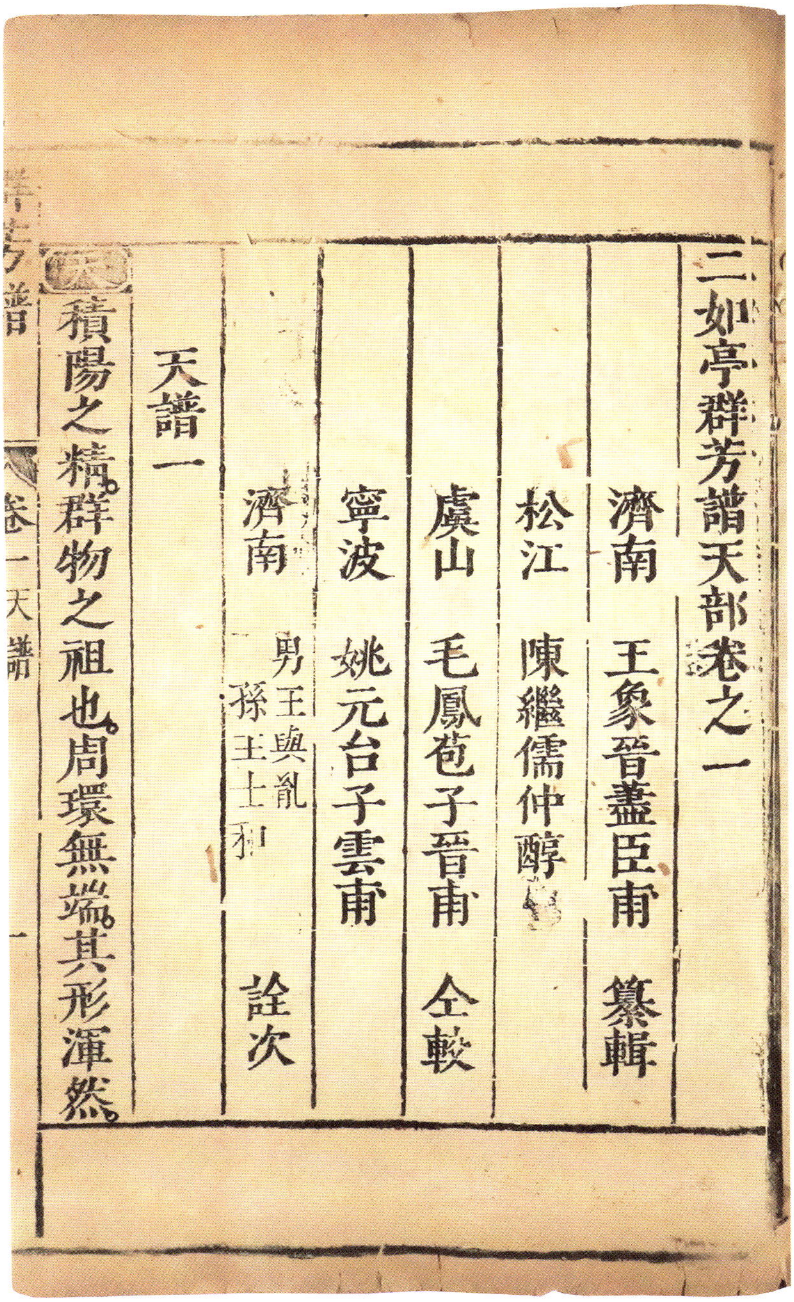
二如亭群芳譜天部卷之一
濟南　王象晉藎臣甫　纂輯
松江　陳繼儒仲醇
虞山　毛鳳苞子晉甫　仝較
寧波　姚元台子雲甫
濟南　男王與胤　孫王士和　詮次
天譜一
積陽之精群物之祖也周環無端其形渾然

二如亭群芳譜二十八卷首一卷

（明）王象晋纂輯　明刻本（清印）　二十八册

半葉八行，行十八字，小字雙行同。白口，單黑魚尾，左右雙邊。版框 21.8cm × 14.5cm。

有“无知”“閩川珍臧”等印。天部卷之一詮次人處“胤”字剜刻避諱，木部卷之一詮次人處“禎”字剜刻避諱，正文皆不避清諱，故爲明刻清印。

二如亭群芳譜木部卷之一

濟南　王象晉藎臣甫　纂輯

松江　陳繼儒仲醇甫

虞山　毛鳳苞子晉甫　仝較

寧波　姚元台子雲甫

濟南　男王與齡　孫王士禎　詮次

木譜一

【梓】或作杍楸類一名木王植於林諸木皆内拱

川雲自去留〔杜子美〕流波戀舊浦行雲
思故山〔張岳陽〕西北有浮雲亭亭如車蓋
〔魏文帝〕玄雲起高岳終朝彌八方〔劉楨〕
日暮碧雲合佳人殊未來〔文選〕喬雲時靉
靆怪峽轉龍蹤　浮雲千樹色殘日半山陰
野雲侵坐冷春川向人低　五雲聯玉佩
片月照氷壺　避地甘華髮看雲望紫泥〔眞〕
〔馮琢菴〕潛虬媚幽姿飛鴻響遠音薄霄愧
雲浮棲川作淵沉〔謝靈運〕山中何所有嶺
上多白雲只可自怡悅不堪持贈君〔陶弘景〕
吹簫凌極浦日暮送夫君湖上一回首青
山卷白雲〔王維〕跂日復臨水弄波情未極
日暮川上寒浮雲澹無色〔裴迪〕谷口雜山
雲一臺敵孤峭松風激蘿月時見孫登嘯〔于
若瀛〕溶溶溪口雲纔向溪中吐不復歸溪
中還作溪中雨〔鮑參軍妻張文姬〕振衣廬

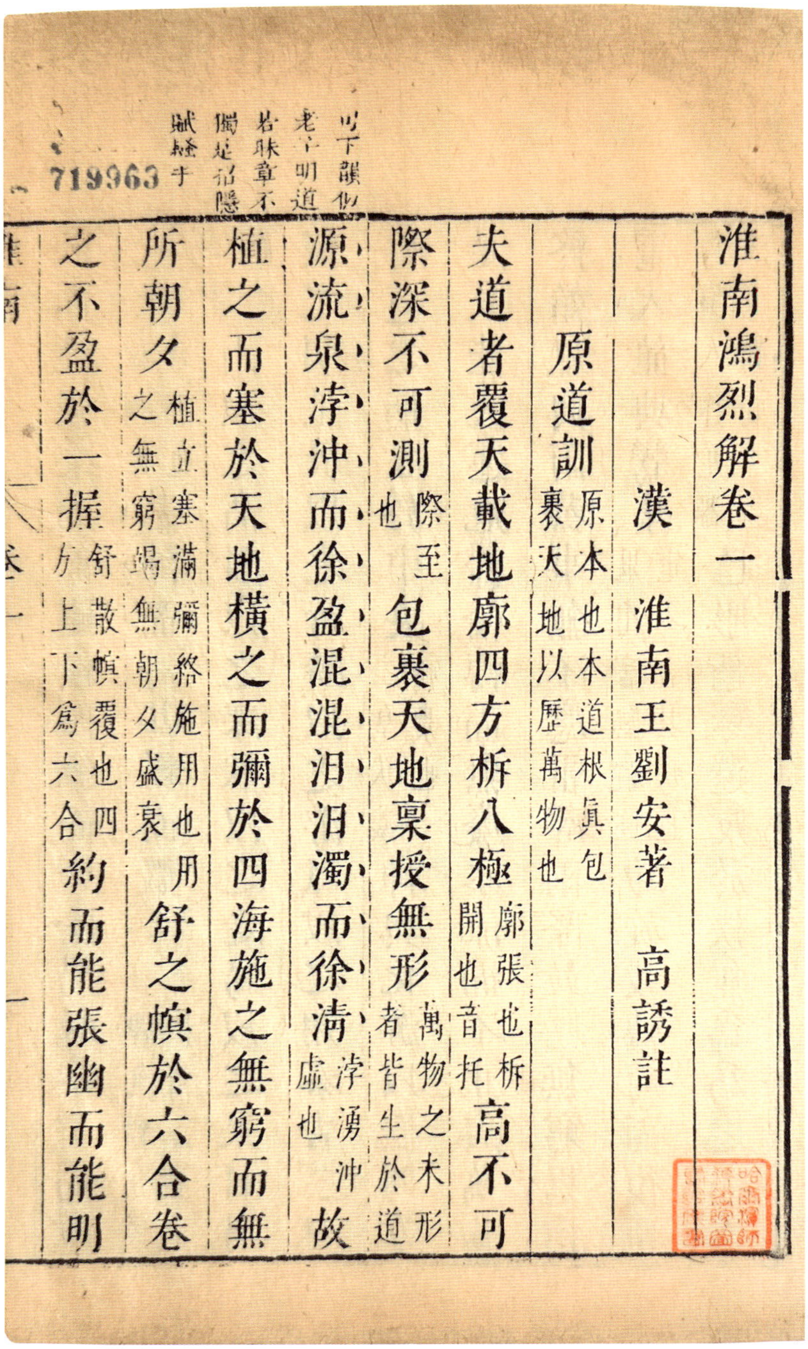

淮南鴻烈解二十一卷

（漢）劉安著　（漢）高誘註　明末刻本　四册

半葉九行，行二十字，小字雙行同。白口，單白魚尾，左右雙邊。版框 20cm × 14.5cm。有“樊籍悦林”印。書根印“淮南子鴻烈解”。

理氣融洽仲舒孟堅所不逮

淮南鴻烈解卷三

天文訓 文象也天垂文象日月五星及彗孛

天墜未形馮馮翼翼洞洞灟灟故曰大昭 墜古地字馮翼洞灟無形之貌 道始于虛霩 音霍 虛霩生宇宙宇宙生氣氣有漢垠 漢垠重安貌 清陽者薄靡而爲天重濁者凝滯而爲地清妙之合專易 專一作慱 重濁之凝竭難故天先成而地後定天地之襲精爲陰陽 襲合精氣 陰陽之專精爲四時四時之散精爲萬物積陽之熱氣生火火氣之精者爲日積陰之寒氣爲水水氣之精者爲月日月之淫

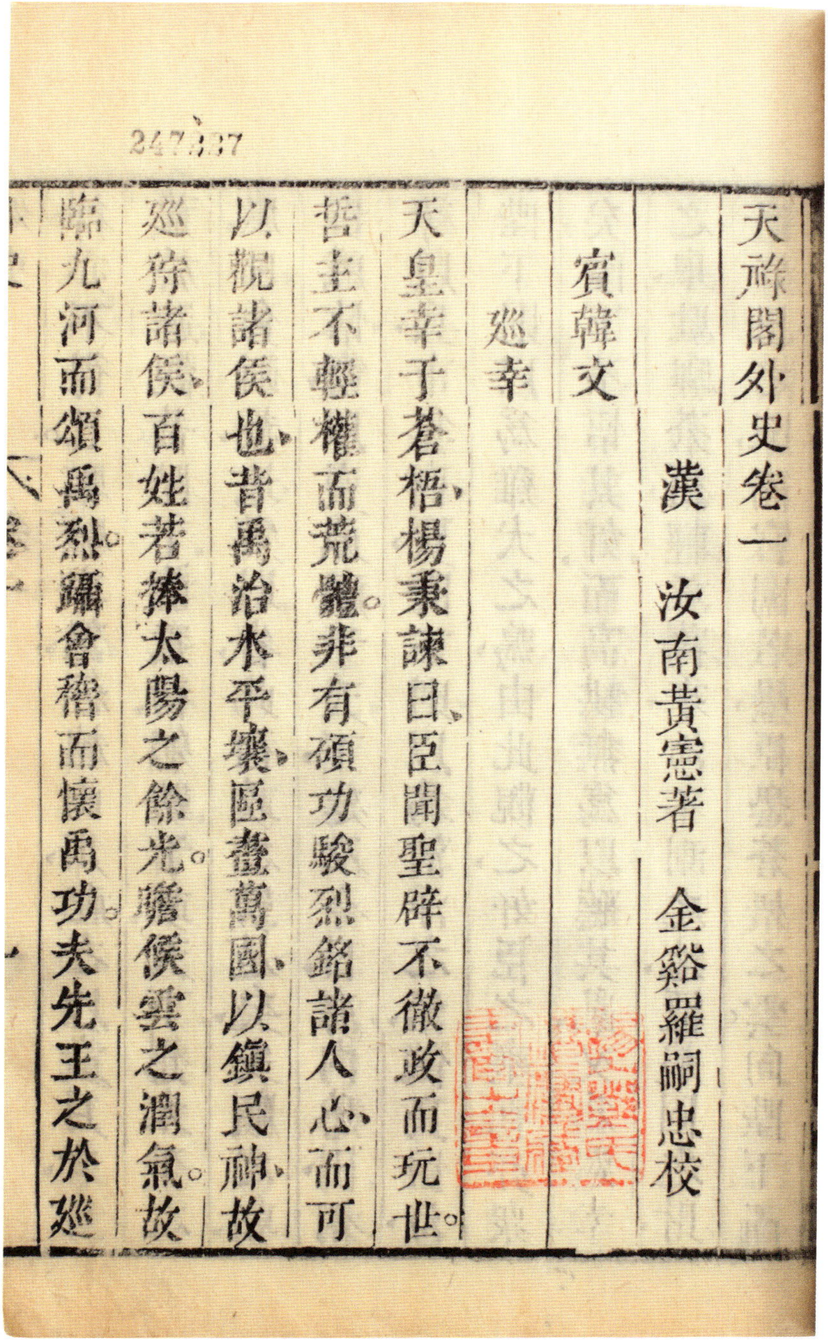

天祿閣外史卷一

漢　汝南黃憲著　金谿羅嗣忠校

賓韓文

巡幸

天皇幸于蒼梧楊秉諫曰臣聞聖辟不徹政而玩世哲主不輕權而荒體非有碩功駿烈銘諸人心而可以覩諸侯也昔禹治水平壤區畫萬國以鎮民神故巡狩諸侯百姓若捧太陽之餘光豫侯雲之潤氣故臨九河而頌禹烈踰會稽而懷禹功夫先王之於巡

天祿閣外史八卷

（漢）黃憲著　明刻本　二册

半葉九行，行二十字。白口，單白魚尾，左右雙邊。版框 20cm × 14.5cm。
有“錫山鄧氏潛廬藏書之章”印。

諸侯皆以明歸君也王曰汝欲吾以和民亦猶汝之
和瑟與吾雖為東藩王民無責焉治撫全齊之民皆
天子有司也吾是以朝則耽宴夜則井寢無憂于心
無勞于力故飲酒而鼓瑟無事于民吾欲汝相諧而
被于音樂其寵祿以終吾天年而況天下一統海內
一王禮樂雖未暢洽而典刑尚存焉故諸侯藉天皇
以行樂雖空其國中而外無敵國之釁內無大臣之
爭此吾所以樂也若齊民之弗和固有司責也今之
諸侯朝覲則不得逃其職交隣則不得尋其盟雖夷

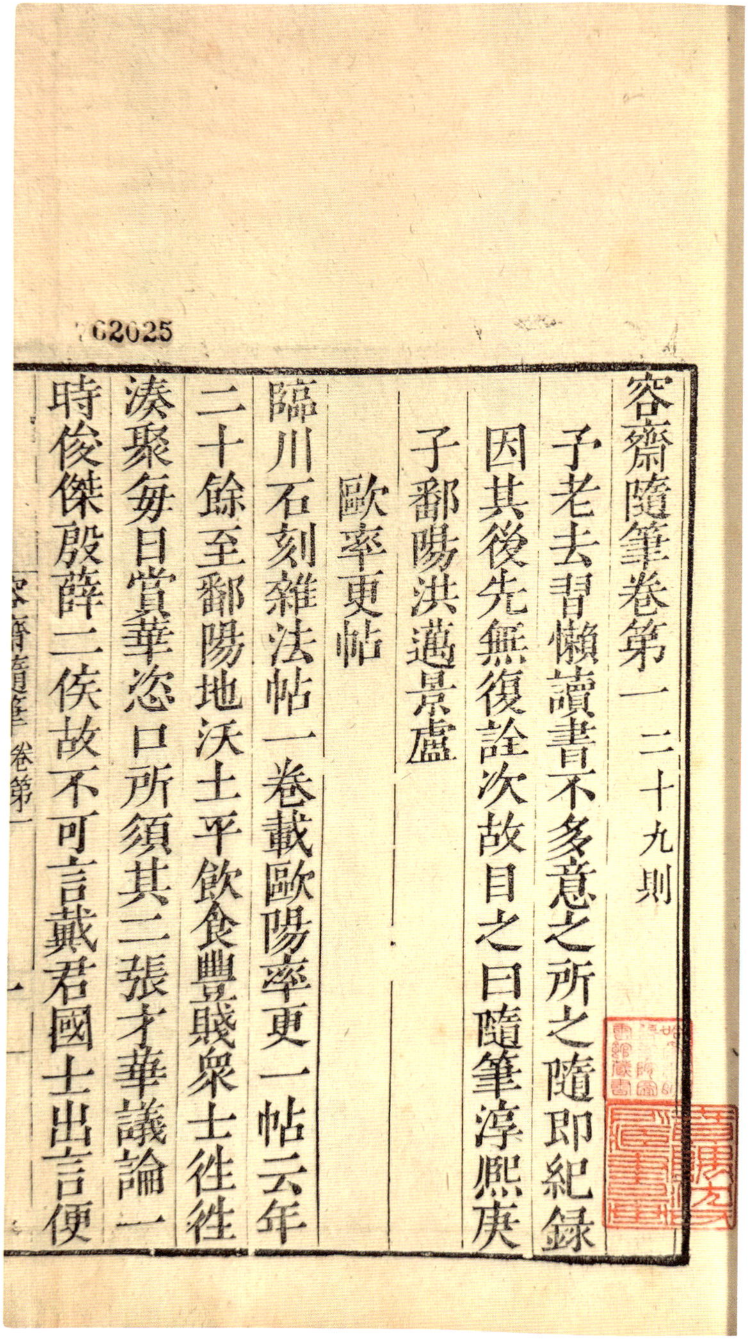
762025

容齋隨筆卷第一　二十九則

子老去習懶讀書不多意之所之隨即紀錄因其後先無復詮次故目之曰隨筆淳熙庚子鄱陽洪邁景盧

歐率更帖

臨川石刻雜法帖一卷載歐陽率更一帖云年二十餘至鄱陽地沃土平飲食豐賤衆士往往湊聚每日賞華恣口所須其二張才華議論一時俊傑殷薛二侯故不可言戴君國士出言便

容齋隨筆　卷第一　一

容齋隨筆十六卷續筆十六卷三筆十六卷四筆十六卷五筆十卷

（宋）洪邁撰　明崇禎三年（1630）刻本　二十四册

半葉九行，行十八字。細黑口，無魚尾，左右雙邊。版框 19cm × 13.9cm。有“合肥親仁堂郭氏珍藏印”“賁隅沈氏所臧書画”等印。

重刻容齋隨筆五集序

宋南渡後名臣屈指洪氏忠宣著氷天之節與蘇屬國爭光其子文惠文安文敏先後立朝名滿天下文敏尤以博洽受知孝宗史稱其考閱典故漁獵經史

容齋續筆卷第一　十八則

是書先已成十六卷淳熙十四年八月在禁林日入侍至尊壽皇聖帝清閒之燕聖語忽云近見甚齋隨筆邁竦而對曰是臣所著容齋隨筆無足采者上曰煞有好議論邁起謝退而詢之乃婺女所刻賈人販鬻于書坊中貴人買以入遂塵乙覽書生遭遇可謂至榮因復裒臆說綴于後懼與前書相亂故別以一二數而目曰續亦十六卷云紹熙三年三

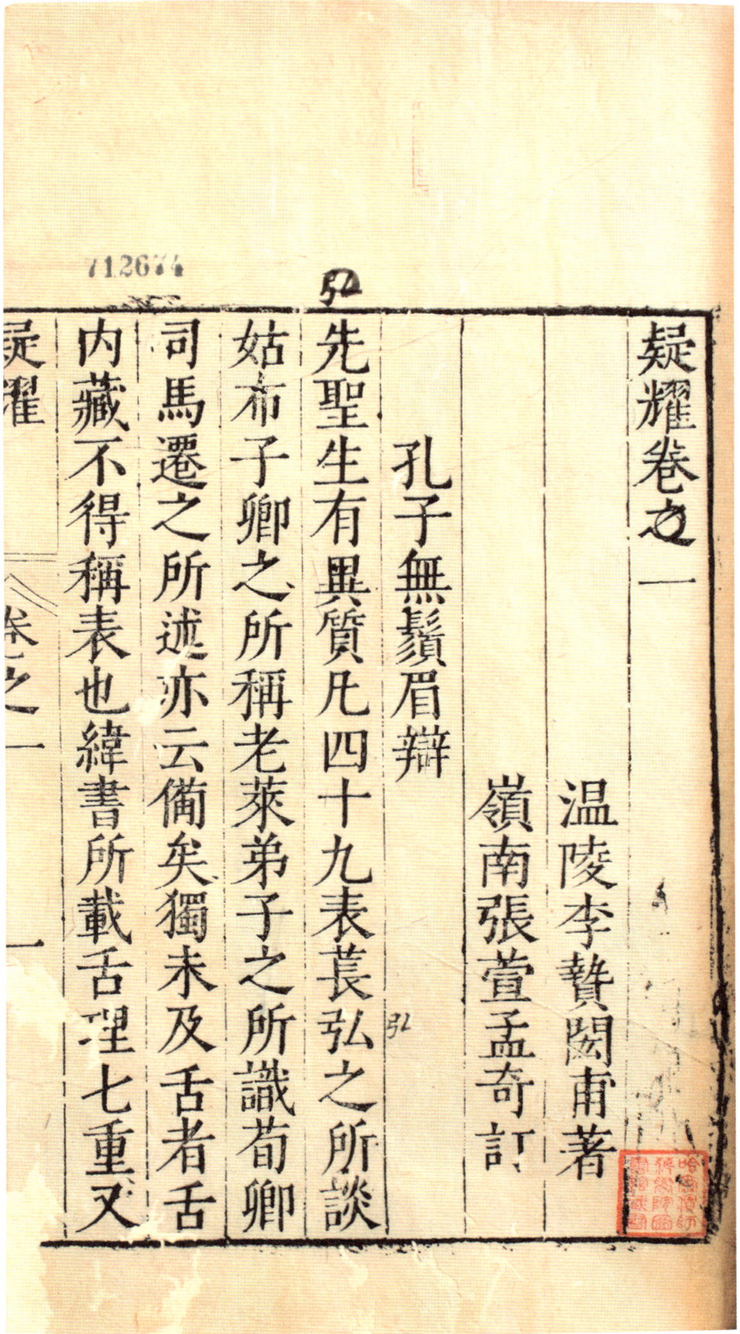

712674

疑耀卷之一

温陵李贄閎甫著

嶺南張萱孟奇訂

孔子無鬚眉辯

先聖生有異質凡四十九表萇弘之所談

姑布子卿之所稱老萊弟子之所識荀卿

司馬遷之所述亦云備矣獨未及舌者舌

内藏不得稱表也緯書所載舌理七重又

疑耀　卷之一　一

疑耀七卷

（明）李贄著　（明）張萱訂　明萬曆三十六年（1608）刻本　六册

半葉八行，行十六字。白口，單白或單黑魚尾，四周單邊。版框 19.2cm × 14cm。有“古香樓”“休寧汪季青家藏書籍”印。

緒窺先生之藩籬耶雖然
非特趨軼古人已也即先生著
書詩集或專揭確古今或專研
精訓詁至於上下肯徹天人會通
亦當以是編為首出云
萬曆戊申歲季夏嶺南張萱
題

太原王穉登書

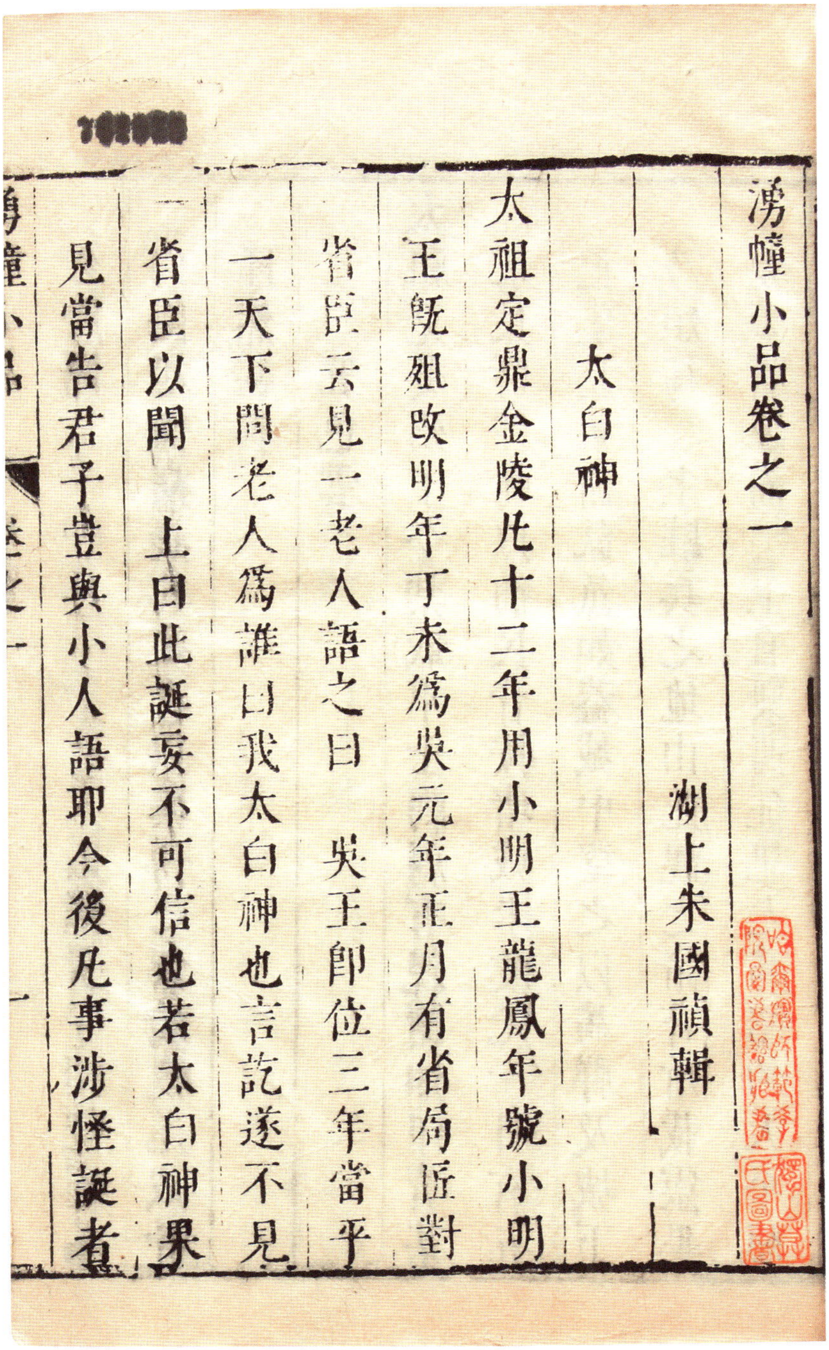
湧幢小品卷之一
湖上朱國禎輯
太白神
太祖定鼎金陵凡十二年用小明王龍鳳年號小明
王既殂改明年丁未爲吳元年正月有省局匠對
省臣云見一老人語之曰　吳王卽位三年當平
一天下問老人爲誰曰我太白神也言訖遂不見
一省臣以聞　上曰此誕妄不可信也若太白神果
見當告君子豈與小人語耶今後凡事涉怪誕者

湧幢小品　卷之一　一

湧幢小品三十二卷

（明）朱國禎輯　明萬曆四十七年（1619）刻本　十二册　缺二卷（三十一至三十二）

半葉九行，行二十字。白口，單黑魚尾，左右雙邊。版框 20.7cm × 15cm。
有“獨山莫氏圖書”印。

招降一節且賊首負固降者偏裨亦濟甚事而大
將軍印豈可矯用乎自古權宜行事多矣此不可
訓

古印

弘治十六年河南府大雨衝壞牆垣下有甎池内
藏古銅印三百顆本府官以聞事下禮部令鑄印
局官辨驗有識典定二年者至順至元至正年者
因言至順至元至正俱元文宗以後年號龍鳳典
定又元末僞主宋年號蓋元政不綱羣雄角逐或

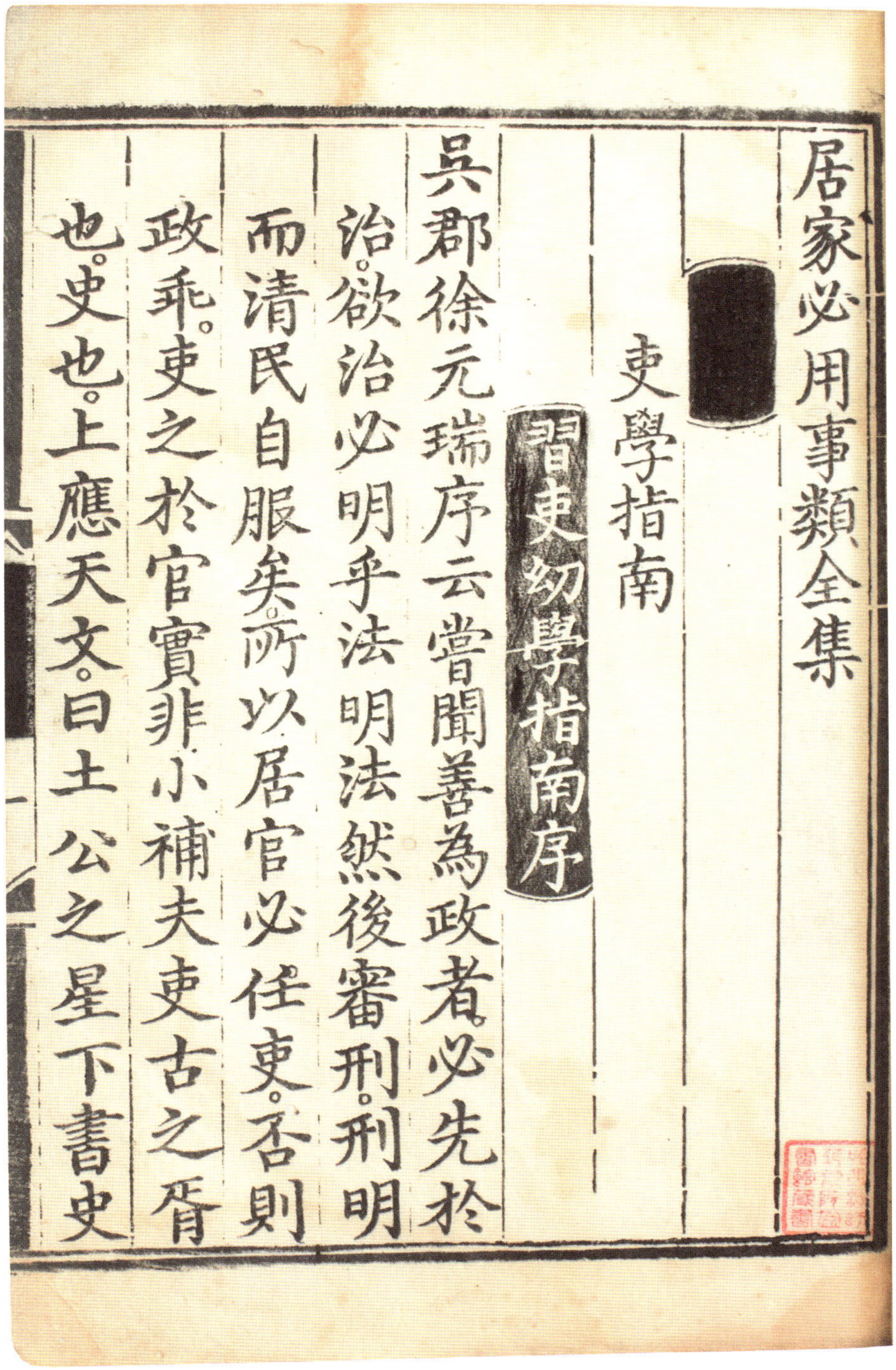
居家必用事類全集

吏學指南

習吏幼學指南序

吳郡徐元瑞序云嘗聞善為政者必先於治。欲治必明乎法明法然後審刑。刑明而清民自服矣。所以居官必任吏。否則政乖。吏之於官實非小補。夫吏古之胥也。史也。上應天文。曰土公之星下書史

居家必用事類全集十集

（元）□□編　明刻本　二册　存辛集

半葉九行，行十六字，小字雙行同。黑口，對黑魚尾，四周雙邊。版框 21.9cm × 16cm。

勳　周禮曰。王功曰勳。謂輔成王業者。自上柱國以下。武騎尉以上。凡一十二等。謂之勳。唐百官志曰。勳官出於周齊交戰之際。本以酬戰士。其後漸及朝流也。

爵　謂公侯伯子男也。文字音義曰。爵量也。量其職。盡其才也。始自伏羲氏。爵有五等。以法五行。或三等者。法三光也。唐宋自王以下。開國男以上。凡一十二等。

職官　謂有所職掌者。

散官　謂無執掌者。自一品至九品。凡一十八等。開府以下。榮祿大夫以上。文武並同。資德大夫以下。將仕佐郎以上。為文散官。龍虎衛上將軍以下。進義副尉以上。為武散官。

大夫　白虎通曰。大夫之為言大扶。扶進人者也。事始云。虞書曰。天命有德。五服五章哉。孔安國曰。與卿同也。

郎　良才之稱也。始於秦。

將軍　應劭漢官儀云。將軍周官也。

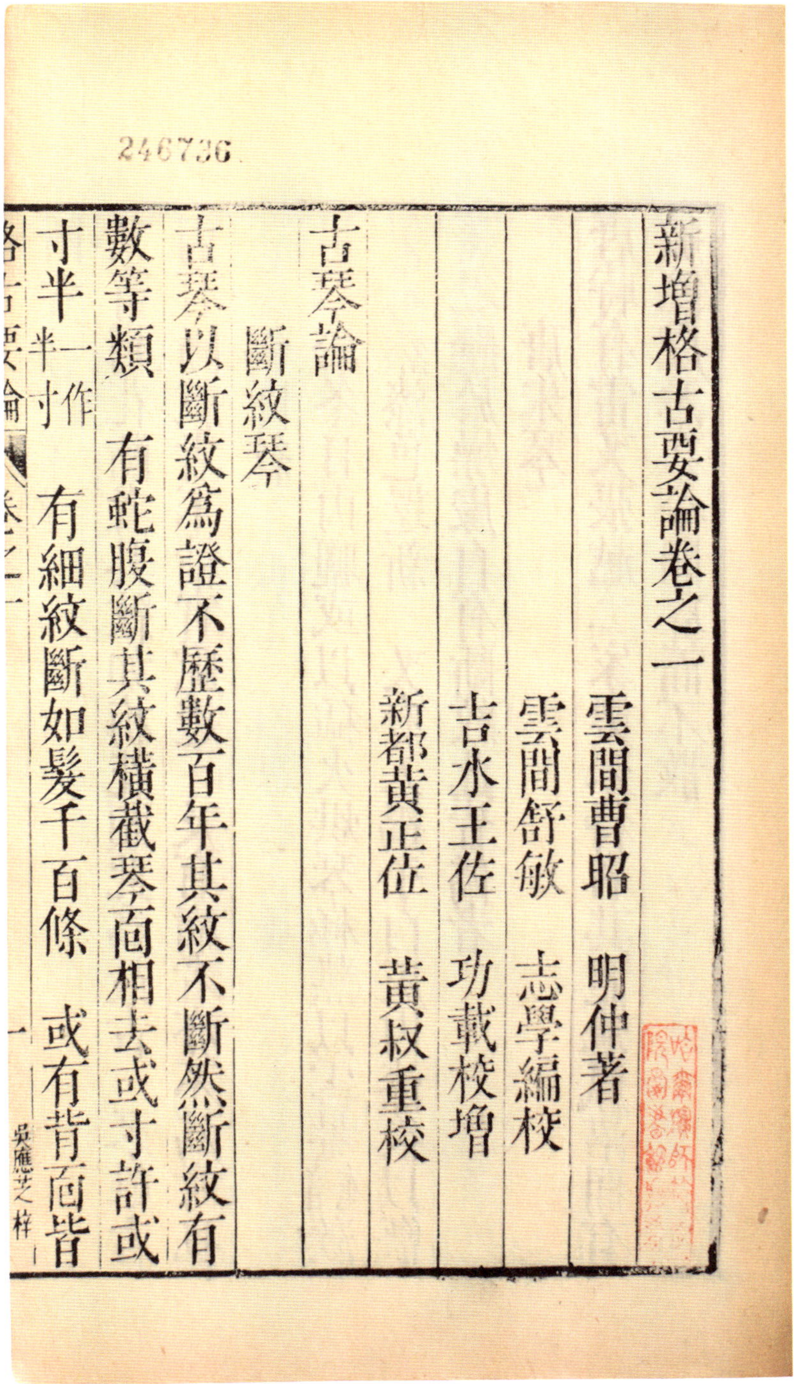

新增格古要論卷之一

雲間曹昭　明仲著

雲間舒敏　志學編校

吉水王佐　功載校增

新都黃正位　黃叔重校

古琴論

斷紋琴

古琴以斷紋爲證不歷數百年其紋不斷然斷紋有數等類　有蛇腹斷其紋橫截琴面相去或寸許或寸半一作半寸　有細紋斷如髮千百條　或有背面皆

格古要論　卷之一　一　吳應芝之梓

新增格古要論十三卷

（明）曹昭著　（明）王佐校增　明刻本　四册

半葉十行，行二十字，小字雙行同。白口，單黑魚尾，四周單邊。版框 19cm × 12.5cm。

情遭回祿燬焉其後同寅員外金華蔡安貴又得土英所藏肥本嘗請予題其後云因併識之以告來者

景泰七年丙子夏五月飾後二日竹齋王佐識

宋克仲温戲書趙子昂蘭亭十三跋在松江新增

蘭亭墨本最多惟定武刻獨全右軍筆意此薛紹彭家所拓者不待聚訟知爲正本也至元己丑三衢舟中書時過安仁鎮正月望日此三行係字字大七八分

蘭亭帖自定武石刻旣亾在人間者有數有日減無日增故博古之士以爲至寶然極難辨又有未損五字者五字不損其本尤難得此盖已損者獨孤長老

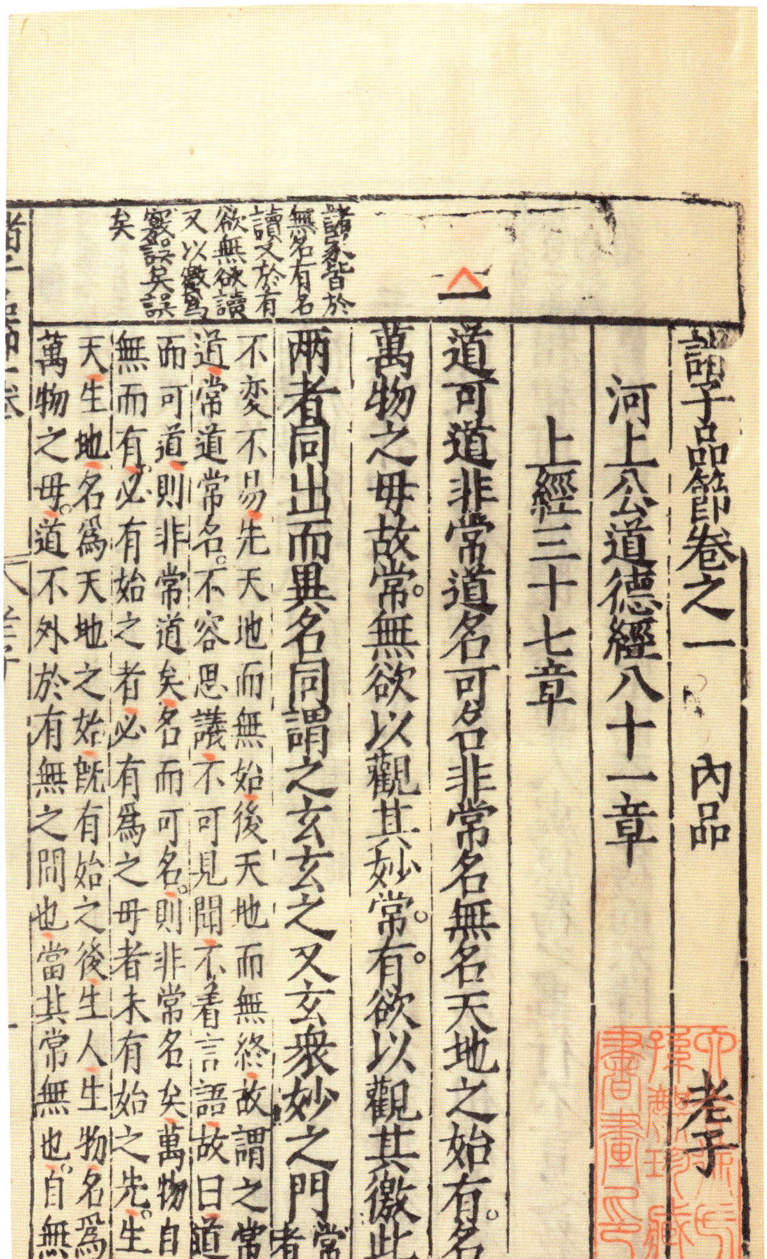
諸家皆於無名有名讀又於有欲無欲讀又以徼爲竅誤矣誤矣

諸子品節卷之一　內品　老子

河上公道德經八十一章

上經三十七章

道可道非常道名可名非常名無名天地之始有名萬物之母故常無欲以觀其妙常有欲以觀其徼此兩者同出而異名同謂之玄玄之又玄衆妙之門常者不變不易先天地而無始後天地而無終故謂之常道常道常名不容思議不可見聞不看言語故曰道而可道則非常道矣名而可名則非常名矣萬物自無而有必有始之者必有爲之母者未有始之先生天生地名爲天地之始既有始之後生人生物名爲萬物之母道不外於有無之間也當其常無也自無

諸子品節五十卷

（明）陳深編　明萬曆刻本　十八册

半葉九行，行二十字，小字雙行同。白口，單白魚尾，四周單邊。版框 21.9cm × 14.5cm。有“江陰黄永年藏書之記”“六合徐氏孫麒珍臧書畫印”“孫麒氏使東所得”印。

河上公

五味辛甘不同期於適口麻絲凉燠不同期於適體學術見聞不同要於適治今夫天下所以不治者貪殘奢傲吏不能皆良民不能皆讓以及於亂誠使不貪矣不殘矣慈儉而讓矣天下豈有不貪不殘慈儉而讓乃有不治者乎今夫儒者高仁義老氏不言仁義而未嘗不用仁義儒者蹈禮法老氏不言禮法而未嘗不用禮法以濡弱謙下為表以空虛不毀萬物為實見素抱樸少私寡欲而民自化焉故其言曰我

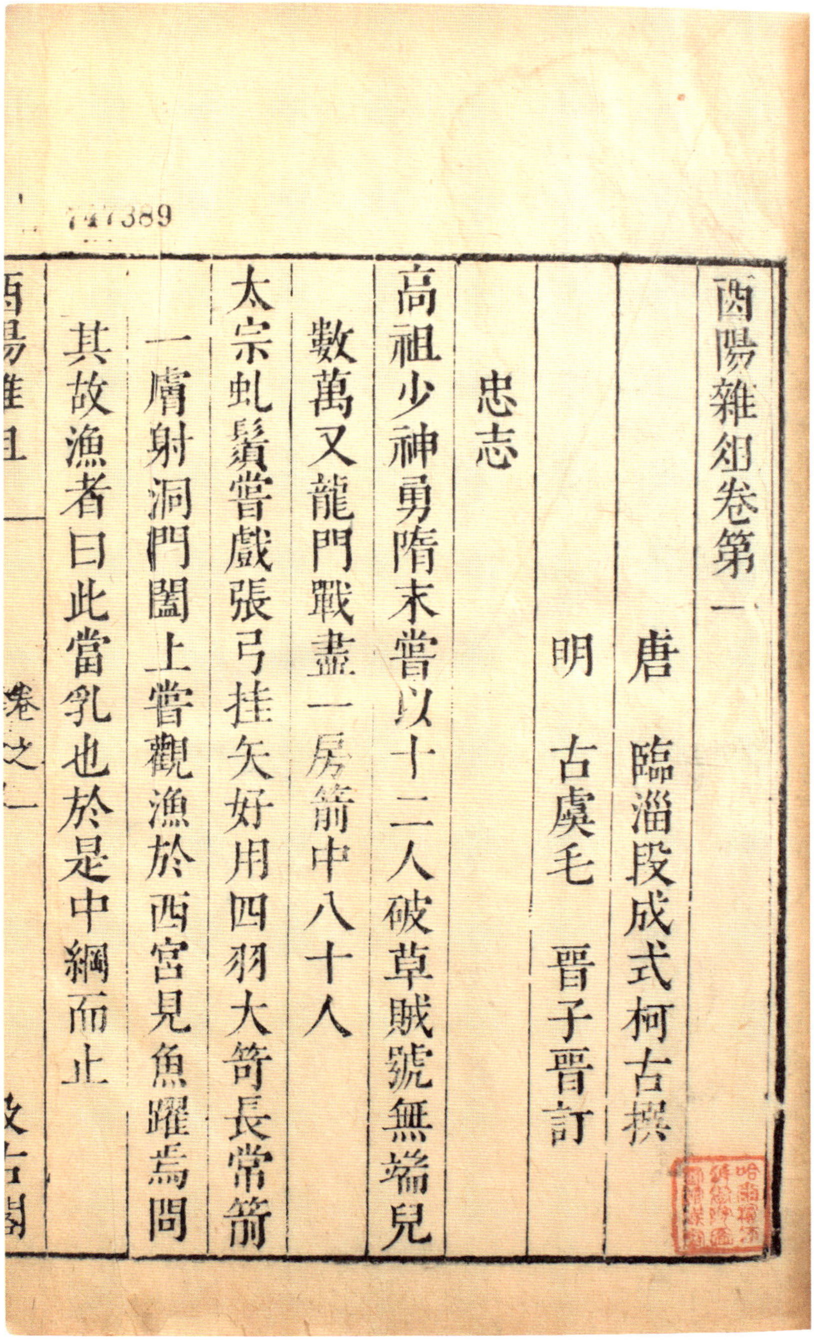

酉陽雜俎卷第一
唐　臨淄段成式柯古撰
明　古虞毛　晉子晉訂
忠志
高祖少神勇隋末嘗以十二人破草賊號無端兒
數萬又龍門戰盡一房箭中八十人
太宗虬鬚嘗戲張弓挂矢好用四羽大笴長常箭
一膚射洞門闔上嘗觀漁於西宮見魚躍焉問
其故漁者曰此當乳也於是中綱而止
酉陽雜俎　卷之一　汲古閣

酉陽雜俎二十卷續集十卷

（唐）段成式撰　（明）毛晉訂　明末汲古閣刻本（續集有抄配）　十册

半葉九行，行十九字。白口，無魚尾，左右雙邊。版框 18.8cm × 14.3cm。有“豫章曾氏”“石倉藏書之印”印。

拜閣日婦家親賓婦女畢集各以杖打聟爲戲樂至有大委頓者聟說文云即壻字律有甲娶乙丙其戲甲旁有櫃比之爲獄舉置櫃中復之甲因氣絶論當鬼薪

近代婚禮當迎婦以粟三升塡臼席一枚以覆井枲三斤以塞窻箭三隻置戶上婦上車聟騎而環車三匝女嫁之明日其家作黍臛女將上車以蔽膝覆面婦入門舅姑以下悉從便門出更從門入言當躙新婦迹又婦入門先拜豬樴及

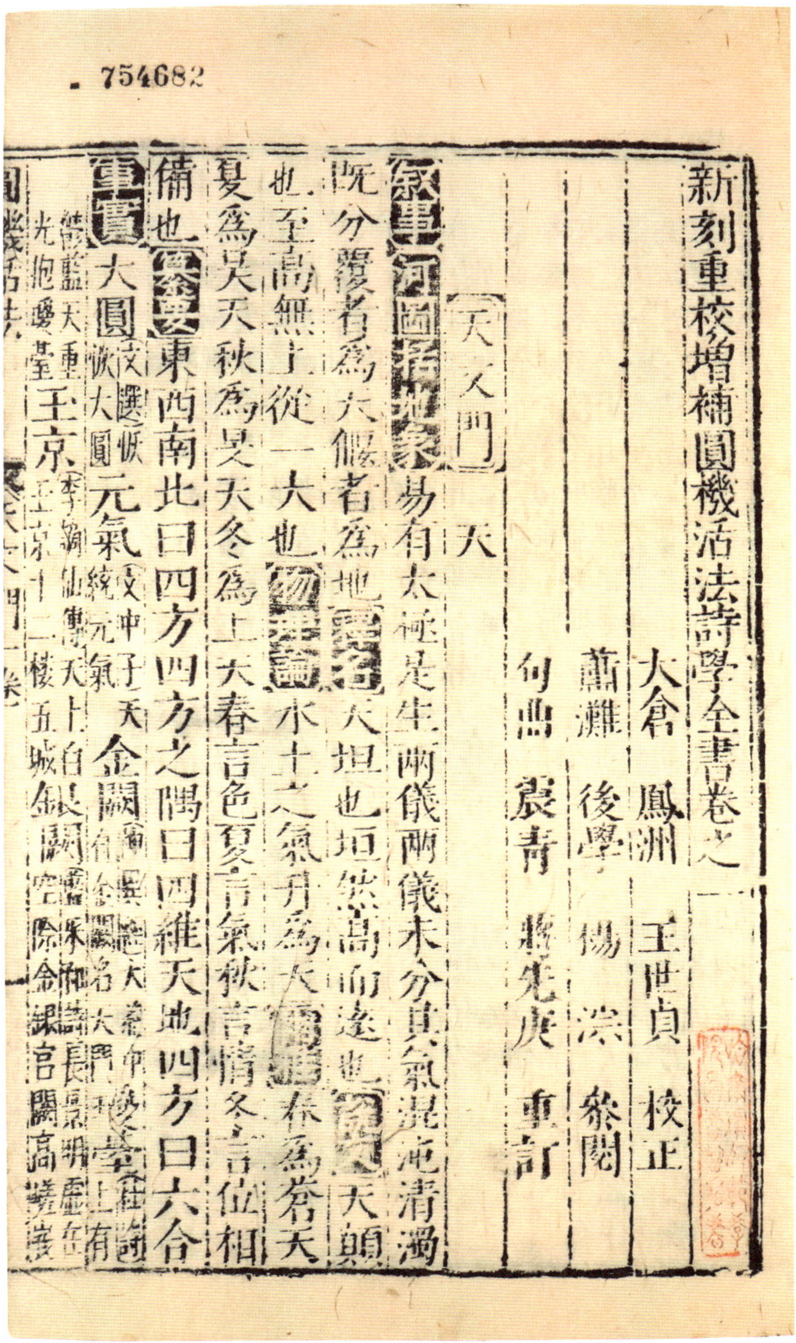

新刻重校增補圓機活法詩學全書卷之一

大倉 鳳洲 王世貞 校正

蕭灘 後學 楊淙 參閱

句曲 震青 蔣先庚 重訂

天文門

天

易有太極是生兩儀兩儀未分其氣混沌清濁既分覆者爲天載者爲地 天坦也坦然高而遠也 天顛也至高無上從一大也 水土之氣升爲天 春爲蒼天夏爲昊天秋爲旻天冬爲上天春言色夏言氣秋言情冬言位相備也 東西南北曰四方四方之隅曰四維天地四方曰六合

新刻重校增補圓機活法詩學全書二十四卷新刊校正增補圓機韻學全書十四卷

（明）蔣先庚重訂　明刻本　二十册

半葉行字不等。白口，單黑魚尾，四周雙邊。版框 22cm × 14.3cm。

有“此乃原板近有無恥之人翻刻字跡舛错差訛請高明先生詳對便知”印。

新刊校正增補圓機韻學全書卷之六

○一先 與仙同用

先 思煎切 前也 【典雅】 我先 (詩)不自我先(杜)文章並我先 誰先 (孟)酌則誰先 必先 (記)有開必先 何先 (語)三者何先 聞道先 (韓文)生乎吾前其聞道也固先乎吾 務學先 (學記)務學為先 着鞭先 (坡)成佛莫教靈運後着鞭常恐祖生先 得月先 (杜)近水樓臺先得月 天下先 (漢文)示朴為天下先 太極先 (莊)道在太極之先 賭爭先 (李渤)景星鳳凰爭先睹之為快 酒誰先 與君同甲子壽酒合誰先 【韻藻】 得先 後先 相先 急先 物先 占先 遑孝先 張茂先 陸象先 邴巨先 周恭先 爭一先

【吟讚】 雲梯許我先 (志)梅與雪爭先 (冬)春花獨占先 (梅)卉霖不後先 (雨) 春擢定推先 臨水得月先 (晚)未逐雪梅先 (茶)天民覺乃先 (李)

一着已爭先 (綦)人歸鶴已先 (遊)鴈塔姓名先 (葉)勝負是誰先 (戦) 刻燭驗誰先 (詩)皐夔列後先 (朝)功名豈讓先 (士)快覩必爭先 (仕)

舉盃須賞賦詩先 (上)着鞭讓與祖生先 (士)性懶從教似孝先 (眠) 出倫須譽每相先 金臺致士隗為先 畫蛇安足已相先 (智)

襈 褊襈衣貌 ○躚 蹁躚旋行貌亦作蹮 (詩)屢舞仟仟 ○⿰石先 石次玉

前 齊先切 前後之對 【事類】 朧前 (杜)梅蕊臘前破 寒前 (杜)庭變寒前草 來前 (進學解)子來前 在前 (語)瞻之在前 光前 (陸)昭

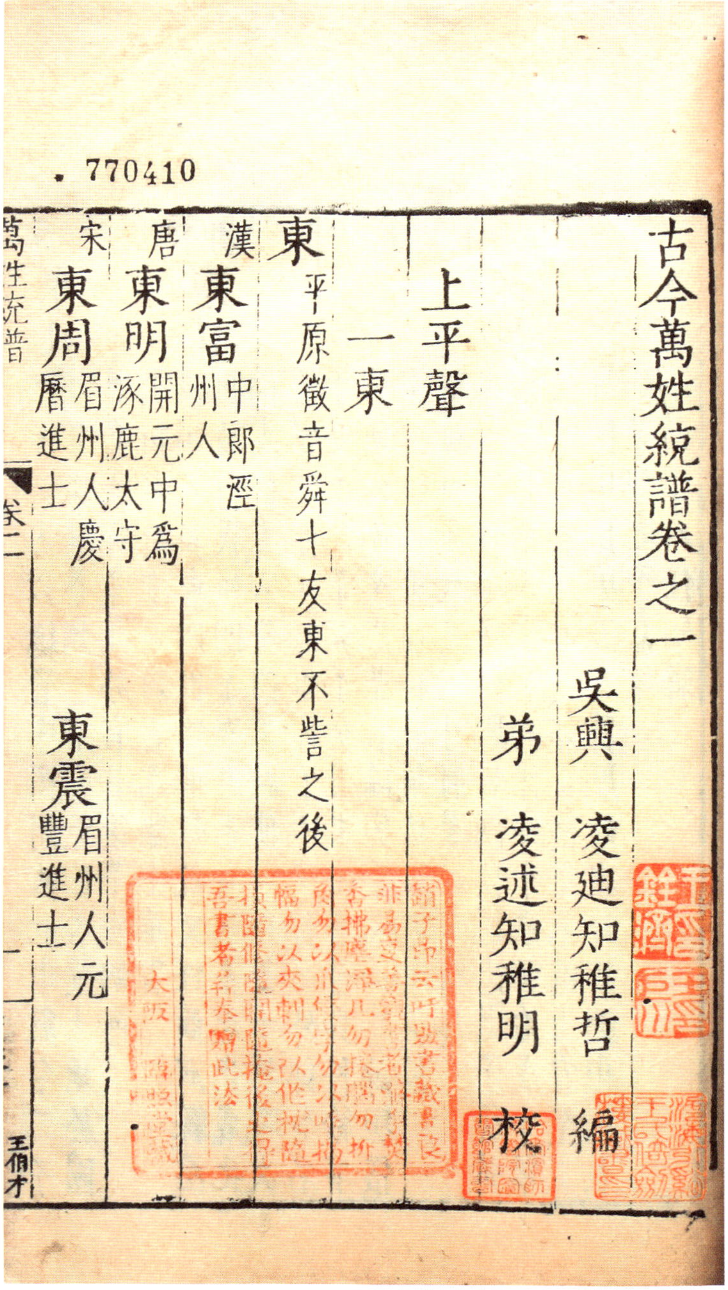

古今萬姓統譜一百四十卷歷代帝王姓系統譜六卷氏姓博考十四卷

（明）凌迪知編　明萬曆刻本　四十册

半葉九行，行二十字，小字雙行同。白口，單黑魚尾，四周單邊。版框 20.4cm × 13.9cm。

有“中御門藏書”“滬海引谿王氏倚劍樓藏書印”“筱氏宝玩”“藤原”“資熙”“王銓濟印”等印。

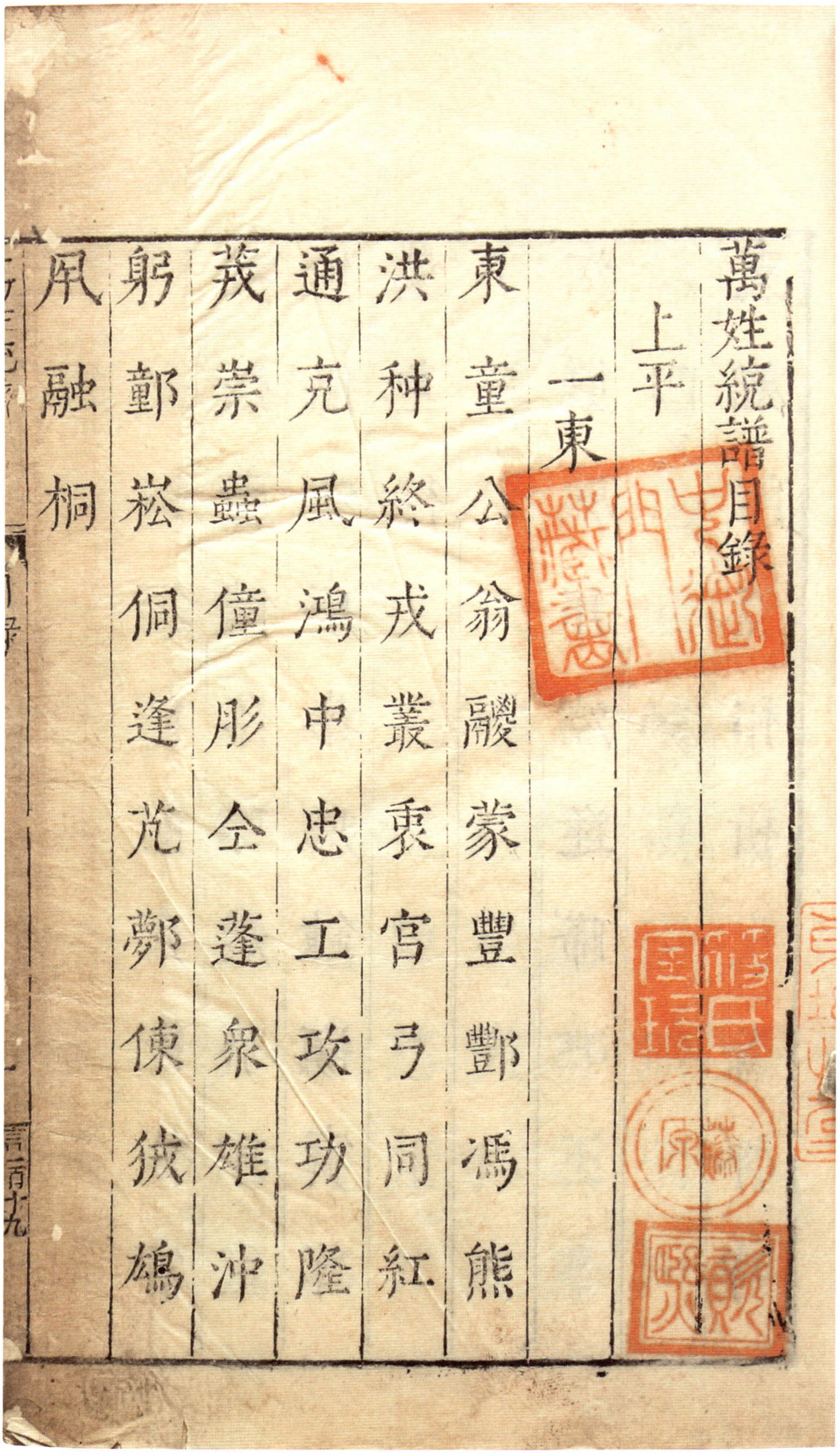

萬姓統譜目録

上平

一東

東童公翁豅蒙豐酆馮熊

洪种終戎叢裒宮弓同紅

通充風鴻中忠工攻功隆

茙崇蟲僮彤仝蓬衆雄沖

躬鄭菘侗逢芃鄛倲狨[illegible]

凨融桐

屢持芻茭牛而無恨色主愧乃不復爲暴咸
寧中召補學士不應沖居近夷俗羌人奉之
若君沖亦以禮讓訓
邑里化之路不拾遺

南北 **朱謙之** 錢塘人數歲父昭之爲族人幼方焚死不
勝哀泣即手刃殺幼方自詣縣獄令丁其
事南齊世祖
嘉其義赦之

朱齡石 沛人世爲將相齡石不事崖險從宋武帝
平賊有功爲鎮軍將軍伐蜀有功封豐城
侯弟超石亦果鋭累官
中書侍郎封興平侯

朱修之 字恭祖宋文帝元嘉中累遷司徒從事中
郎及後魏克滑臺太武嘉其固守之節以
爲雲中鎮將妻以宗室女修之潛謀南歸妻
疑之每流涕謂曰觀君無停意何不告我以
實義不相負修之深
嘉其義而不告也

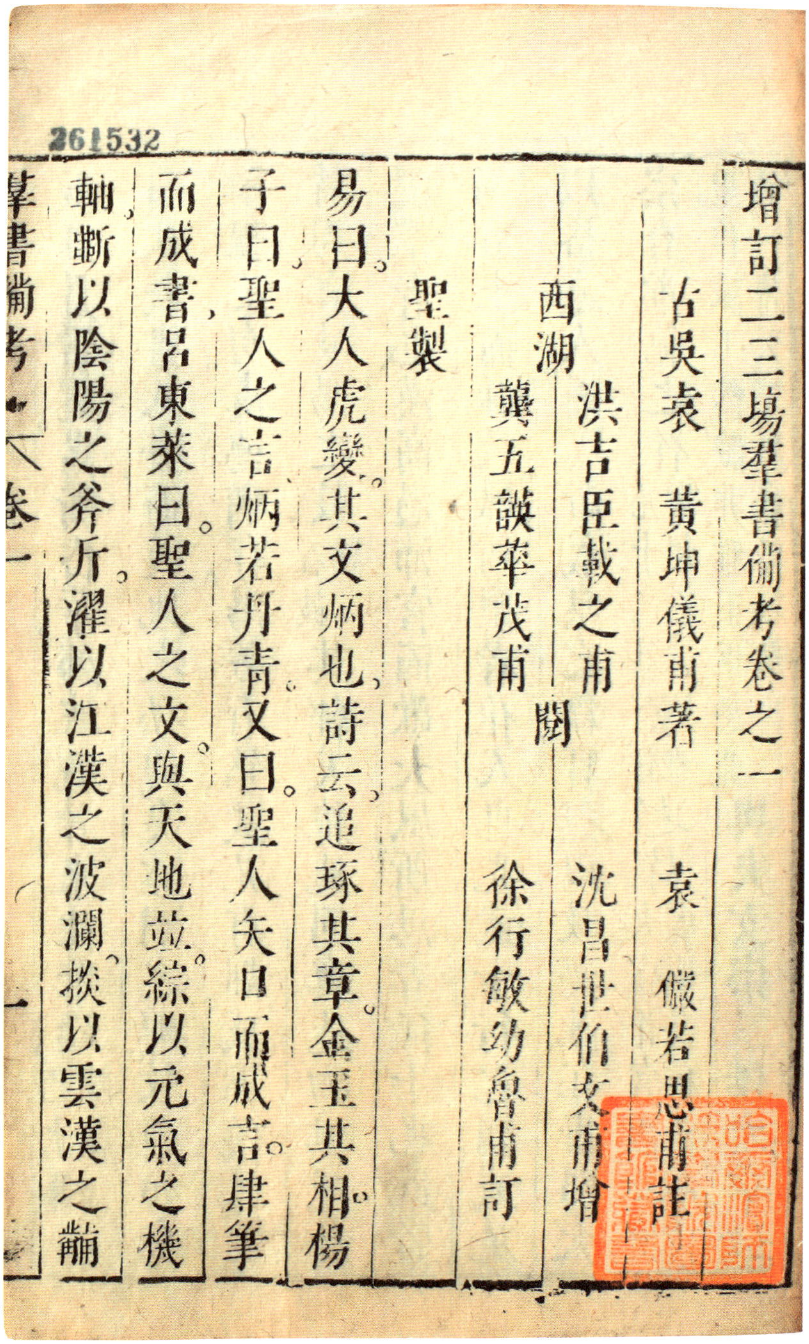

增訂二三場羣書備考卷之一

古吳袁　黄坤儀甫著　袁　儼若思甫註

西湖　洪吉臣載之甫　沈昌世伯文甫增

閣　龔五皷萃茂甫　徐行敏幼魯甫訂

聖製

易曰大人虎變其文炳也詩云追琢其章金玉其相楊子曰聖人之言炳若丹青又曰聖人矢口而成言肆筆而成書呂東萊曰聖人之文與天地並綜以元氣之機軸斷以陰陽之斧斤濯以江漢之波瀾揚以雲漢之黼

羣書備考　卷一　一

增訂二三場羣書備考四卷

（明）袁黄著　（明）袁儼註　明崇禎大觀堂刻本　四册

半葉九行，行二十一字，小字雙行同。白口，單白魚尾，四周單邊。版框 21cm × 14cm。有“佐伯家庫”“佐埜氏珍藏”等印。

易

自伏羲畫八卦而易之道著。夏有連山。其卦首艮連山言似山內出氣艮爲少男。今以爲首。是無文子。亦無長幼。隋劉炫僞造連山十卷。按此言連山歸藏與鄭夾漈異商有歸藏。其卦首坤。歸藏主萬物莫不歸而藏于其中乾君坤臣。今坤爲首。君臣倒植。隋有薛正註歸藏十三篇。恐亦僞造。鄭夾漈獨尊信此二書。以爲連山用三十六策。歸藏用十五策。周易四十九策。數雖不同。而理則一也。周易首乾。文王爲彖辭。周公爲爻辭。孔子爲十翼。而易之道始備。商瞿子木受學於孔子。而秦火以卜筮不廢。惟失說卦三篇。後河內女子得之。漢初言易者分而爲三。其一則始於田何之十二篇。卦象爻彖與文言說

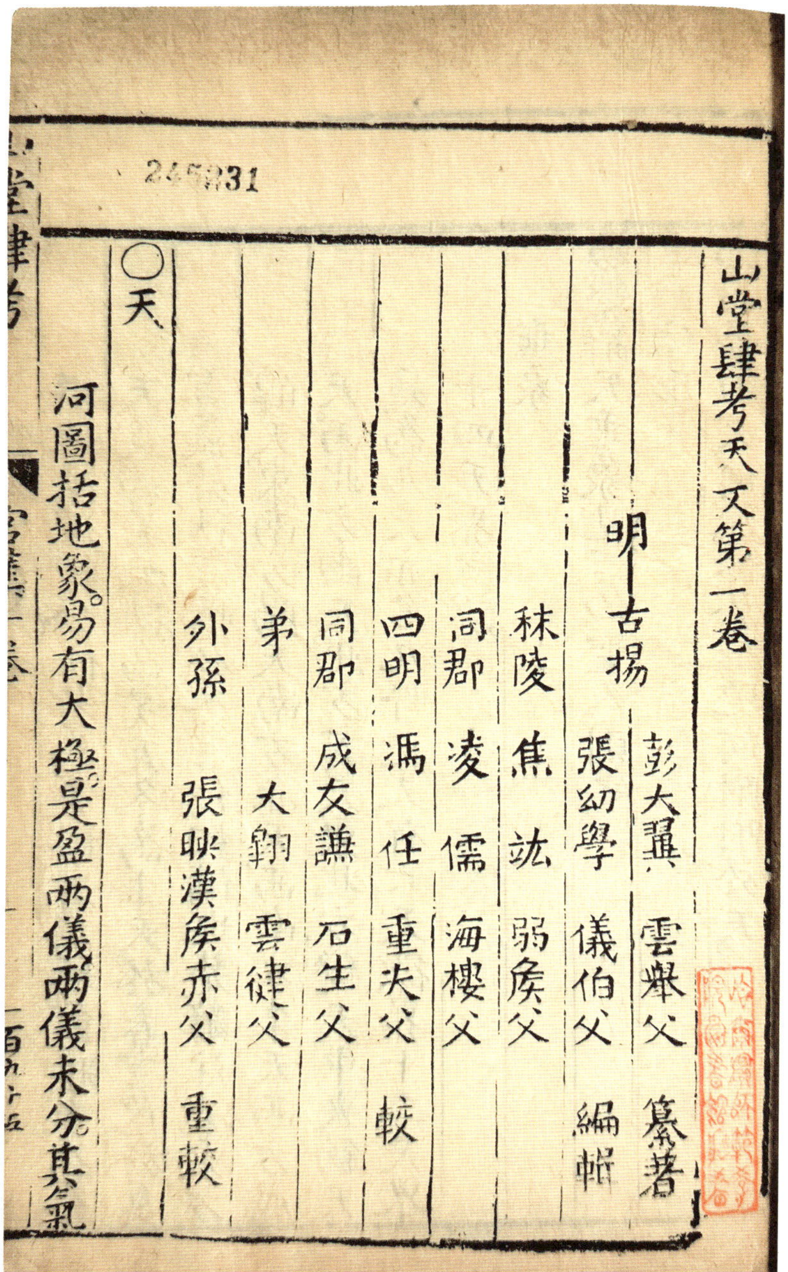

山堂肆考天文第一卷

明 古揚 彭大翼 雲舉父 纂著

張幼學 儀伯父 編輯

秣陵 焦竑 弱侯父

同郡 淩儒 海樓父

四明 馮任 重夫父 較

同郡 成友謙 石生父

弟 大翶 雲健父

外孫 張映漢 羨赤父 重較

○天

河圖括地象。易有大極，是盈兩儀，兩儀未分，其氣

山堂肆考二百四十卷

（明）彭大翼纂著　（明）張幼學編輯　明萬曆二十三年（1595）金陵書林周顯刻四十七年（1619）重修本　五十九册　缺四卷（五至八）

半葉十一行，行二十二字。白口，單白或單黑魚尾，四周單邊。版框 19.8cm × 13cm。有“滄曉”“趙民煦”“西山藏”“元煦樓”等印。

山堂肆考地理第二十五卷

○井

世本黄帝鑿井。聚民為邑。淮南子曰。伯益鑿井而龍登玄雲。神棲崑崙。

神農社

盛弘之荆州記。隋郡北界。有厲鄉村。村南有重山。山下有一穴。父老相傳神農所生地中有九井。汲一井。餘井水皆動。後人即以此為神農社。歲祠之。

老子廟

劉義慶幽明錄。襄邑縣南瀨鄉。有老子廟。廟中有九井。能潔齋入祠者。水輒澄清。隨人意念。

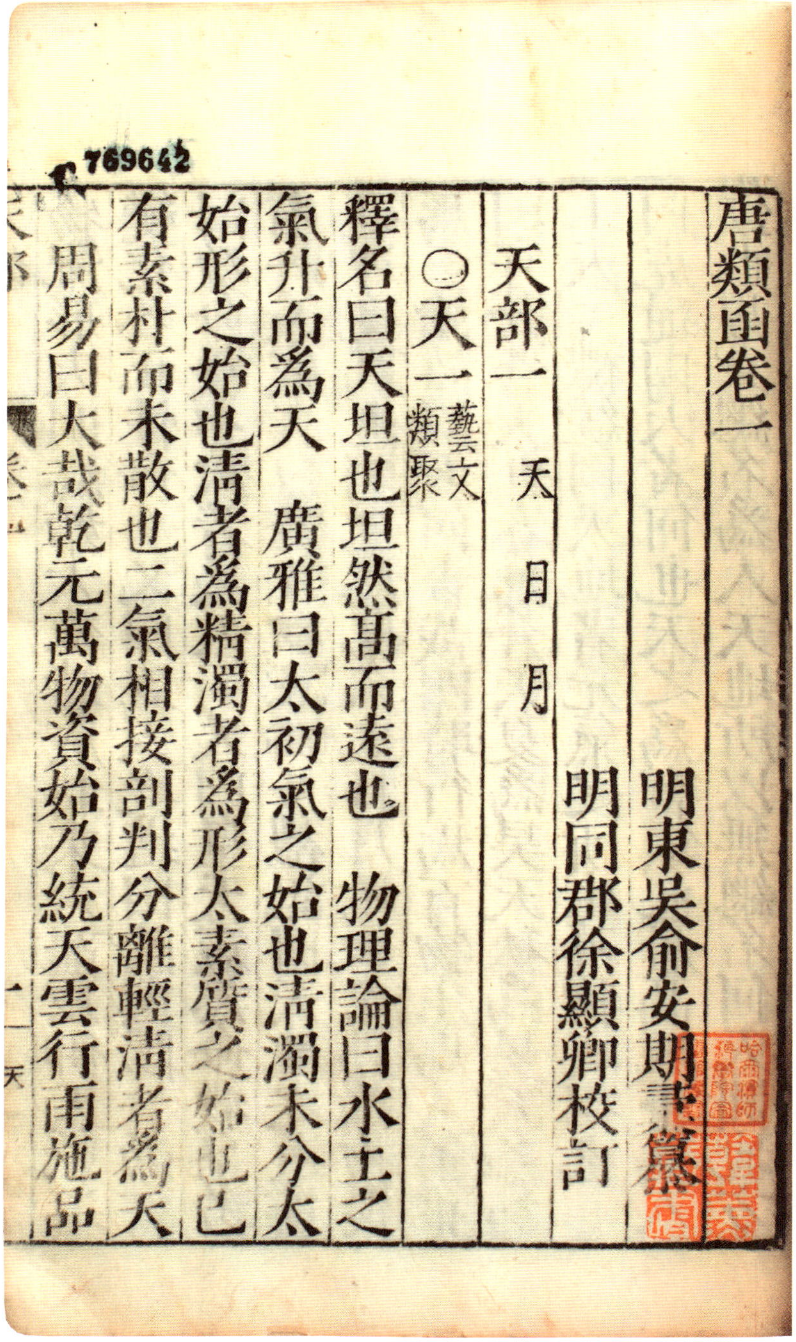
唐類函卷一
明東吴俞安期彙纂
明同郡徐顯卿校訂
天部一　天　日　月
○天一 藝文類聚
釋名曰天坦也坦然高而遠也　物理論曰水土之
氣升而為天　廣雅曰太初氣之始也清濁未分太
始形之始也清者為精濁者為形太素質之始也已
有素朴而未散也二氣相接剖判分離輕清者為天
周易曰大哉乾元萬物資始乃統天雲行雨施品

唐類函二百卷目録二卷

（明）俞安期彙纂　明萬曆三十一年（1603）刻本　四十册

半葉十行，行二十字，小字雙行同。白口，單黑魚尾，四周單邊。版框 20.6cm × 14.5cm。有“韓薰藏書”印。

刻唐類函序

自秦漢迄六朝詞場秇苑之雄接迹而起往往以博洽命世蕭梁間乃有類書而絶盛于唐于時以詞賦取士士靡然嚮風雕龍繡虎遞相矜尚凡書林冊府山經地志稗官小史之記靡不旁搜遐覽字櫛句比區分臚列務極

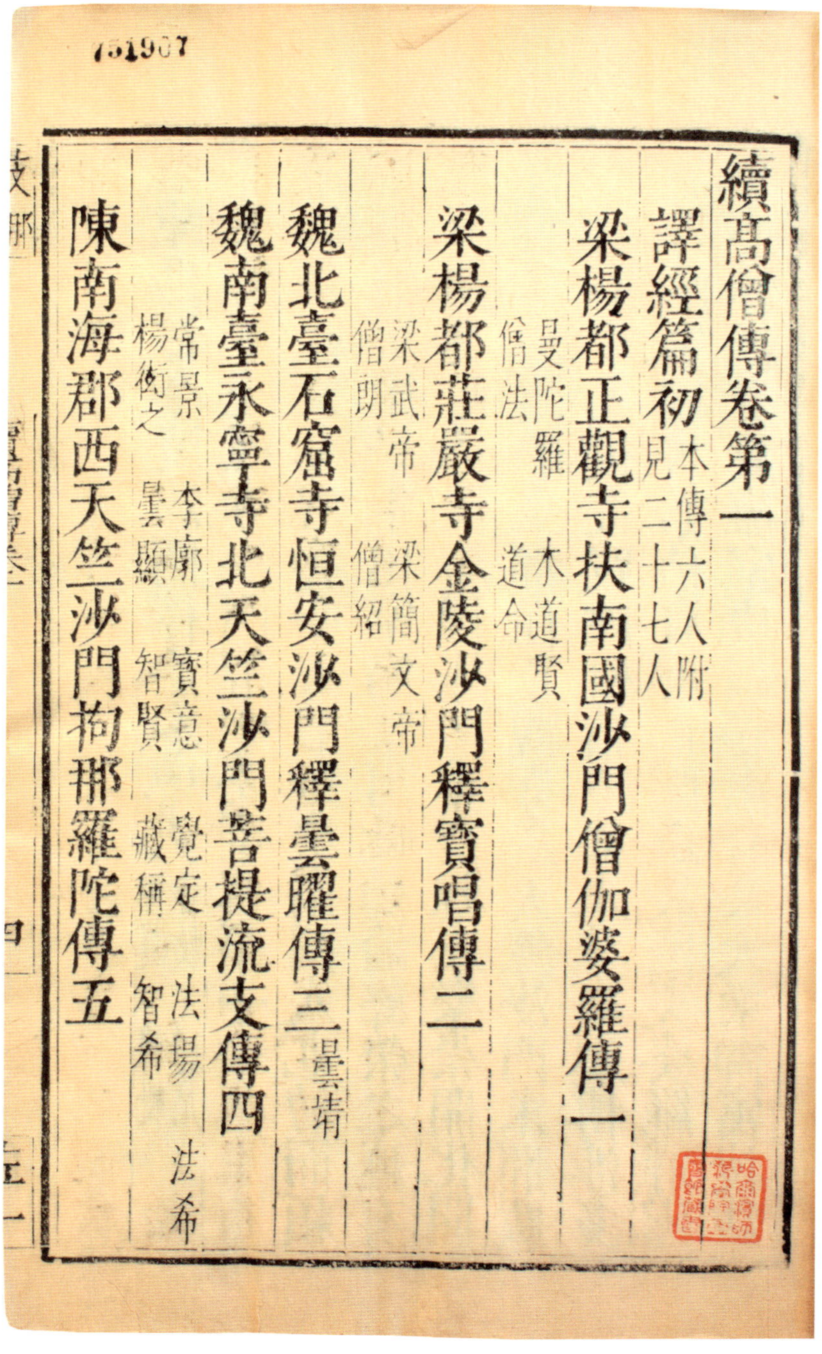
續高僧傳卷第一
譯經篇初 本傳六人 附見二十七人
梁楊都正觀寺扶南國沙門僧伽婆羅傳一 曼陀羅 僧法 木道賢 道命
梁楊都莊嚴寺金陵沙門釋寶唱傳二 梁武帝 僧朗 梁簡文帝 僧紹
魏北臺石窟寺恒安沙門釋曇曜傳三 曇靖
魏南臺永寧寺北天竺沙門菩提流支傳四 常景 楊衒之 李廓 曇顯 寶意 智賢 覺定 藏稱 法場 智希 法希
陳南海郡西天竺沙門拘那羅陀傳五

續高僧傳四十卷

（唐）釋道宣撰　明萬曆三十九年（1611）寂照庵刻本　十六册

半葉十行，行二十字，小字雙行同。白口，無魚尾，四周雙邊。版框 23.2cm × 15.8cm。有“黄梅寺記”“漢鹿齋金石書畫印”印。

乎八千而況爝火之侔日月浸灌之方時雨寧以分同明潤而遂均其曜澤哉至若山毫一其小大彭殤均其壽夭莛楹亂其橫竪施厲混其姸媸斯由相待不定相奪可忘莊生所以絶其有封非謂未始無物斯則以余分別攻子分別子忘分別即余忘分別矣君子劇談幸無詭論一言易失駟馬難追斯文誠矣深可慎哉來論云諸行無常觸類緣起復心有待資氣涉求然則我淨受於稟修慧定成於繕刻答曰無常者故吾去也緣起者新吾來也故吾去矣吾豈常乎新吾來矣吾豈斷乎新故相傳假稟修以成淨美

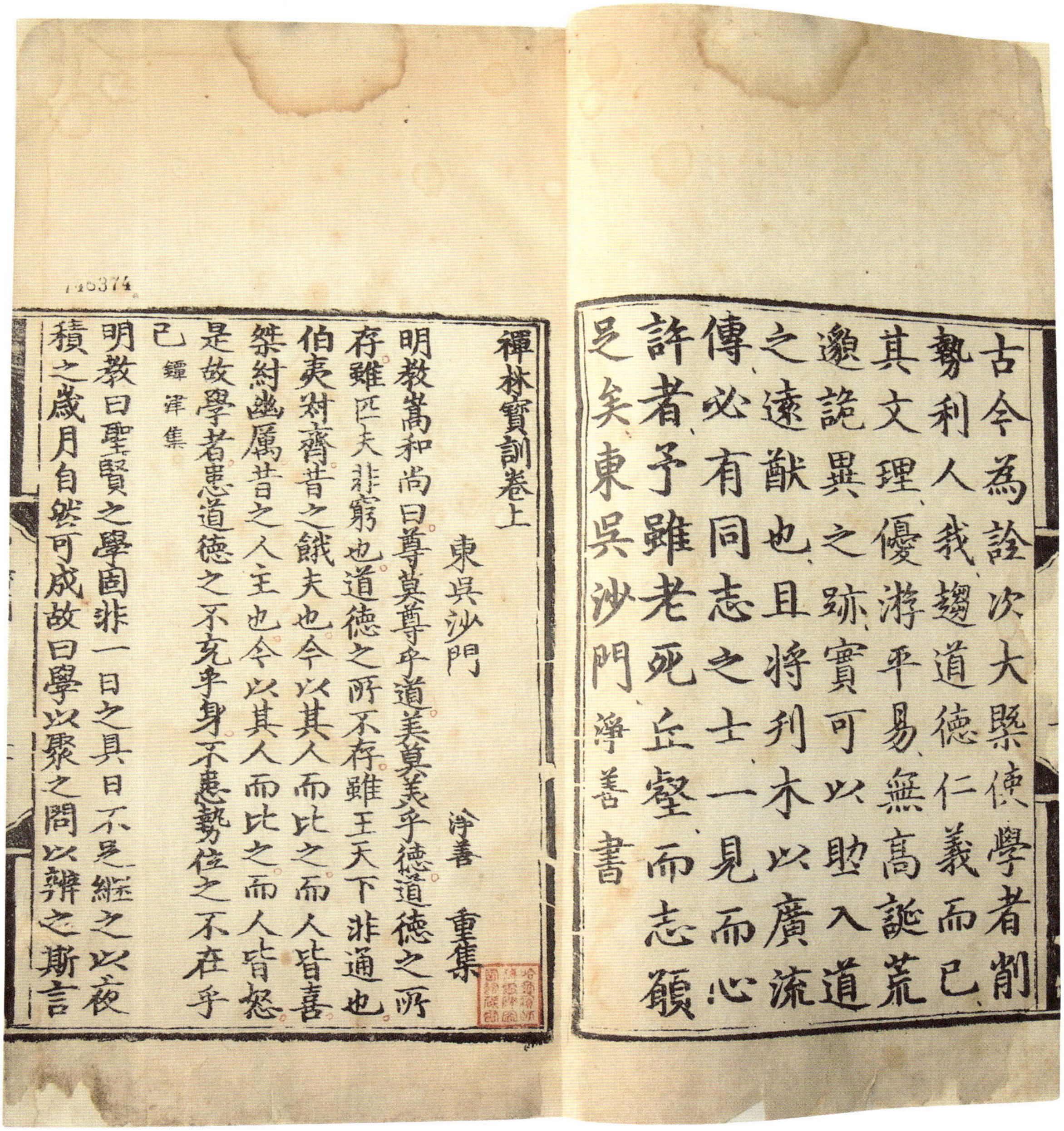

禪林寶訓二卷

（宋）釋淨善重集　明正統八年（1443）刻本　二册

半葉十行，行二十字。黑口，對黑魚尾，四周雙邊。版框 21.3cm × 15.1cm。有“綠野堂珍藏”“野道人秘玩”等印。

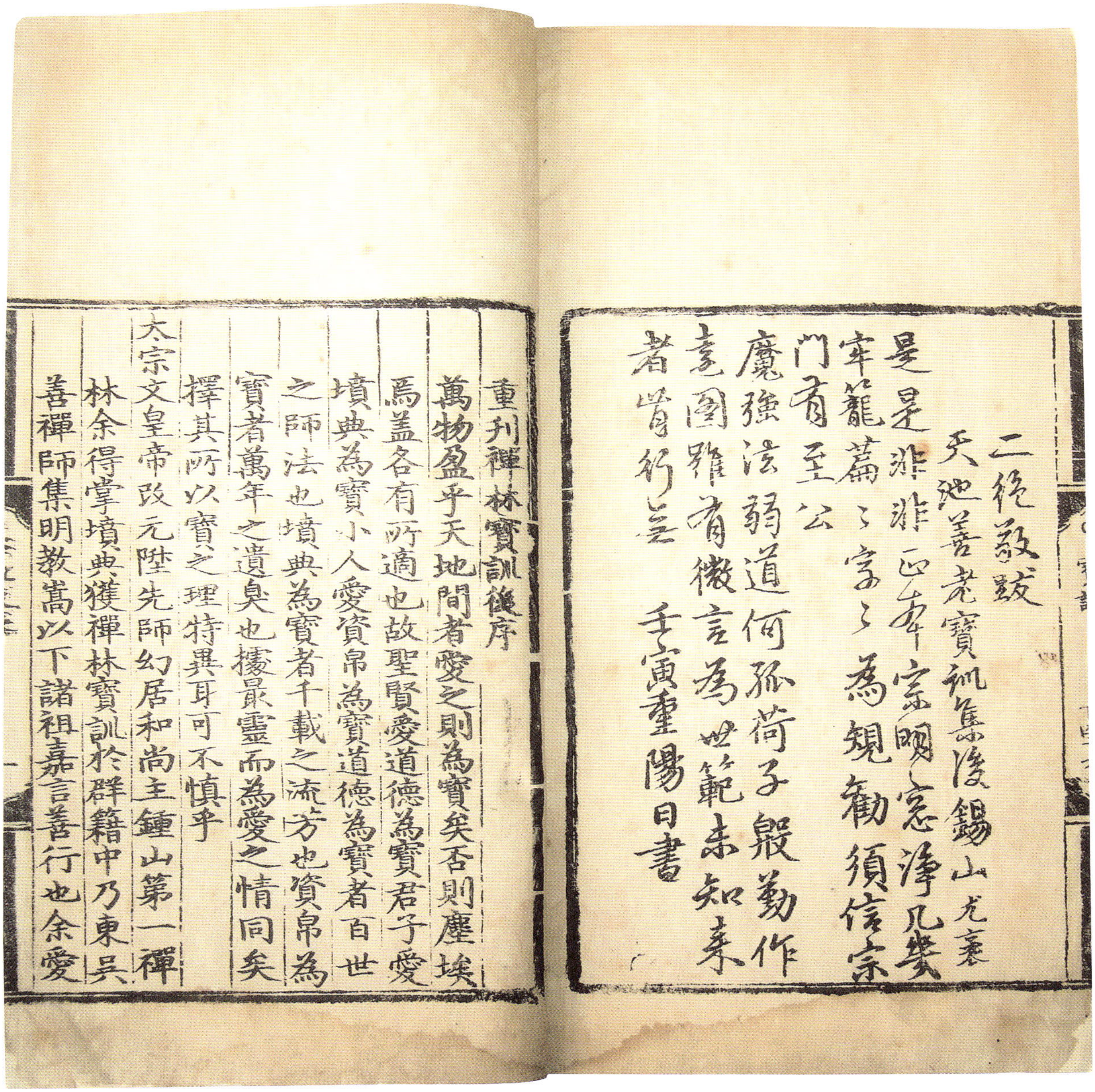
二絕敬跋

天地善老寶訓集後　錫山尤袤

是是非非正本宗明宏淨凡要
牢籠萬〻字〻為規勸須信宗
門有至公

魔強法弱道何孤荷子殷勤作
麦圖雖有微言為世範未知來
者肯行無

壬寅重陽日書

重刊禪林寶訓後序

萬物盈乎天地間者愛之則為寶矣否則塵埃焉蓋各有所適也故聖賢愛道德為寶君子愛墳典為寶小人愛貨帛為寶道德為寶者百世之師法也墳典為寶者千載之流芳也貨帛為寶者萬年之遺臭也擾最靈而為愛之情同矣擇其所以寶之理特異耳可不慎乎

太宗文皇帝改元陞先師幻居和尚主鍾山第一禪林余得掌墳典獲禪林寶訓於群籍中乃東吳善禪師集明教嵩以下諸祖嘉言善行也余愛

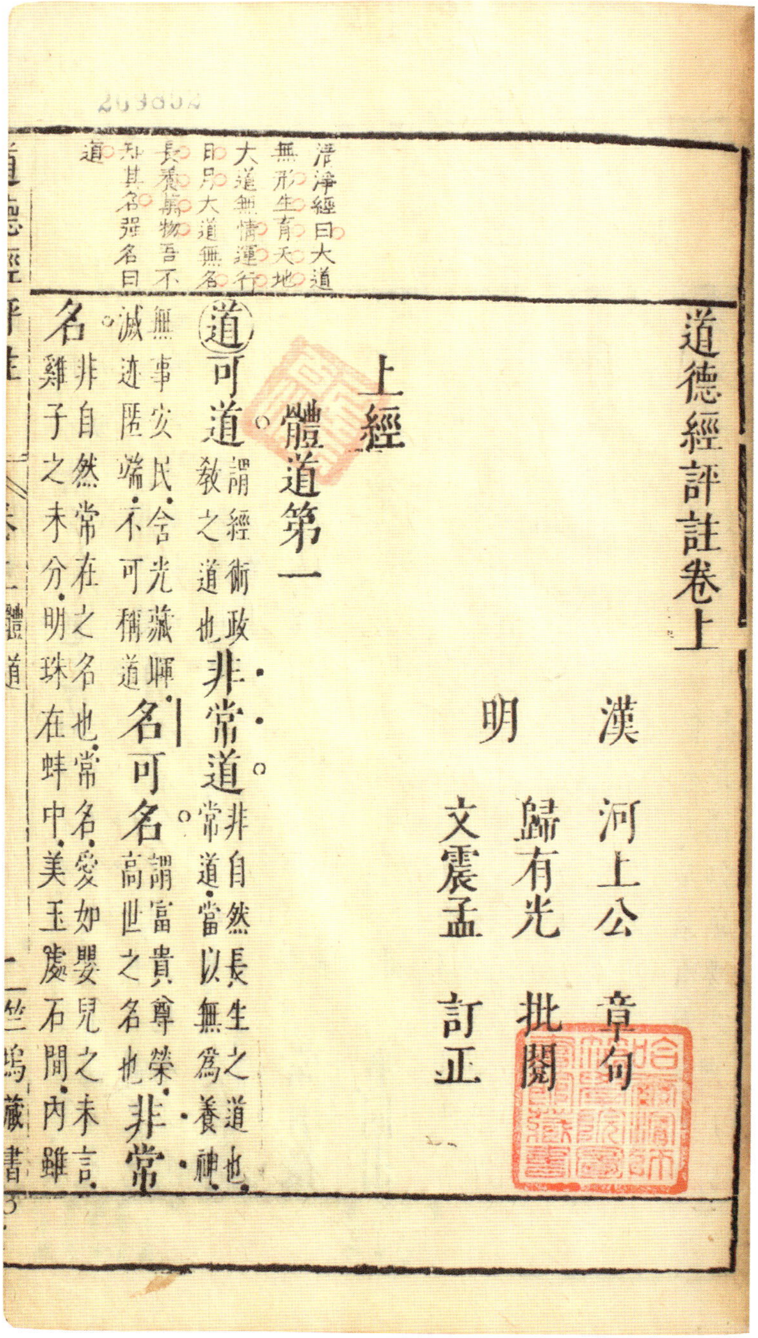
道德經評註卷上
漢　河上公　章句
明　歸有光　批閱
文震孟　訂正
上經
體道第一
道可道。謂經術政教之道也。非常道。非自然長生之道也。常道當以無爲養神無事安民含光藏暉滅迹匿端不可稱道。名可名。謂富貴尊榮高世之名也。非常名。非自然常在之名也。常名當如嬰兒之未言雞子之未分明珠在蚌中美玉處石間內雖
清淨經曰大道無形生育天地大道無情運行日月大道無名長養萬物吾不知其名强名曰道

道德經評註二卷

（漢）河上公章句　（明）歸有光批閱　（明）文震孟訂正　明天啓四年（1624）刻本　一册

半葉九行，行十八字，小字雙行同。白口，單白魚尾，四周單邊。版框 23cm × 14.3cm。有“千金百順”“凝壽圖記”印。

天地成，天地不言而四時行。凡此二者，神明之符，自然之驗也。

葛白叟曰：名顯不如晦，身進不如退。水澄秋月現，雲散春山在。

陳仲醇曰：人之堂愈高，則去頭愈遠；服愈華，則去身愈外。

益精神，治國則有益萬民，不勞煩也。**天下希及之。**天下，人主也。希能有及，道無爲之治身治國也。

立戒第四十四

名與身孰親？名遂則身退也。**身與貨孰多？**財多則害身也。**得與亡孰病？**好得利則病于行也。**甚愛必大費，**甚愛色費精神，甚愛財遇禍患。所愛者少，所亡者多，故言大費。**多藏必厚亡。**生多藏于府庫，死多藏于丘墓。生有攻劫之憂，死有掘冢探柩之患。**知足不辱，**知足之人，絕利去欲，不辱其身。**知止不殆，**知可止，則財利不累身，聲色不亂于耳目，則身不危怠也。**可以長久。**人能知止足，則福祿在己。治身者神不勞，治國者民不擾，故可長久。

一本有矣字結尾

甚愛上一本有是故二字

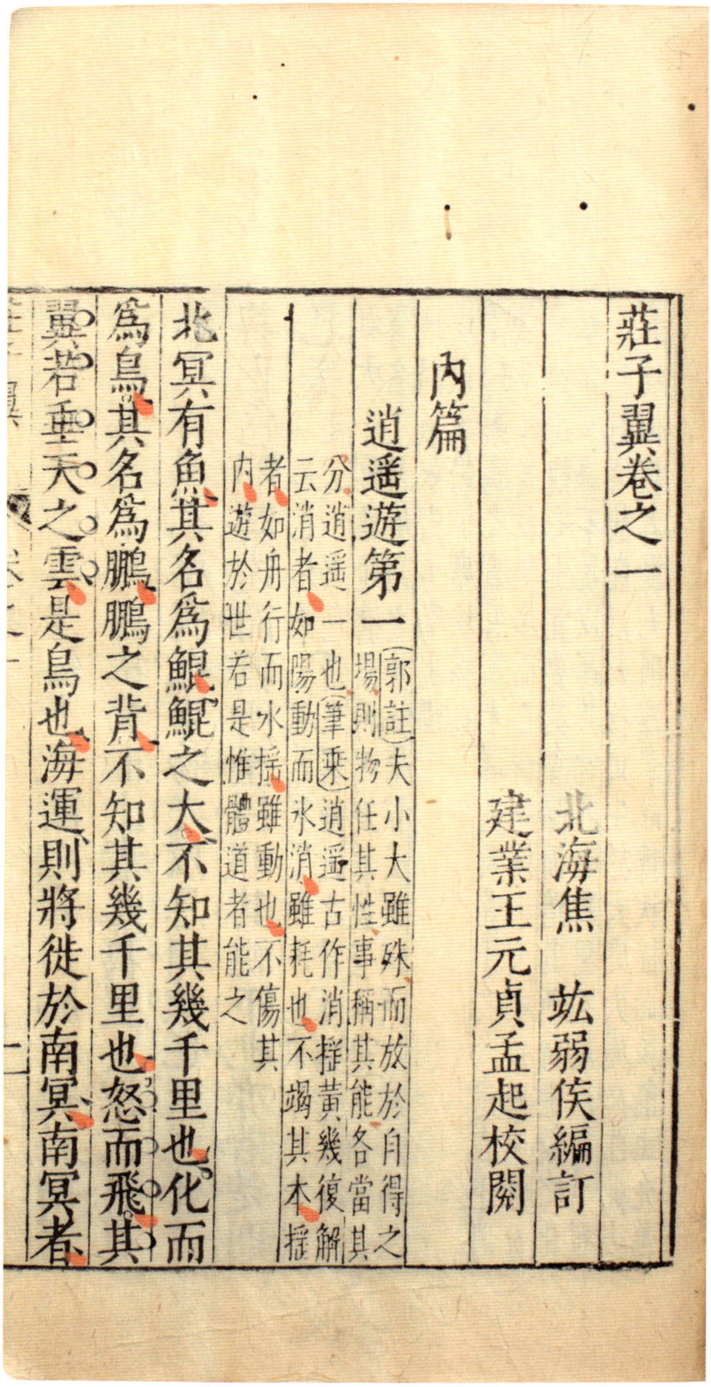
莊子翼卷之一

北海焦　竑弱侯編訂

建業王元貞孟起校閲

内篇

逍遥遊第一（郭註）夫小大雖殊而放於自得之場則物任其性事稱其能各當其分逍遥一也（筆乘）逍遥古作消揺黄幾復解云消者如陽動而氷消雖耗也不竭其本揺者如舟行而水揺雖動也不傷其内遊於世若是惟體道者能之

北冥有魚其名為鯤鯤之大不知其幾千里也化而為鳥其名為鵬鵬之背不知其幾千里也怒而飛其翼若垂天之雲是鳥也海運則將徙於南冥南冥者

莊子翼八卷

（明）焦竑編訂　（明）王元貞校閲　明萬曆刻本　四册

半葉十行，行二十字，小字雙行同。白口，單黑魚尾，左右雙邊。版框 20.4cm × 13.7cm。

已乎已乎說是了是了我說
得其所萌矣蓋情念不一皆
起于彼我之見有以取之耳大
彼我之說近是矣然未知其所
為使實有真宰而物之朕兆
可窺其無朕兆可窺者以其
宰有情有信而無形也殊不
知無形者即可于有形中求
之如百骸九竅六藏豈是相
為使實有真君宰之而百
體從令

乎前而莫知其所萌已乎已乎旦暮得此其所由以生乎非彼無我非我無所取是亦近矣而莫知其所爲使若有眞宰而特不得其朕可行已信而不見其形有情而無形百骸九竅六藏賅(該)而存焉吾誰與爲親汝皆說(悅)之乎其有私焉如是皆有爲臣妾乎其臣妾不足以相治乎其遞相爲君臣乎其有眞君存焉如求得其情與不得無益損乎其眞一受其成形不亾以待盡與物相刃相靡其行盡如馳而莫之能止不亦悲乎終身役役而不見其成功苶(涅)然疲役而不知其所歸可不哀邪人謂之不死奚益其形

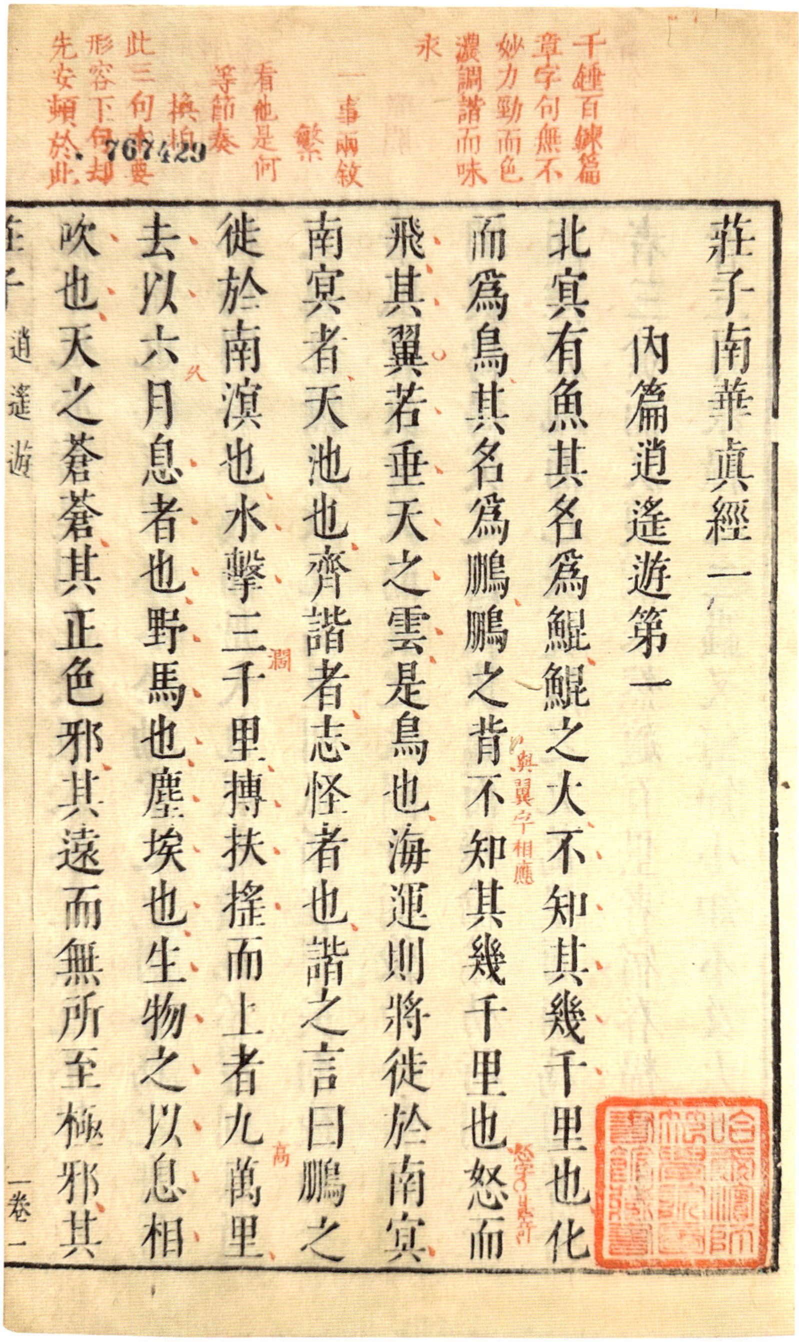
千鎚百鍊篇章字句無不妙力勁而色濃調諧而味永

一事兩敘 繁

看他是何等節奏

換拍

此三句未要形容下句却先安頓於此

莊子南華真經一

內篇逍遥遊第一

北冥有魚其名爲鯤鯤之大不知其幾千里也化而爲鳥其名爲鵬鵬之背不知其幾千里也怒而飛其翼若垂天之雲是鳥也海運則將徙於南冥南冥者天池也齊諧者志怪者也諧之言曰鵬之徙於南溟也水擊三千里摶扶搖而上者九萬里去以六月息者也野馬也塵埃也生物之以息相吹也天之蒼蒼其正色邪其遠而無所至極邪其

莊子 逍遥遊 卷一

莊子南華真經四卷

（晉）郭象解　明閔齊伋刻朱墨套印本　三册

半葉九行，行十九字。白口，無魚尾，四周單邊。版框 21.5cm × 15.2cm。有“衛泉藏書”印。書根印“明閔刻套印莊子南華經解”。

自謂無成心是至越而云未嘗適也方順今知顛倒其辭如此此自是道機之譜然但作無此理辯亦自適以上言物之不齊以下乃發論以齊之

齊是非

此下數段似俱未盡鍊法

點出儒墨字

老子自知者明又知常曰明下文自知則知之是自知之明寓諸庸是知常之明截然兩段總歸之因是一意

是非字

是非是今日適越而昔至也是以無有爲有無有爲有雖有神禹且不能知吾獨且奈何哉夫言非吹也言者有言其所言者特未定也果有言邪其未嘗有言邪其以爲異於鷇音亦有辯乎其無辯乎道惡乎隱而有眞僞言惡乎隱而有是非道惡乎往而不存言惡乎存而不可道隱於小成言隱於榮華故有儒墨之是非以是其所非而非其所是欲是其所非而非其所是則莫若以明物無非彼物無非是自彼則不見自知則知之故曰彼出

齊眞僞

非我無所取彼出於

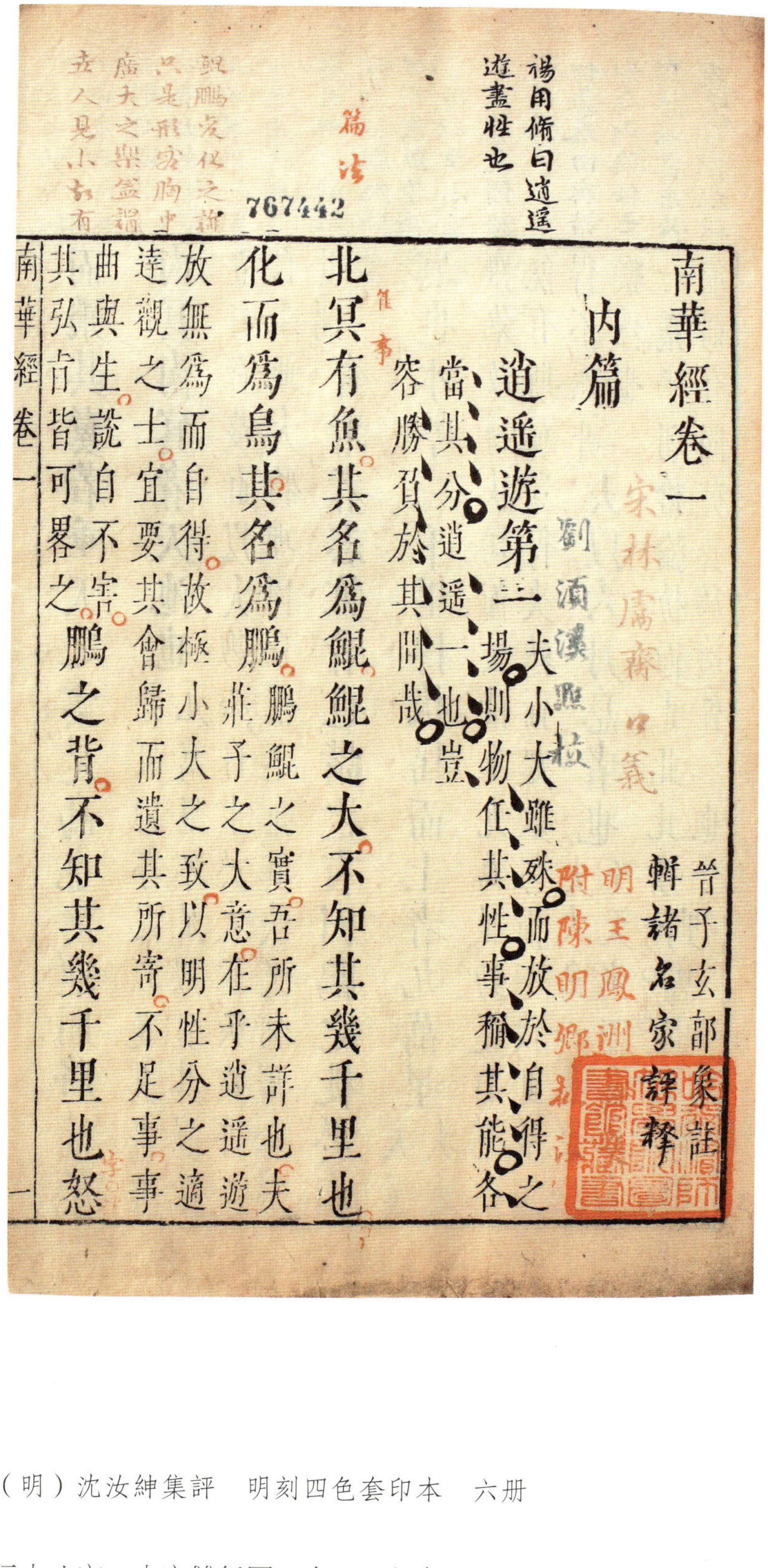
楊用脩曰逍遙遊盡性也
767442
南華經卷一
晉子玄郭象註
輯諸名家評釋
內篇
逍遙遊第一　劉須溪點校
夫小大雖殊而放於自得之場則物任其性事稱其能各當其分逍遙一也豈容勝負於其間哉
北冥有魚其名爲鯤鯤之大不知其幾千里也
化而爲鳥其名爲鵬鵬鯤之實吾所未詳也夫莊子之大意在乎逍遙遊放無爲而自得故極小大之致以明性分之適達觀之士宜要其會歸而遺其所寄不足事事曲與生說自不害其弘旨皆可略之鵬之背不知其幾千里也怒
南華經卷一　一

南華經十六卷

（晉）郭象註　（明）沈汝紳集評　明刻四色套印本　六册

半葉八行，行十八字，小字雙行同。白口，無魚尾，四周單邊。版框 20.5cm × 14.5cm。有“厲以明”印。

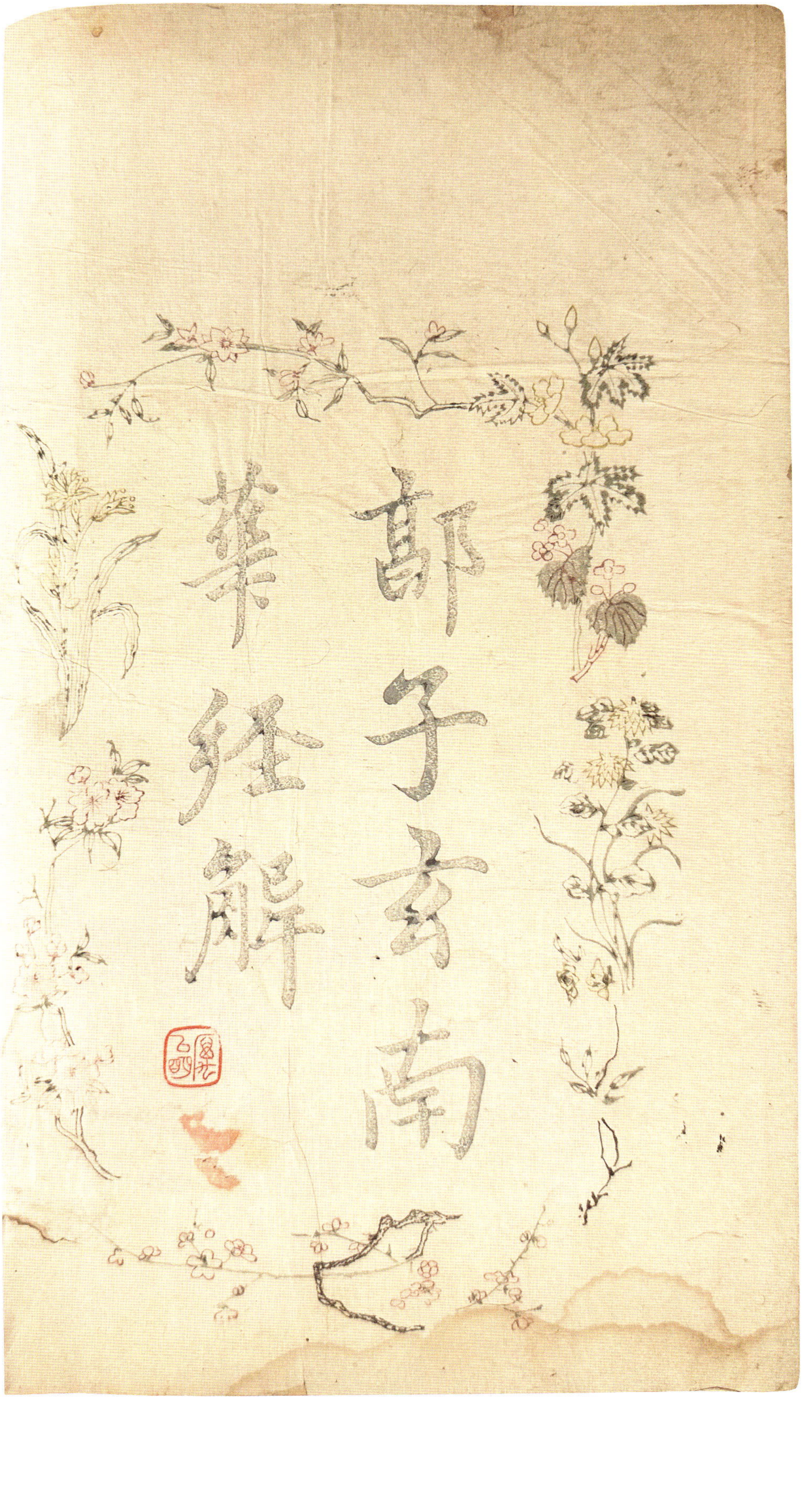
郭子玄南華經解

中流遇風一壺千金言子有大瓠何不思之以爲浮江之壺慮思也

樽不必爲浮壺第欲以江湖容之慮語也蓬者局之然不得少展其意之安能逍遙哉忘機智息生慮天性自然即與數語而足其言

吳王使之將冬與越人水戰大敗越人裂地而封之能不龜手一也或以封或不免於洴澼絖則所用之異也今子有五石之瓠何不慮以爲大樽而浮乎江湖而憂其瓠落無所容則夫子猶有蓬之心也夫蓬非直達者也此章言物各有宜苟得其宜安往而不逍遙也

惠子謂莊子曰吾有大樹人謂之樗其大本擁腫而不中繩墨其小枝卷曲而不中規矩立之塗匠者不顧今子之言大而無用衆所同去

稍用約

句法

集　部

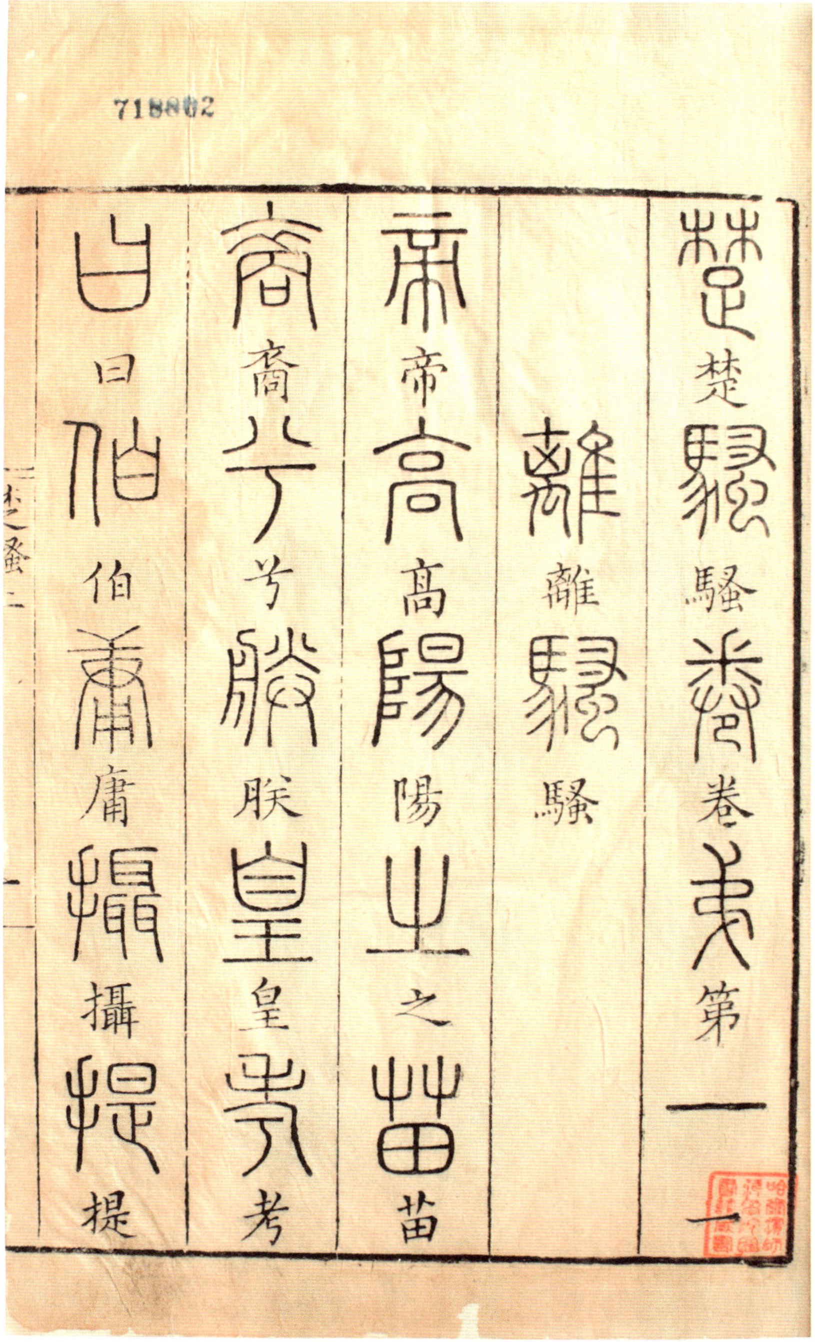

楚騷五卷

明萬曆二十九年（1601）刻本　六册

半葉五行，行大字五字，小字五字。白口，無魚尾，四周單邊。版框 22.1cm × 15.7cm。有“楊百朋字錫我”印。

楚騷附錄

屈原賈生列傳　司馬遷

屈原者名平楚之同姓也為楚懷王左徒博聞彊志明於治亂嫺於辭令入則與王圖議國事以出號令出則接遇賓客應對諸侯王

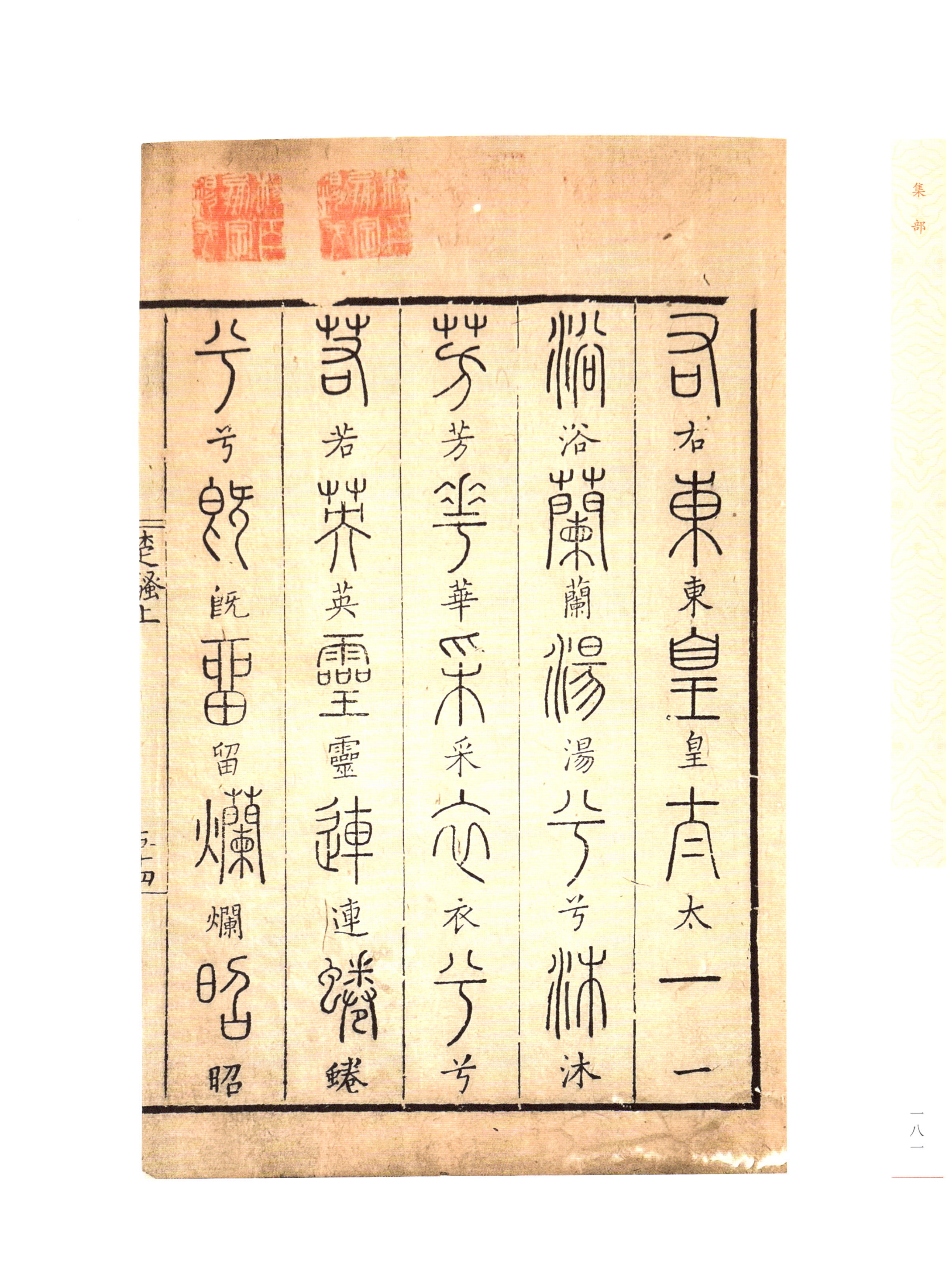

右東皇太一

浴蘭湯兮沐

芳華采衣兮

若英靈連蜷

兮既留爛昭

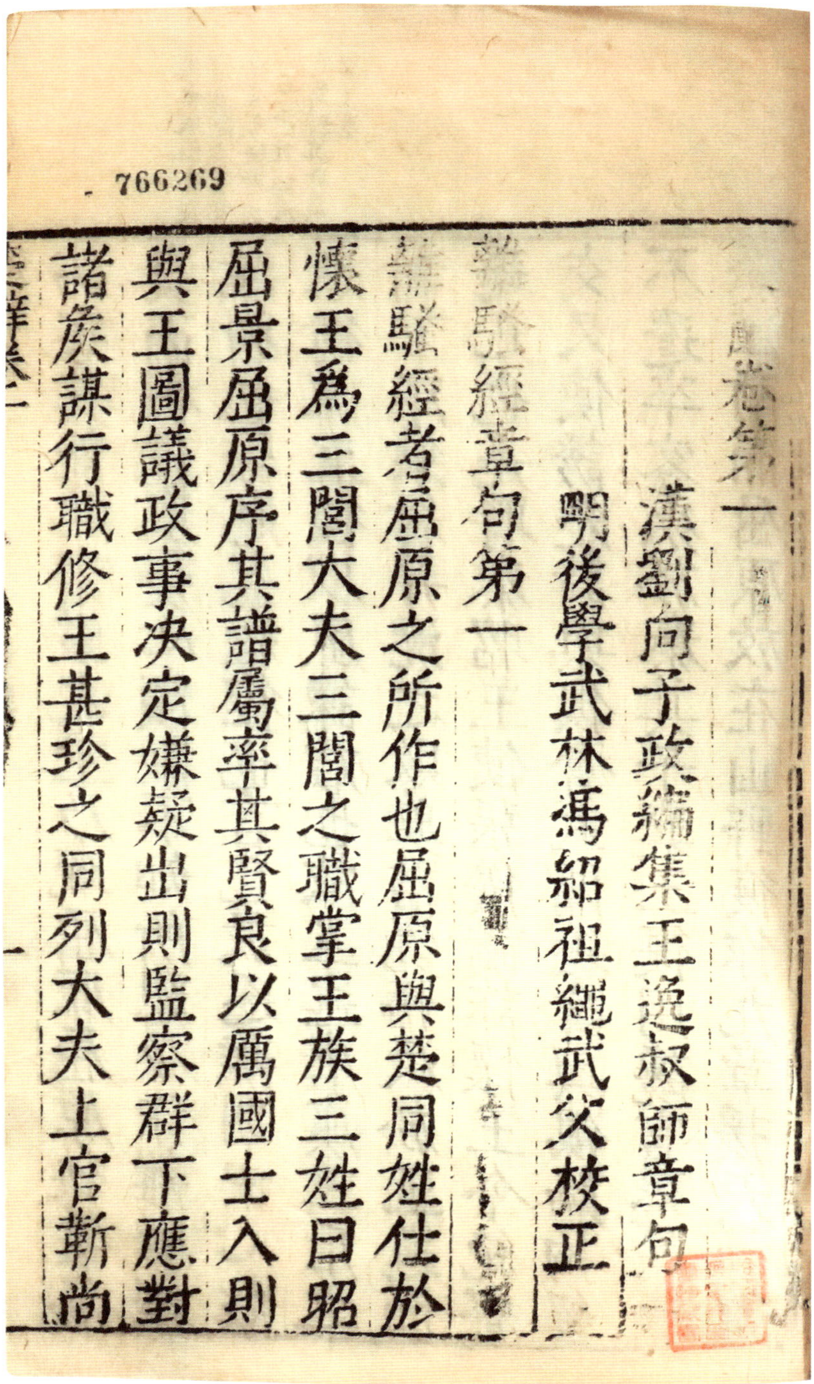
766269

卷第一

漢劉向子政編集王逸叔師章句

明後學武林馮紹祖繩武父校正

離騷經章句第一

離騷經者屈原之所作也屈原與楚同姓仕於懷王為三閭大夫三閭之職掌王族三姓曰昭屈景屈原序其譜屬率其賢良以厲國士入則與王圖議政事決定嫌疑出則監察群下應對諸侯謀行職修王甚珍之同列大夫上官靳尚

楚辭十七卷附録一卷

（漢）劉向編集　（漢）王逸章句　明萬曆十四年（1586）三樂齋刻本　六册

半葉九行，行十八字，小字雙行同。白口，無魚尾，左右雙邊。版框 21cm × 14.5cm。

[illegible]心違錄曰名平曰正則[illegible]未全然[illegible]之濫辭[illegible]謂[illegible]曰吏[illegible]屈原名平[illegible]大選以平爲字誤矣正則以釋名平之義靈均以釋字原之義名者吾屈原以德命也

紛音墳 重去声能叶奴代反 扈音户 辟音僻 一 紉女鄰反

之正兮故賜我以美善之名也名余曰正則兮正平也則法也字余曰靈均靈神也均調也言正平可法則者莫過於天養物均調者莫神於地高平曰原故父伯庸名我爲平以法天字我爲原以法地言已上之能安君下之能養民也禮云子生三月父親名之既冠而字之名者所以正形體定志意也字者所以崇仁義序長幼也夫人非名不榮非字不彰故子生父思善應而名字之以表其德觀其志意也紛吾既有此内美兮紛盛貌又重之以修能修遠也言已之生内含天地之美氣又重有絶遠之能與衆異也言謀足以安社稷智足以解國患威能制強禦仁能懷遠人也扈江離與辟芷兮扈被也楚人名被爲扈江離芷皆香草名也辟幽也芷幽而香芳也紉秋蘭以爲佩紉索也蘭香草也秋而芳佩飾也所以象德故行清絜者

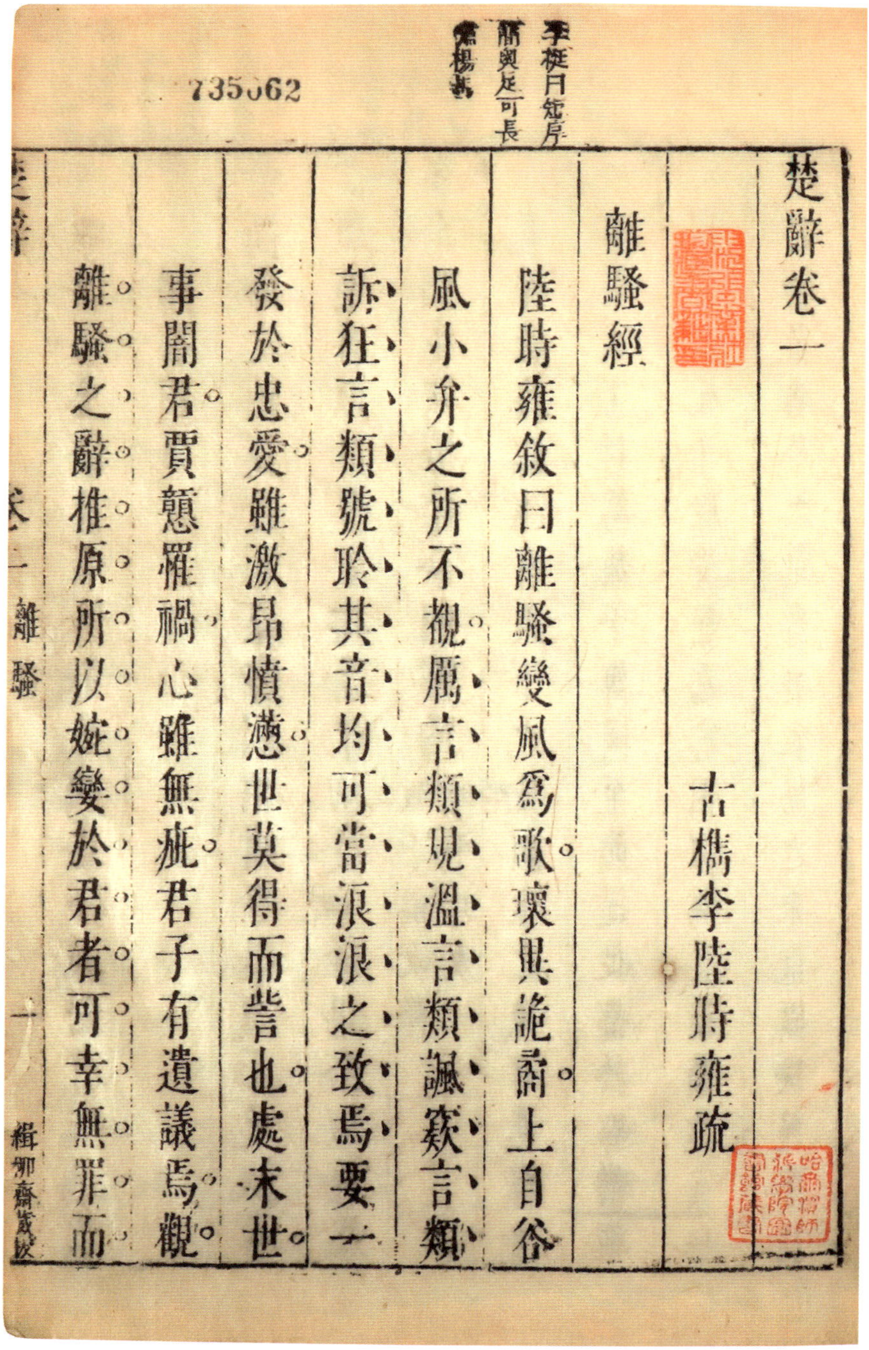
楚辭卷一

古檇李陸時雍疏

離騷經

陸時雍敘曰離騷變風爲歌瓌異詭啇上自谷

風小弁之所不覩厲言類覡溫言類諷欸言類

訴狂言類號聆其音均可當浪浪之致焉要一

發於忠愛雖激昂憤懣世莫得而訾也處末世

事闇君賈戇罹禍心雖無疵君子有遺議焉觀

離騷之辭推原所以婉孌於君者可幸無罪而

楚辭十九卷

（明）陸時雍疏　明刻本　四册

半葉九行，行二十字。白口，無魚尾，四周單邊。版框 20.6cm × 14.5cm。有“臣慶鋆印”“申江張南莊珍藏書籍印”等印。

張煥如曰九辨絜素其吸

楚辭卷八

古檇李陸時雍疏

九辨

陸時雍敘曰萬物懔秋人生苦愁彼生不辰者直百歲無陽日耳屈原之於懷王始非不遇卒以憂死君子哀之宋玉作九辨衍述原意兼悼來者故語多商聲其云貧士失職而志不平所寄慨於千載者多矣

悲哉秋之爲氣也蕭瑟兮草木搖落而變衰憭慄兮

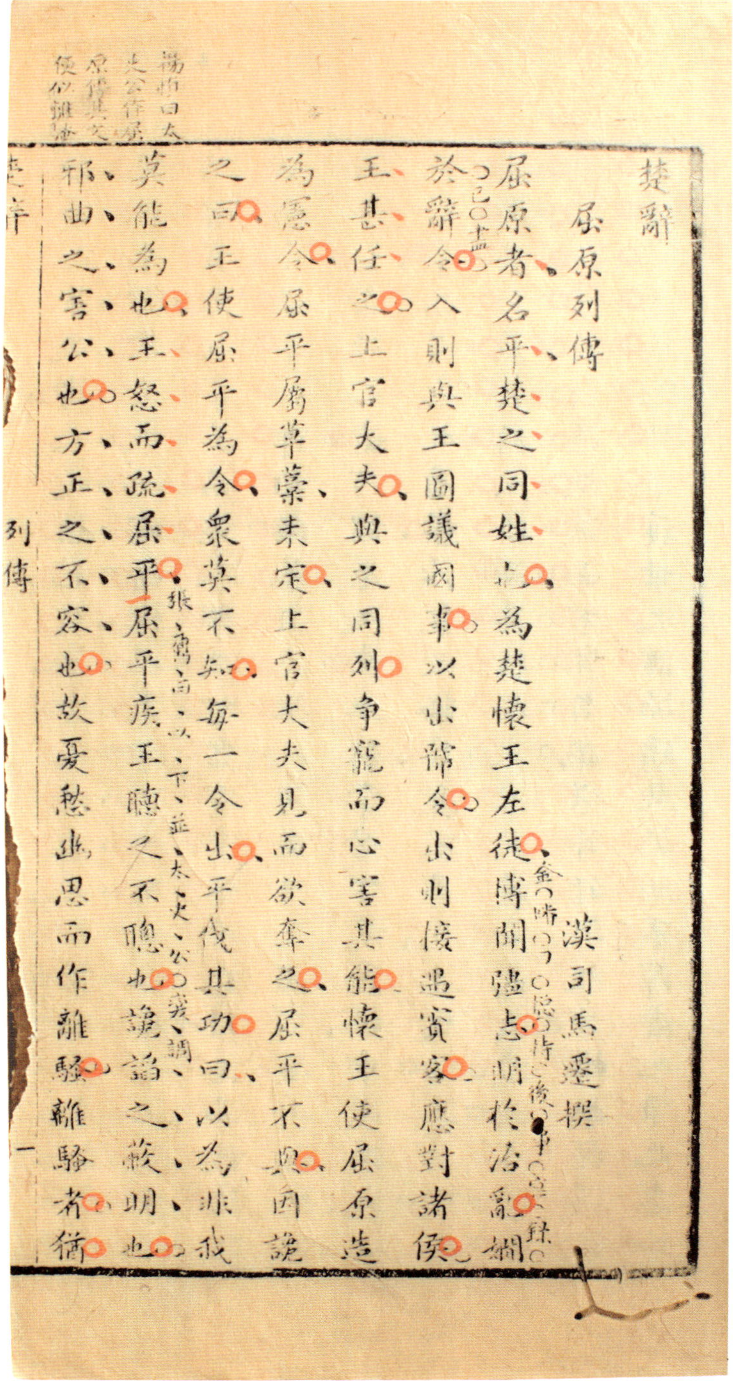

楚辭評林八卷

（宋）朱熹集註　明末刻本　二册　缺五卷（四至八）

半葉九行，行二十五字。白口，無魚尾，四周單邊。版框 21cm × 12.5cm。

悟俗之一改也其存君興國而欲反覆之一篇之中三致志焉其終無可奈何故不可以反卒以此見懷王之終不悟也人君無愚智賢不肖莫不欲求忠以自為舉賢以自佐然亡國破家相隨屬而聖君治國累世而不見者其所謂忠者不忠而所謂賢者不賢也懷王以不知忠臣之分故內惑於鄭袖外欺於張儀疏屈平而信上官大夫令尹子蘭兵挫地削亡其六郡身客死於秦為天下笑此不知人之過也易曰井渫不食為我心惻可以汲王明並受其福王之不明豈足福哉令尹子蘭聞之大怒卒使上官大夫短屈原於頃襄王頃襄王怒而遷之屈原至於江濱被髮行吟澤畔

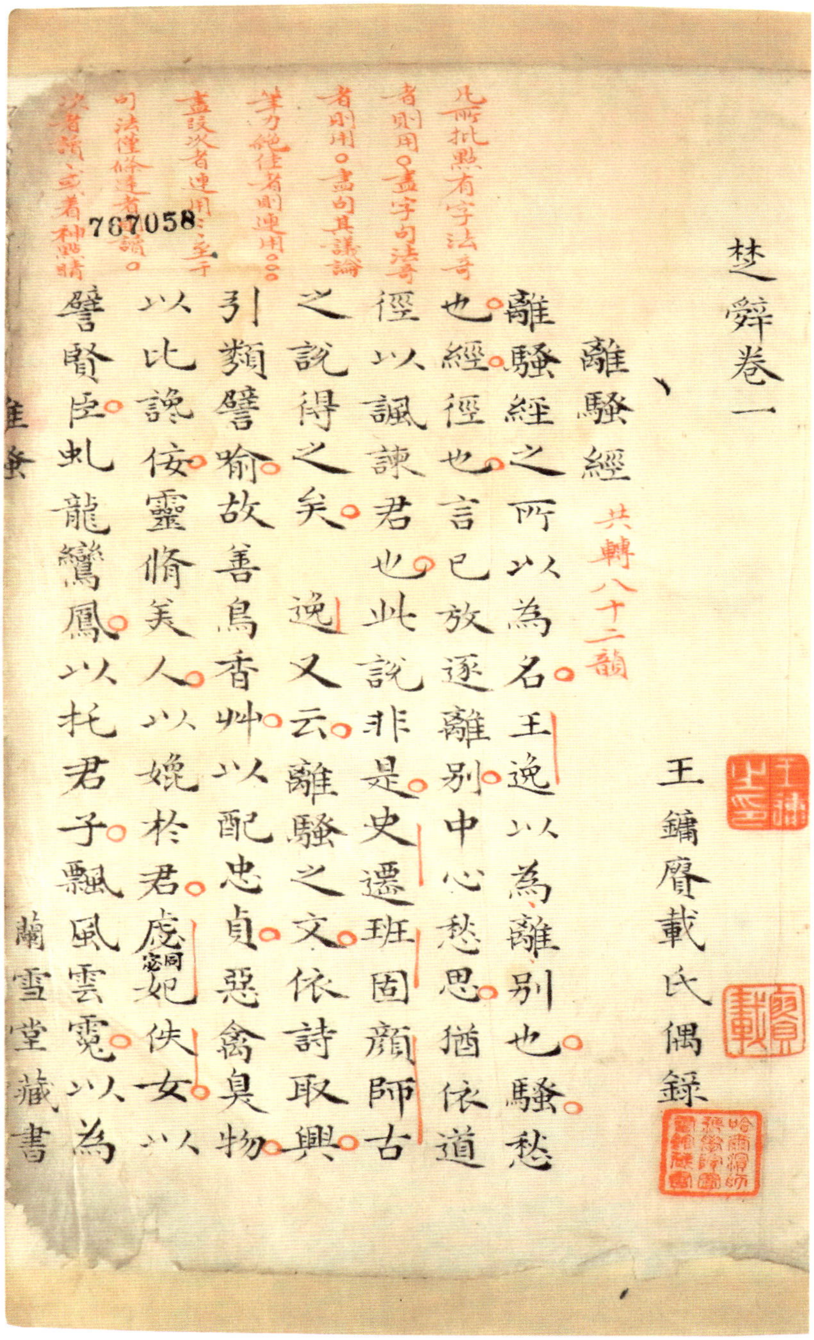
楚辭卷一

王鏞膺載氏偶録

離騷經　共轉八十二韻

離騷經之所以為名。王逸以為離別也。騷愁也。經徑也。言已放逐離別，中心愁思，猶依道徑以諷諫君也。此說非是。史遷、班固、顔師古之說得之矣。逸又云：離騷之文，依詩取興，引類譬喻，故善鳥香艸以配忠貞，惡禽臭物以比讒佞，靈脩美人以媲於君，虙妃佚女以譬賢臣，虬龍鸞鳳以托君子，飄風雲霓以為

蘭雪堂藏書

楚辭五卷後語一卷

（明）王鏞抄録　明抄本　四册

半葉十行，行十八字。無邊框，開本 28.5cm × 17.1cm。

有“王鏞之印”“廖載”“白沙翠竹邨夫”印。書根印“明蘭雪堂鈔本楚辭”。

擥木根以結茝兮貫荔薜之落蘂叶里矯菌桂以
紉蕙兮索胡繩之纚纚
薜荔香草也緣木而生蘂花蕚鬚粉榮榮然
者也矯舉也胡繩亦香草有莖葉可作繩索
纚纚索好貌
謇吾法夫前修兮非世俗之所服叶孛雖不周於
今之人兮願依彭咸之遺則
賦也謇難詞前脩前代脩德之人世李善本
作時字或作代字或以民字作人字皆避世
民諱耳今當正之周合也彭咸周之介士不

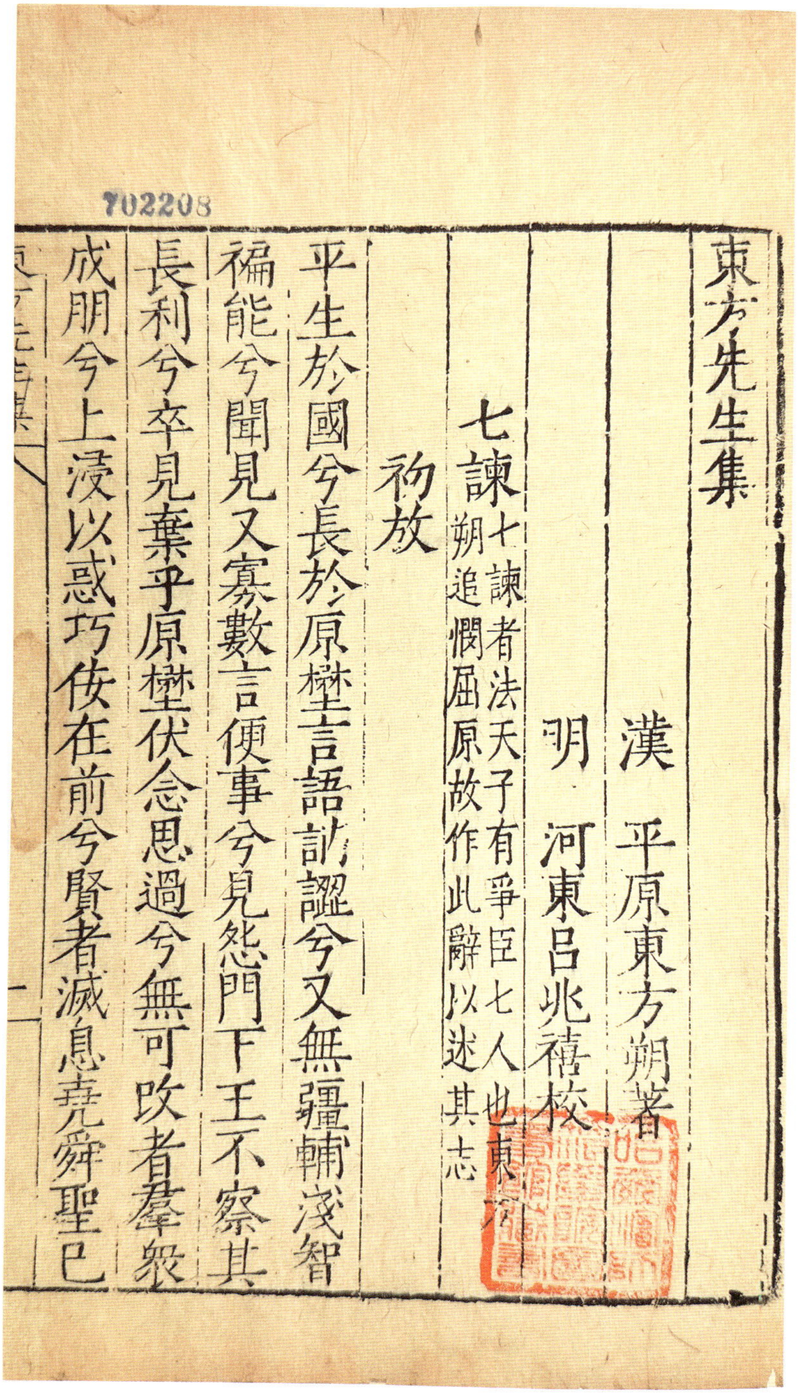

東方先生集

漢　平原東方朔著

明　河東呂兆禧校

七諫七諫者法天子有爭臣七人也東方朔追憫屈原故作此辭以述其志

初放

平生於國兮長於原埜言語訥譅兮又無彊輔淺智褊能兮聞見又寡數言便事兮見怨門下王不察其長利兮卒見棄乎原埜伏念思過兮無可改者羣衆成朋兮上浸以惑巧佞在前兮賢者滅息堯舜聖已

東方先生集　一

東方先生集一卷

（漢）東方朔著　明萬曆刻本　一册

半葉九行，行二十字，小字雙行同。白口，單白魚尾，左右雙邊。版框 20cm × 13.7cm。

東方朔傳

東方朔字曼倩平原厭次人也武帝初即位徵天下舉方正賢良文學材力之士待以不次之位四方士多上書言得失自衒鬻者以千數其不足采者輒報聞罷朔初來上書云云朔文辭不遜高自稱譽上偉之令待詔公車奉禄薄未得省見久之朔紿騶朱儒曰上以若曹無益於縣官耕田力作固不及人臨衆處官不能治民從軍擊虜不任兵事無益於國用徒索衣食今欲盡殺若曹朱儒大恐啼泣朔教曰上即過

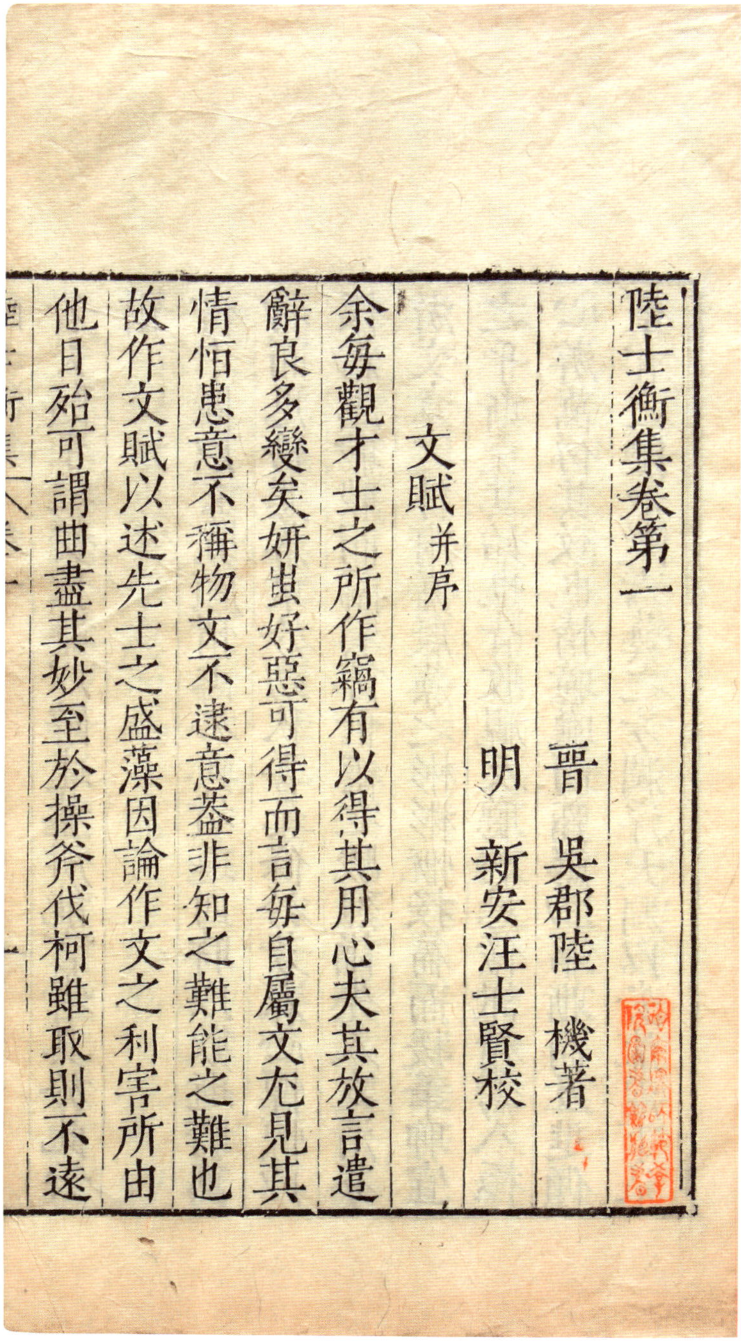

陸士衡集卷第一
晉　吳郡陸　機著
明　新安汪士賢校
文賦并序
余每觀才士之所作竊有以得其用心夫其放言遣
辭良多變矣妍蚩好惡可得而言每自屬文尤見其
情恒患意不稱物文不逮意蓋非知之難能之難也
故作文賦以述先士之盛藻因論作文之利害所由
他日殆可謂曲盡其妙至於操斧伐柯雖取則不遠

陸士衡集十卷

（晉）陸機著　明刻本　一册

半葉九行，行二十字。白口，單白或單黑魚尾，左右雙邊。版框 20cm × 14.2cm。有“江南陳斯白藏”印。

晉二俊文集叙

奉議郎知嘉興府華亭縣事徐

民瞻

民瞻嘗閱晉陸機士衡傳太康末士衡與弟雲士龍倶入洛造太常張華素重其名一見如舊識曰伐吳之役利獲二

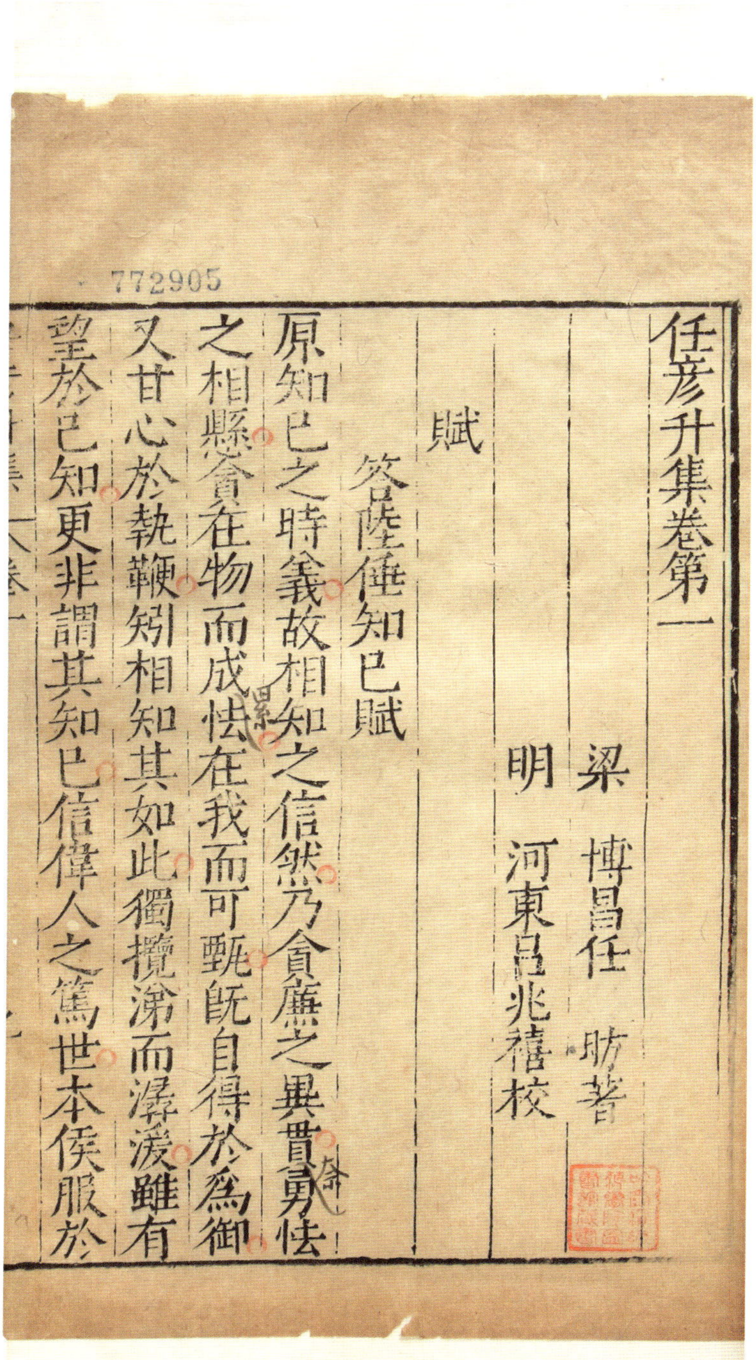
772905

任彦升集卷第一

梁　博昌任　昉著

明　河東呂兆禧校

賦

答陸倕知己賦

原知己之時義故相知之信然乃貪廉之異貫勇怯之相懸貪在物而成怯在我而可甄既自得於為御又甘心於執鞭矧相知其如此獨攬涕而潺湲雖有望於已知更非謂其知己信偉人之篤世本侯服於

任彦升集六卷

（南朝梁）任昉著　明萬曆刻本　二册

半葉九行，行二十字。白口，單白魚尾，左右雙邊。版框 19.3cm × 14.3cm。

任昉傳

任昉字彦昇樂安博昌人漢御史大夫敖之後也父遥齊中散大夫遥妻裴氏嘗晝寢夢有彩旗蓋四角懸鈴自天而墜其一鈴落入裴懷中心悸動既而有娠生昉身長七尺五寸幼而好學早知名宋丹陽尹劉秉辟爲主簿時昉年十六以氣忤秉子久之爲奉朝請兖州秀才拜太常博士遷征北行參軍永明初衛將軍王儉領丹陽尹復引爲主簿儉雅欽重昉以爲當時無輩遷司徒刑獄參軍事入爲尚書殿中郎

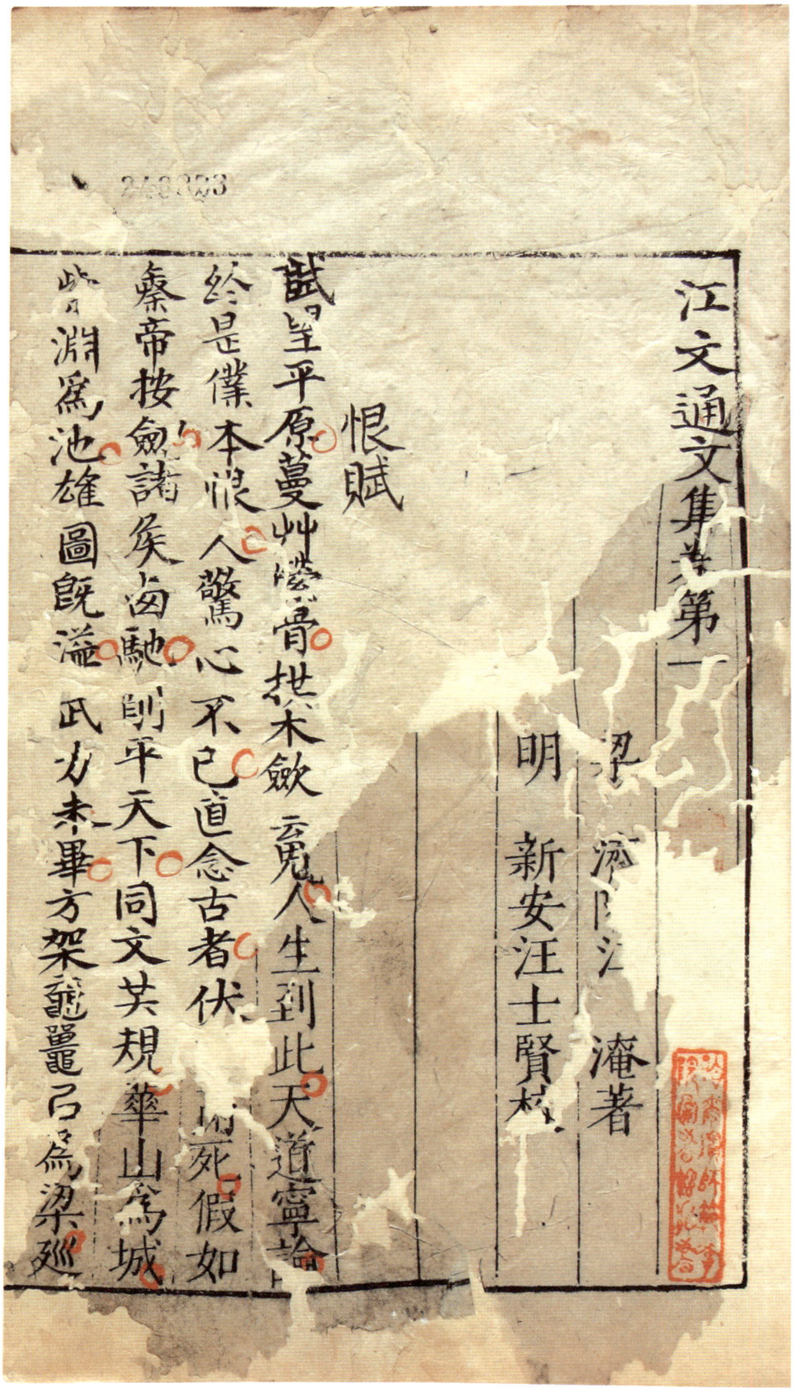
江文通文集卷第一
梁 濟陽江 淹著
明 新安汪士賢校
恨賦
試望平原蔓艸縈骨拱木斂魂人生到此天道寧論
於是僕本恨人驚心不已直念古者伏恨而死假如
秦帝按劍諸侯西馳削平天下同文共規華山爲城
紫淵爲池雄圖既溢武力未畢方架黿鼉以爲梁巡

江文通文集十卷

（南朝梁）江淹著　明刻本（有抄配）　四册

半葉九行，行二十字。白口，單白魚尾，左右雙邊。版框 19.3cm × 14.2cm。

帝臺北荒之際弇山西海之濱流沙之野析木之津雲或帷綵煙或異鱗必雜蜺之氣隂陽之神焉

四時賦

北客長欷深壁寂思空牀連流圭窬淹滯網絲蔽戶青苔繞梁春華虛豔秋月徒光臨飛鳥而魂絶視浮雲而意長測代序而饒感知四時之足傷若乃旭日始暖蕙草可織園桃紅點流水碧色思應都兮心斷憐故人兮無極至若炎雲峯起芳樹未移澤蘭生坂朱荷出池憶上國之綺樹想金陵之蕙枝若夫秋風

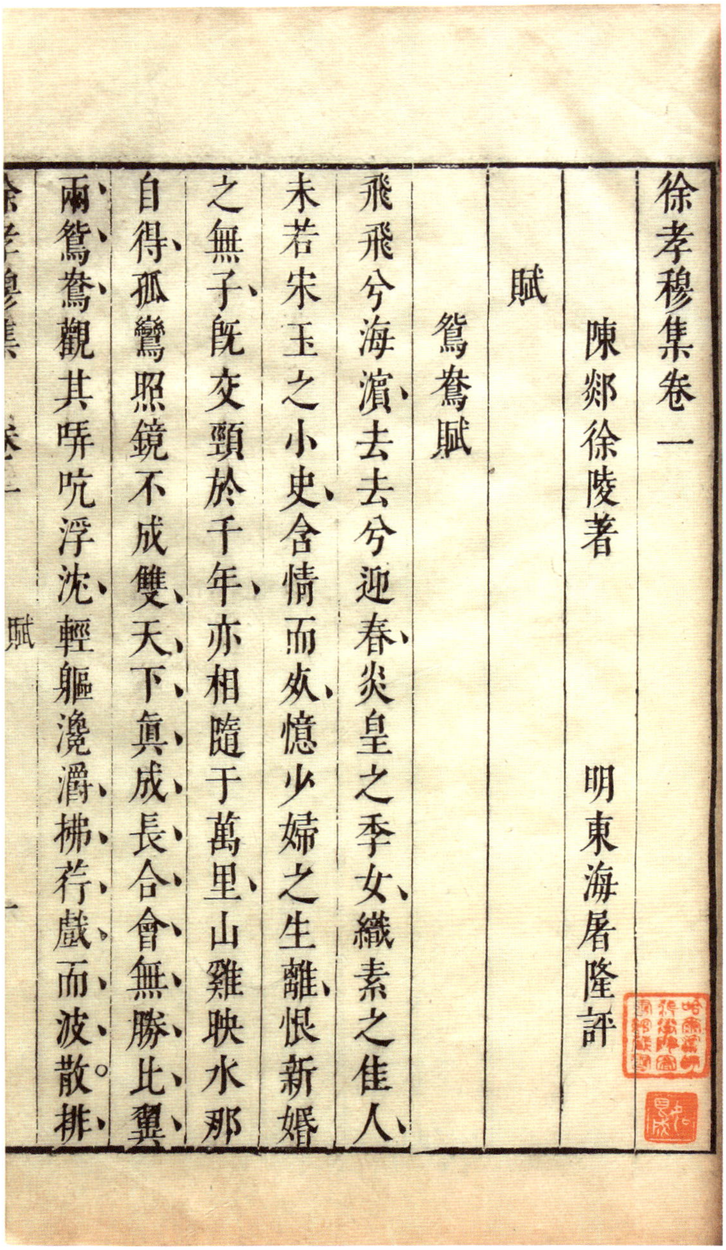
徐孝穆集卷一
陳郯徐陵著　　明東海屠隆評
賦
鴛鴦賦
飛飛兮海濱、去去兮迎春、炎皇之季女、織素之佳人、
未若宋玉之小史、含情而欸、憶少婦之生離、恨新婚
之無子、既交頸於千年、亦相隨于萬里、山雞映水那
自得、孤鸞照鏡不成雙、天下眞成長合會、無勝比翼
兩鴛鴦、觀其呀吭浮沈、輕軀瀺灂、拂荇戲而波散、排
徐孝穆集　卷一　賦　一

徐孝穆集十卷

（南朝陳）徐陵著　（明）屠隆評　明刻本　二册

半葉九行，行二十字。白口，無魚尾，四周單邊。版框 21.1cm × 14.6cm。

有“埽塵齋積書記”“知見成”“禮培”等印。封面墨筆書“是本爲有明屠氏所刻徐庾合集　乙丑春季王佩初同年持贈　時客京師　徐孝穆集　遺一經齋藏”。書名頁墨筆書“乙丑暮春檢書於埽塵齋　因士展姻世講赴京之便寄贈　洞伯老同年兄長加入藏書簿　弟王禮培”。

徐庾集序

詩家者流率以靡嫚歸之梁陳以語於王褒江總輩絺章繪句膚立者則可耳若徐僕射庾開府竝誕瓊圃抽穎芝田徐固天上之麒麟庾亦人間之鸑鷟氣

按齊送貞陽侯蕭淵明爲梁嗣遣陵隨還僧辯不納淵明往復致書皆陵詞今僧辯答書恐非陵作後同

既不説壊舊君又不逆其來意

以號咽蕭淵明頓首

爲王太尉僧辯答貞陽侯書

孤子僧辯頓首頓首席威卿反命具有奉答馬嵩仁至又奉去月二十八日誨增用傾悚秦爲不道西都失守率土臣妾莫不驚惶喪君有君實惟典禮繼世嗣曆明於通誥所以百辟羣司四方岳牧共立大計僉議所歸故紹晉安殿下用傳寶祚樹立之宜無由遠謀鄰國足下宗枝蕃戚德譽早隆既身限北庭事隔阻賛今者借助齊主楊旆南轅但嗣守洪基卽既

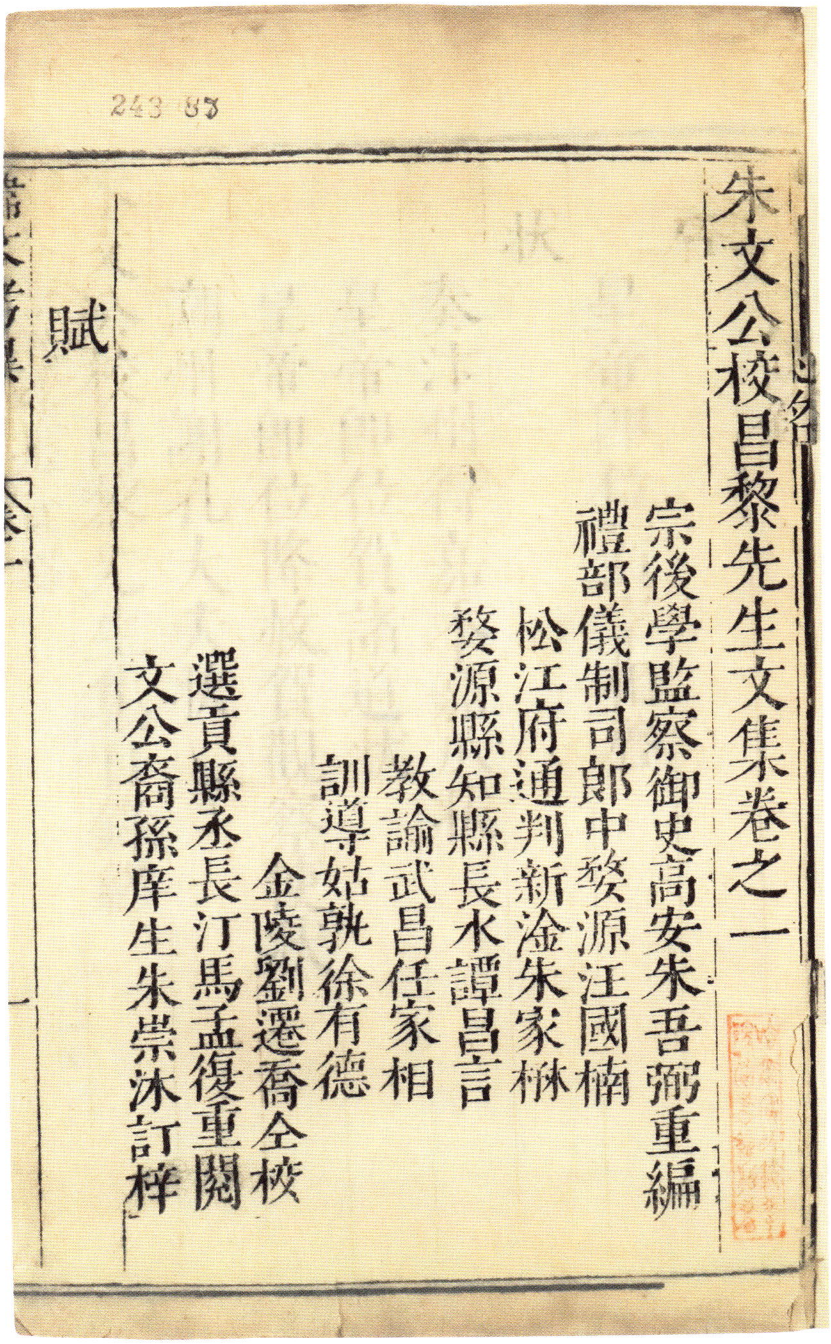

朱文公校昌黎先生文集四十卷外集十卷遺文一卷傳一卷

（唐）韓愈撰　（宋）朱熹考異　（明）朱吾弼重編　明萬曆天德堂刻本（宋本重刊）　十六册

半葉九行，行十八字，小字雙行同。白口，單白魚尾，四周雙邊。版框 21.9cm × 14.7cm。有“天德堂藏書”印。

朱文公校昌黎先生文集卷之十　考異音釋附

律詩凡八十首　諸本作七十九首方從蜀本

送李尚書赴襄陽八韻得長字　李長遜也

帝憂南國切改命付忠良壞畫星搖動旗分獸

皷揚五營兵轉肅（孫曰謂禁掖後漢張奐率五營士圍竇武）千里地

還方控帶荆門遠飄浮漢水長賜書寛屬郡（或作部）

戰馬隔鄰疆縱獵雷霆迅觀棊玉石忙風流峴

（胡典切樊曰羊祜每風景必造峴山置酒謂從事鄒湛曰自有宇宙便有此山）首客花

蹹大堤倡（韓曰宋隨王誕爲襄陽郡聞諸女歌因爲詞曰朝發襄陽城暮至大堤曲）

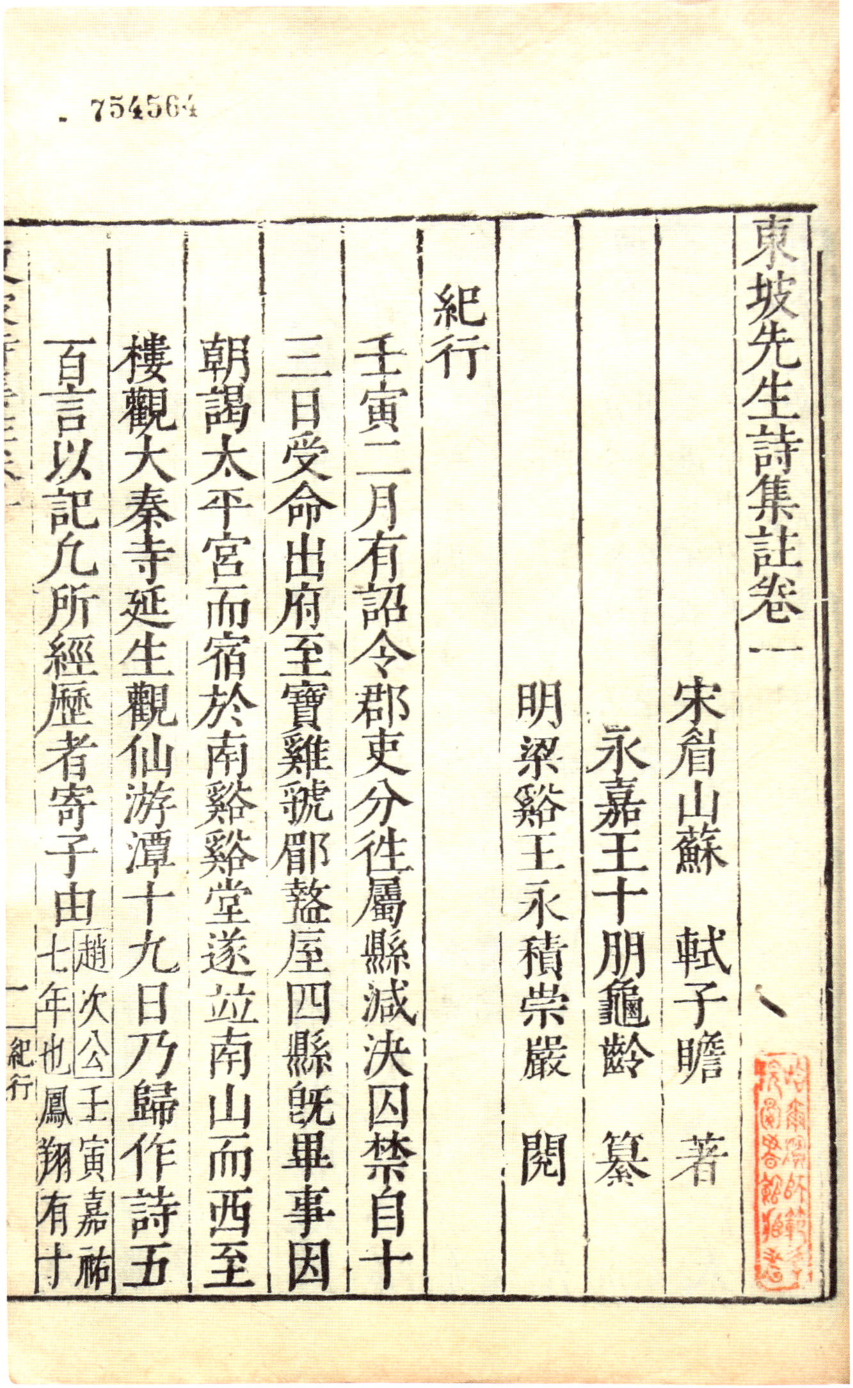

東坡先生詩集註卷一

宋眉山蘇　軾子瞻　著

永嘉王十朋龜齡　纂

明梁谿王永積崇巖　閲

紀行

壬寅二月有詔令郡吏分往屬縣減決囚禁自十三日受命出府至寶雞虢郿盩厔四縣既畢事因朝謁太平宮而宿於南谿谿堂遂並南山而西至樓觀大秦寺延生觀仙游潭十九日乃歸作詩五百言以記凡所經歷者寄子由趙次公壬寅嘉祐七年也鳳翔有十

二　紀行

東坡先生詩集註三十二卷

（宋）蘇軾著　（宋）王十朋纂　明刻本　十册

半葉十行，行二十一字，小字雙行同。白口，無魚尾，左右雙邊。版框 20.1cm × 15cm。

百數欲害之覡無懼色援笳而吹之爲出塞入塞之聲以動其游客之思於是羣胡皆垂泣而去半雜

江聲作悲健誰言萬方聲一槩續杜詩鼓角緣邊郡川原欲夜時萬方聲一槩吾道竟何之矗憤龍愁爲余變我記江邊枯柳樹未死相逢眞識面他年一葉泝江來次公退之詩共泛清湘一葉舟還吹此曲相迎餞

自興國往筠宿石田驛南二十五里野人舍

溪上青山三百疊快馬輕衫來一抹倚山脩竹有人家橫道清泉知我渴芒鞋竹杖自輕軟蒲薦松牀亦香滑夜深風露滿中庭惟見孤螢自開闔

將至筠先寄遲适遠三猶子居實元豐七年甲子至筠作

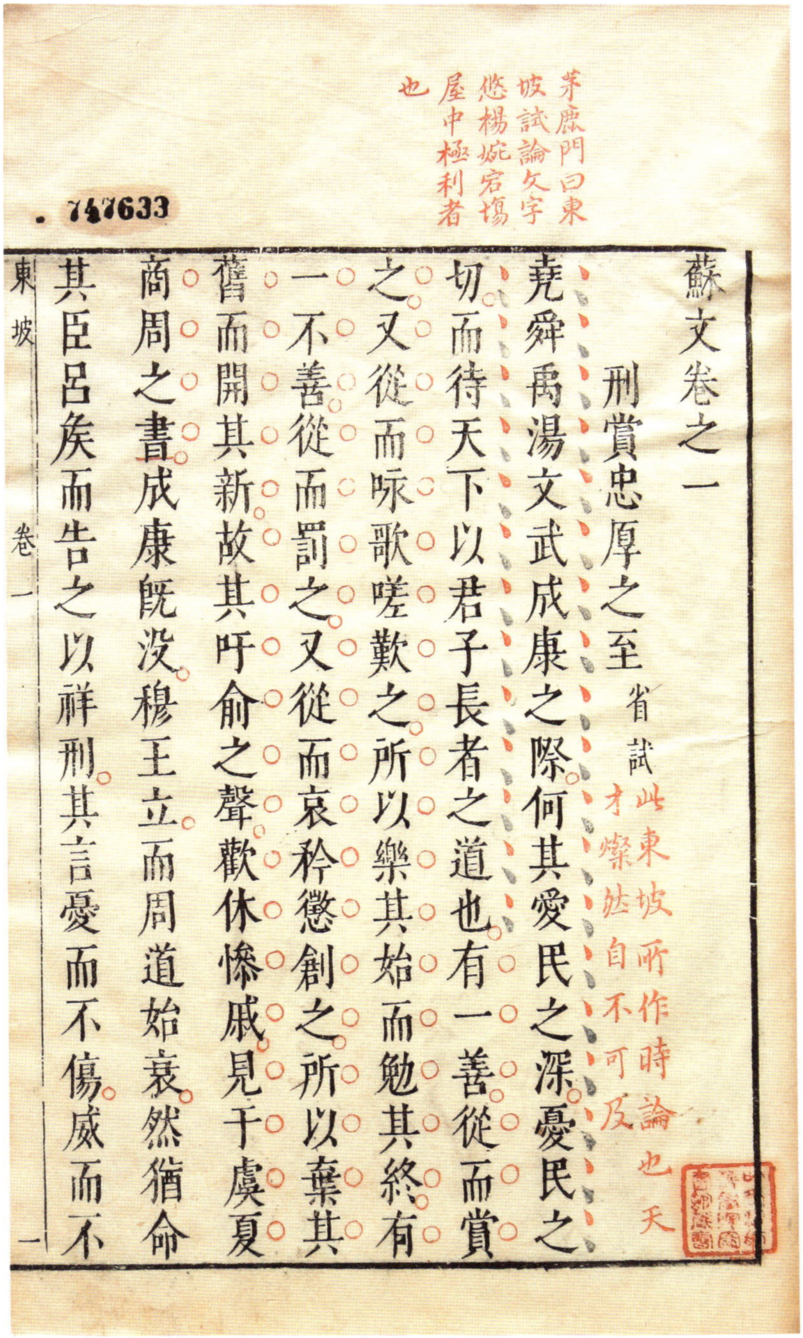

蘇文六卷

（宋）蘇軾撰　（明）茅坤等評　明烏程閔氏刻三色套印本　五册　缺一卷（六）

半葉九行，行十九字，小字雙行同。白口，無魚尾，四周單邊。版框 20.4cm × 14.6cm。有“李氏藏書畫印”印。序題“蘇文忠公文選”，凡例題“蘇東坡文選”。

茅鹿門曰此篇是借題說自家議論

茅鹿門曰總提後分解

天子之兵莫大於御將

孫武論二　兩扇平說意自錯綜

夫武戰國之將也知爲吳慮而已矣是故以將用之則可以君用之則不可今其書十三篇小至部曲營壘芻糧器械之間而大不過於攻城拔國用間之際蓋亦盡於此矣天子之兵天下之勢武未及也其書曰將能而君不御者勝爲君而言者有此而已竊以爲天子之兵莫大於御將天下之勢莫大於使天下樂戰而不好戰夫天下之患不在於寇賊亦不在於敵國患在於將帥之不力而以

茅鹿門曰制科策亦隨問條荅在長公亦未盡所欲言而其持議大較多通達國本非經生所及

意以陳毋悼後害

激發於憂國憂民之心故其言特為悽切

臣謹對曰臣聞天下無事則公卿之言輕於鴻毛天下有事則匹夫之言重於泰山非智有所不能而明有所不察緩急之勢異也方其無事也雖齊桓之深信其臣管仲之深得其君以握手丁寧之問將死深悲之言而不能去其區區之三豎至其有事且急也雖唐代宗之庸程元振之用事栁伉之賤且踈而一言以入之不終朝而去其腹心之疾夫言之於無事之世者足以有所改為而常患

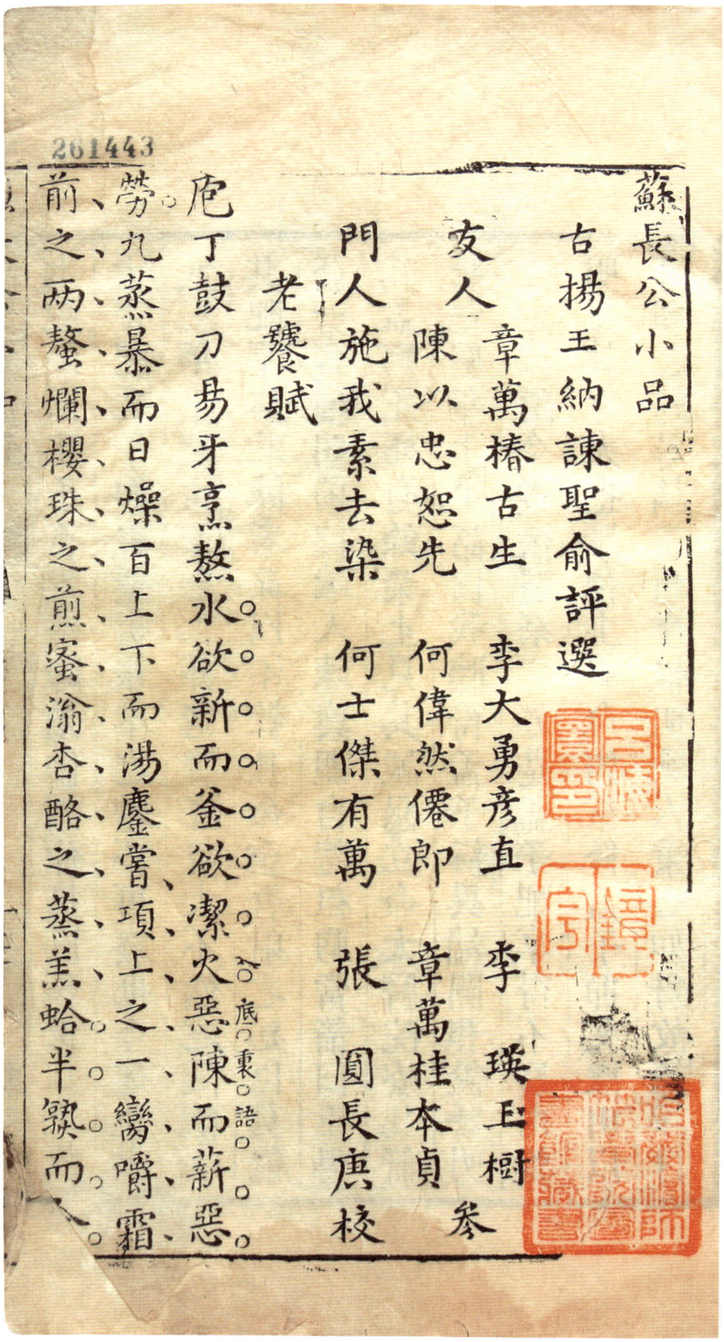
261443

蘇長公小品

古揚王納諫聖俞評選

友人　章萬椿古生　李大勇彥直　李瑛玉樹　叅

陳以忠恕先　何偉然僊郎　章萬桂本貞

門人施我素去染　何士傑有萬　張圓長庚校

老饕賦

庖丁鼓刀易牙烹熬。水欲新而釜欲潔。火惡陳而薪惡（合庖東語）

勞九蒸暴而日燥。百上下而湯鏖。嘗項上之一臠。嚼霜

前之兩螯。爛櫻珠之煎蜜。滃杏酪之蒸羔。蛤半熟而

蘇長公小品不分卷

（宋）蘇軾撰　（明）王納諫評選　明萬曆三十九年（1611）章氏心遠軒刻本　一册

半葉九行，行二十一字。白口，無魚尾，四周單邊。版框 21.3cm×13.5cm。有“東萊賜書堂吕氏鏡宇收藏書畫金石之印”“吕海寰印”“鏡宇”等印。

叙蘇文小品

人于萬物大者取大小者取小詩文亦然今之文人皆譚駐世千秋之業而非余所存向余于文何得對曰

叙致璀璨而玄理自呈此所謂象教者也

勝相院經藏記

元豐三年歲在庚申有大比丘惟簡號曰寶月脩行如幻三摩鉢提在蜀城都大聖慈寺故中和院賜名勝相以無量寶黄金丹砂琉璃珍珠旃檀衆香莊嚴佛語及菩薩語作大寶藏湧起於海有大天龍背負而出及諸小龍糾結環繞諸化菩薩及護法神鎮守其門天魔鬼神各執其物以禦不祥是諸衆寶及諸佛子光色聲香自相磨激璀璨芳郁玲瓏宛轉生出諸相變化無窮不假言語自然顯見苦空無我無量妙義凡見聞者隨其

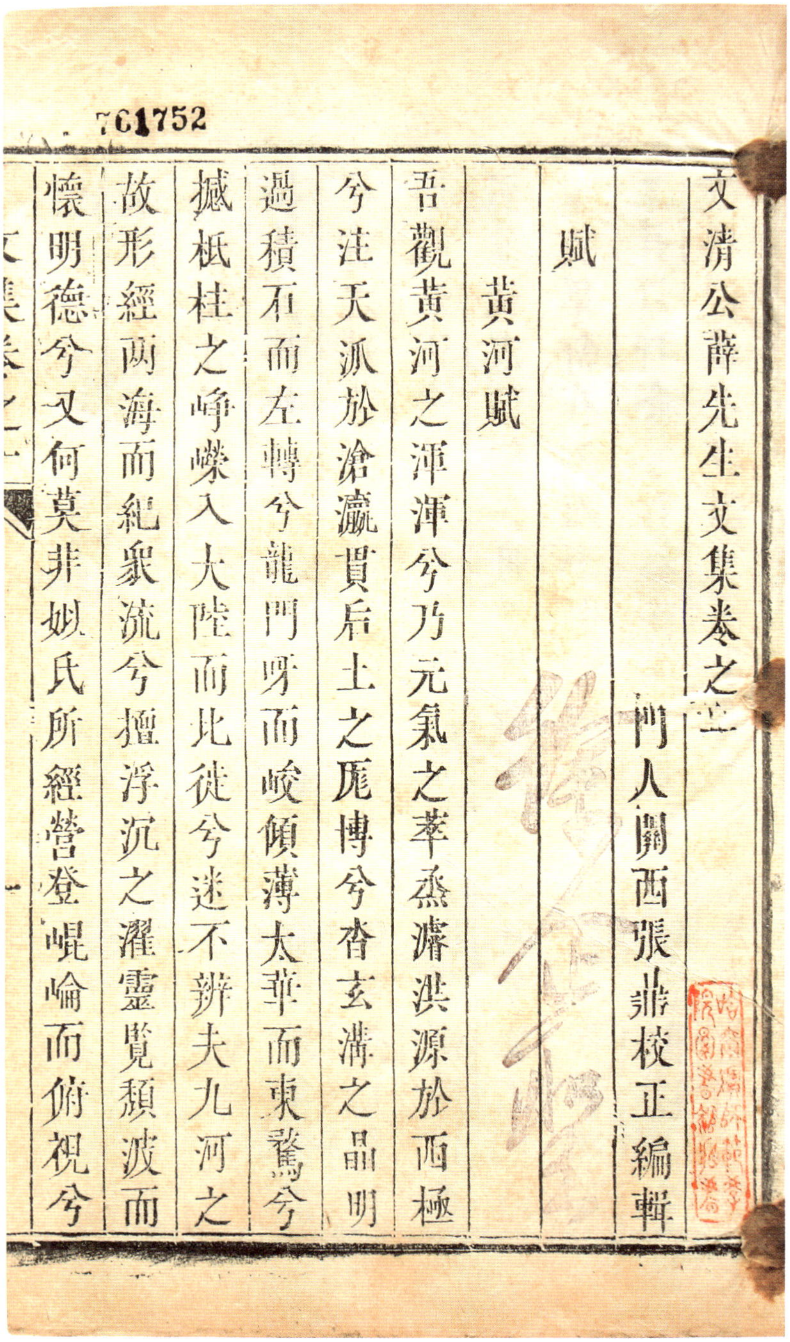

文清公薛先生文集卷之一
門人關西張鼎校正編輯
賦
黃河賦
吾觀黃河之渾渾兮乃元氣之萃烝濬洪源於西極兮注天派於滄瀛貫后土之厖博兮杳玄溝之晶明遏積石而左轉兮龍門呀而峻傾薄太華而東騖兮撼柢柱之崢嶸入大陸而北徙兮迷不辨夫九河之故形經兩海而紀衆流兮擅浮沉之濯靈覽頹波而懷明德兮又何莫非姒氏所經營登崐崘而俯視兮
文集卷之一　一

文清公薛先生文集二十四卷

（明）薛瑄撰　（明）張鼎編輯　明刻本　十二册

半葉十行，行二十字。白口，單黑魚尾，四周雙邊。版框 20cm × 13.6cm。有“徐企聖”印。

重刻薛文清公文集跋後

文清乃士弘八世

祖諱瑄字德溫別號敬軒隨父貞任中州鄢陵教諭遂獲中永樂庚子河南解元登辛丑進士歷官大學士入

內閣贈禮部尚書謚文清公從祀

孔廟子溥以子貴封刑部主事孫禮天

順甲申進士歷官刑部員外郎玄孫韶

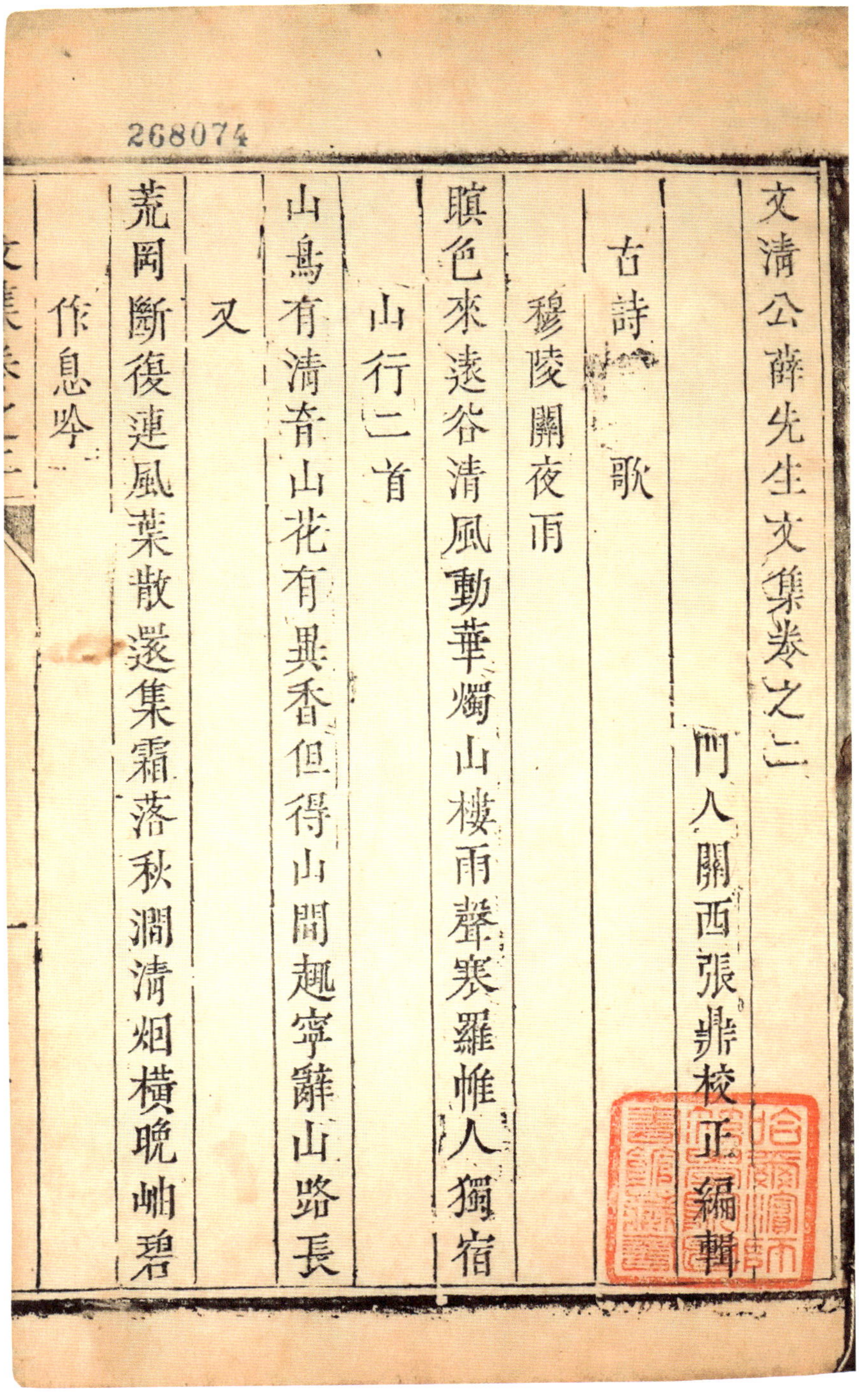

268074

文清公薛先生文集卷之二
門人關西張鼎校正編輯
古詩歌
穆陵關夜雨
瞑色來遠谷清風動華燭山樓雨聲寒羅帷人獨宿
山行二首
山鳥有清音山花有異香但得山間趣寧辭山路長
又
荒岡斷復連風葉散還集霜落秋澗清烟横晚岫碧
作息吟

文清公薛先生文集二十四卷

（明）薛瑄撰　（明）張鼎編輯　明刻本　十二册

半葉十行，行二十字。白口，單黑魚尾，四周雙邊。版框 20cm × 13.6cm。

卌停東風解凍須臾事波綠粼粼野燒青

自儀真入大江

儀真南入大江隈江上雲帆向曉開滿目好山青簇簇連天駭浪白皚皚還思二十年前渡又自三千里外來北闕承恩方浩瀚之官今上鳳凰臺

寄海寧李太守

又是分携十七年寥寥幾度信音傳濫官白髮知吾劣歸老青山覺子賢蠟屐每多登覽興錦囊應有唱酬篇著書更法春秋筆還肯緘情寄一編

金陵春望四首

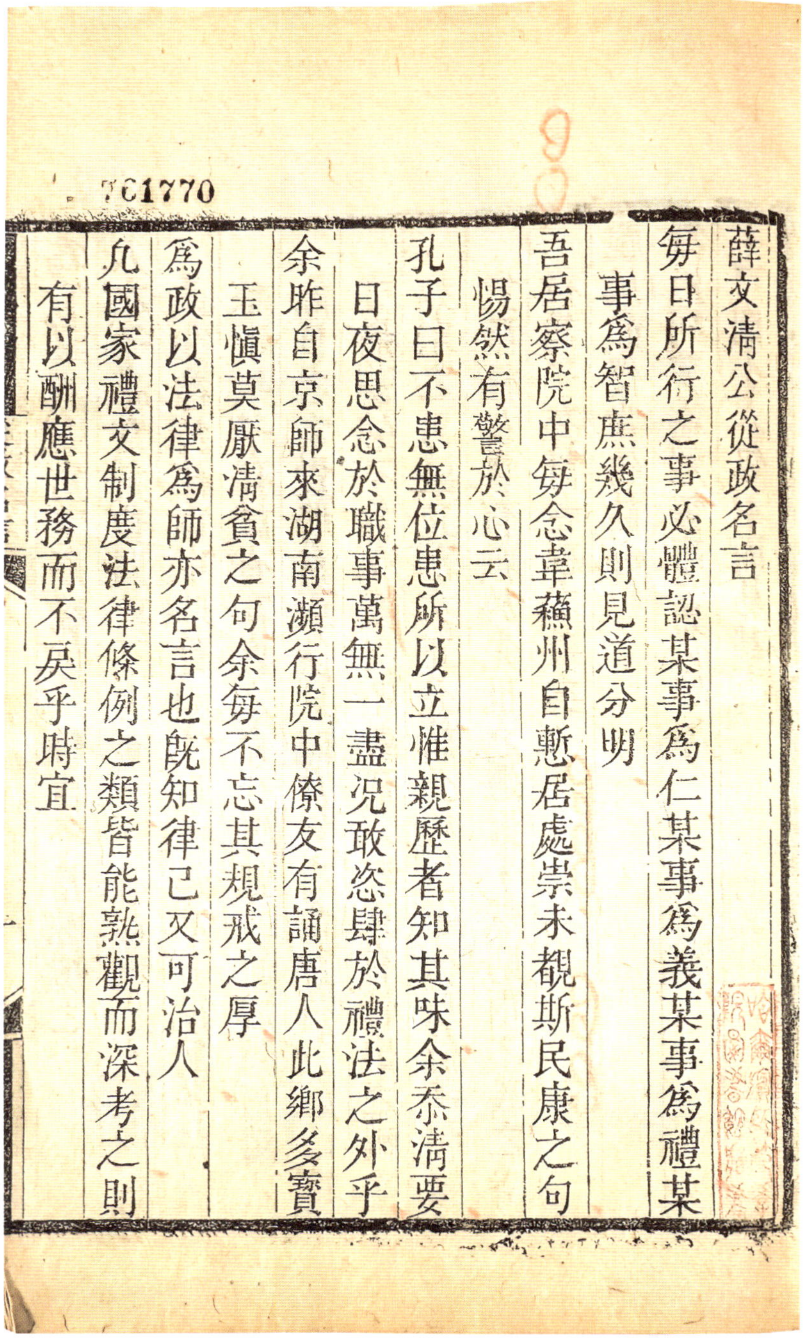

薛文清公從政名言不分卷理學粹言不分卷

（明）薛瑄撰　明崇禎十六年（1643）薛繼言、薛昌胤刻本　一冊

半葉十二行，行二十二字。黑口，對黑魚尾，左右雙邊。版框 18.2cm × 13.5cm。有“徐企聖”印。

薛文清公理學粹言

横渠張子云心中有所開卽便劄記不思則還塞之矣余讀書至心有所開處隨卽錄之蓋以備不思而還塞也若所見之是否則俟正於後之君子云河東薛瑄識

德性之學須要時時刻刻提撕警省則天理常存而人欲消熄苟有一息之間則人欲長而天理微矣

人有斯須之不敬則暴慢之心生而非禮矣有斯須之不和則乖戾之心生而非樂矣故曰禮樂不可斯須去身

人心有一息之怠便與天地之化不相似

胸中無一物其大浩然無涯

有欲則人得而中之惟無欲彼無自而入

常沉靜則含蓄義理深而應事有力

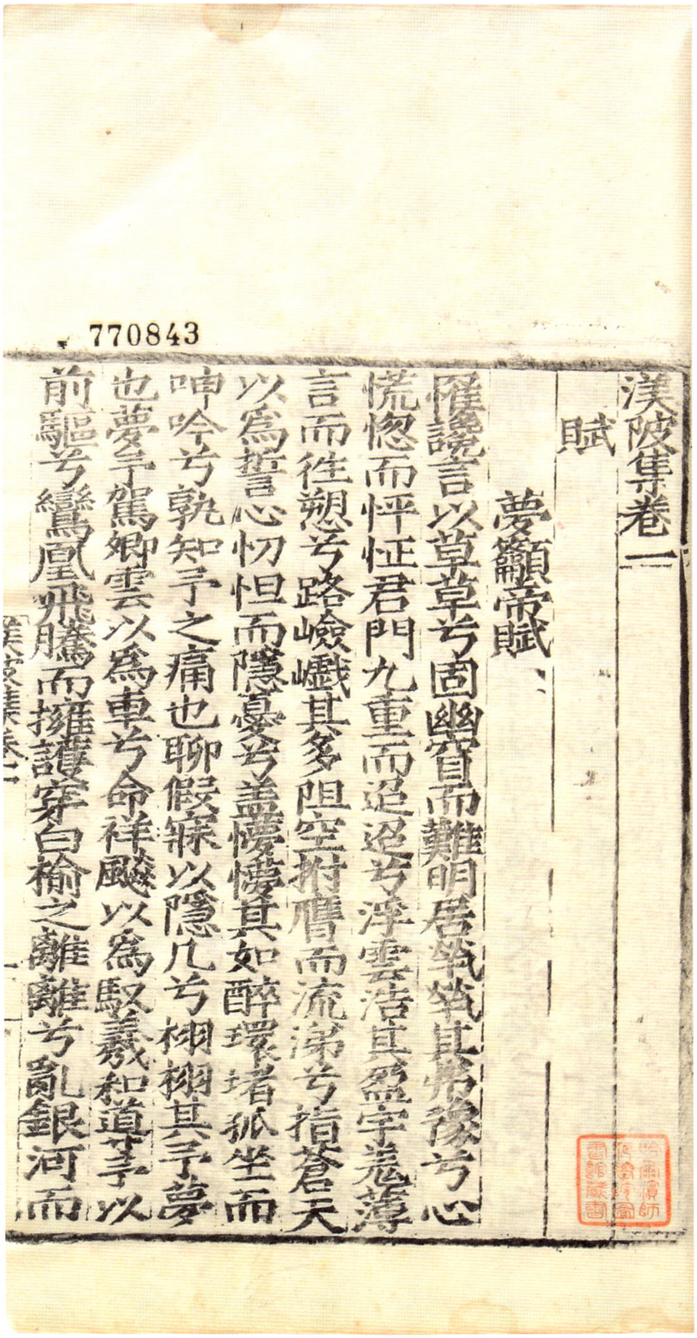

渼陂集卷一

賦

夢顓帝賦

罹讒言以草草兮固幽晢而難明居犖犖其猶豫兮心

慌惚而怦怔君門九重而迢迢兮浮雲浩其盈宇羌薄

言而徃愬兮路嶮巇其多阻空拊膺而流涕兮指蒼天

以爲誓心忉怛而隱憂兮羌懮懮其如醉環堵孤坐而

呻吟兮孰知予之痛也聊假寐以隱几兮栩栩其予夢

也夢予駕卿雲以爲車兮命祥飈以爲馭羲和導予以

前驅兮鸞凰飛騰而擁護穿白榆之離離兮亂銀河而

渼陂集十六卷

（明）王九思撰　明末刻本（有清代補刻）　八册

半葉十行，行二十一字。白口，無魚尾，四周單邊。版框 18cm × 13.4cm。原書應爲正集、續集合刻本，館藏正集十六卷。

花下對酒憶康五

林栖鮮儔侶芳醑聊獨親繁香媚旭景嘉賞又茲辰習習谷風發萋萋卉木春黄鳥鳴枝間翩翩然求其群對此豈不樂念彼同心人夙志于泰清麗藻回天文久要意不渝惠言蘭吐芬室遠心徒勞追趍靡所因安得驂雲霓頃刻馳見君

春日楊氏水亭讌集

華構俯青埜垂楊蔭碧流讌會張錦席盍簪洽朋儔序觴湛玉醴彈箏發秦謳珍膾困鮮鱗薦異道澗毛羞主人盡愛敬賓客樂淹留秩秩序投壺翼翼聯射侯遐瞻引

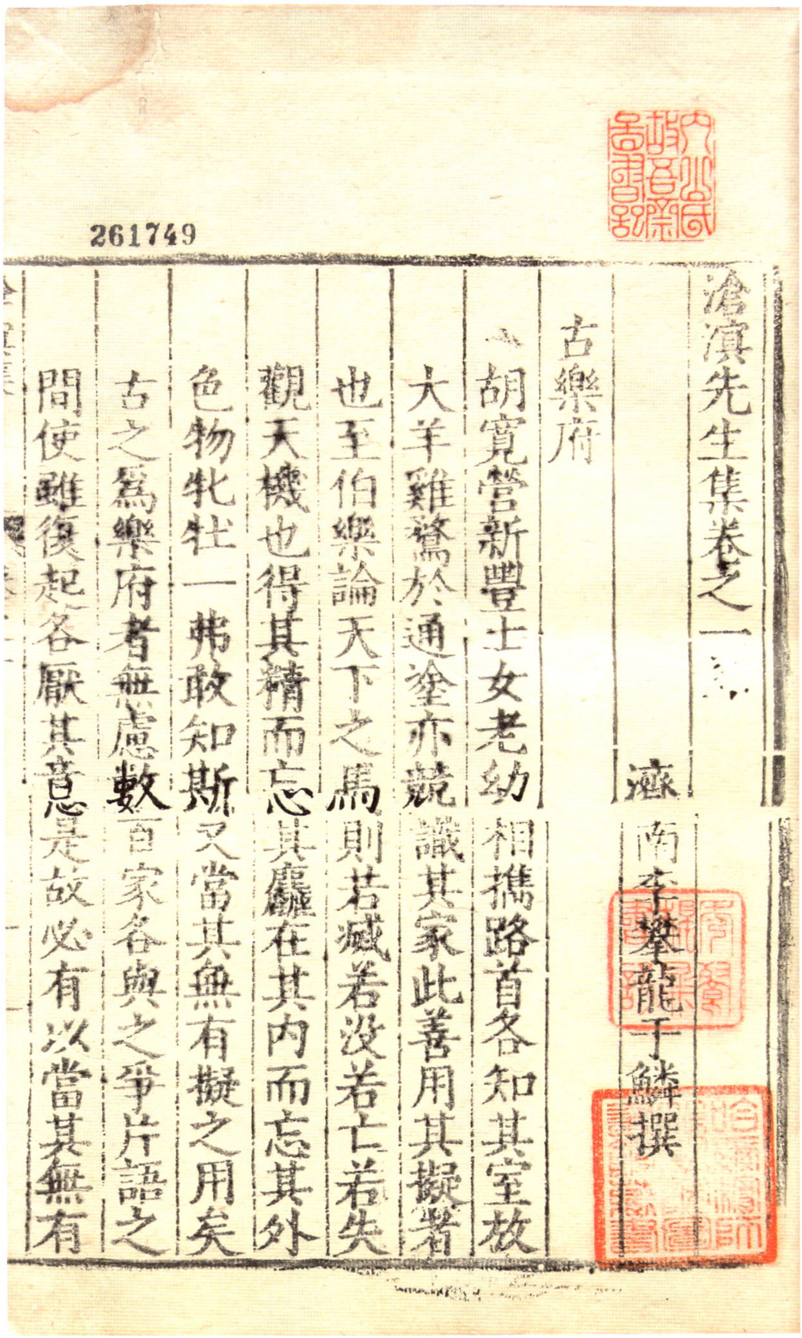

滄溟先生集三十卷附一卷

（明）李攀龍撰　明隆慶六年（1572）王元美刻本　十六册

半葉十行，行二十字。白口，單黑魚尾，左右雙邊。版框 18.9cm × 14.7cm。有“内山氏故吾齋圖書記”“秀餐樓纂書記”等印。

李滄溟先生集序

蓋余嘉靖間爲滑令云而
濟南李先生守順德故事
令嚴重他守如其守而先
生殊余名以其無進驩然
爾必相得也會余入郎司

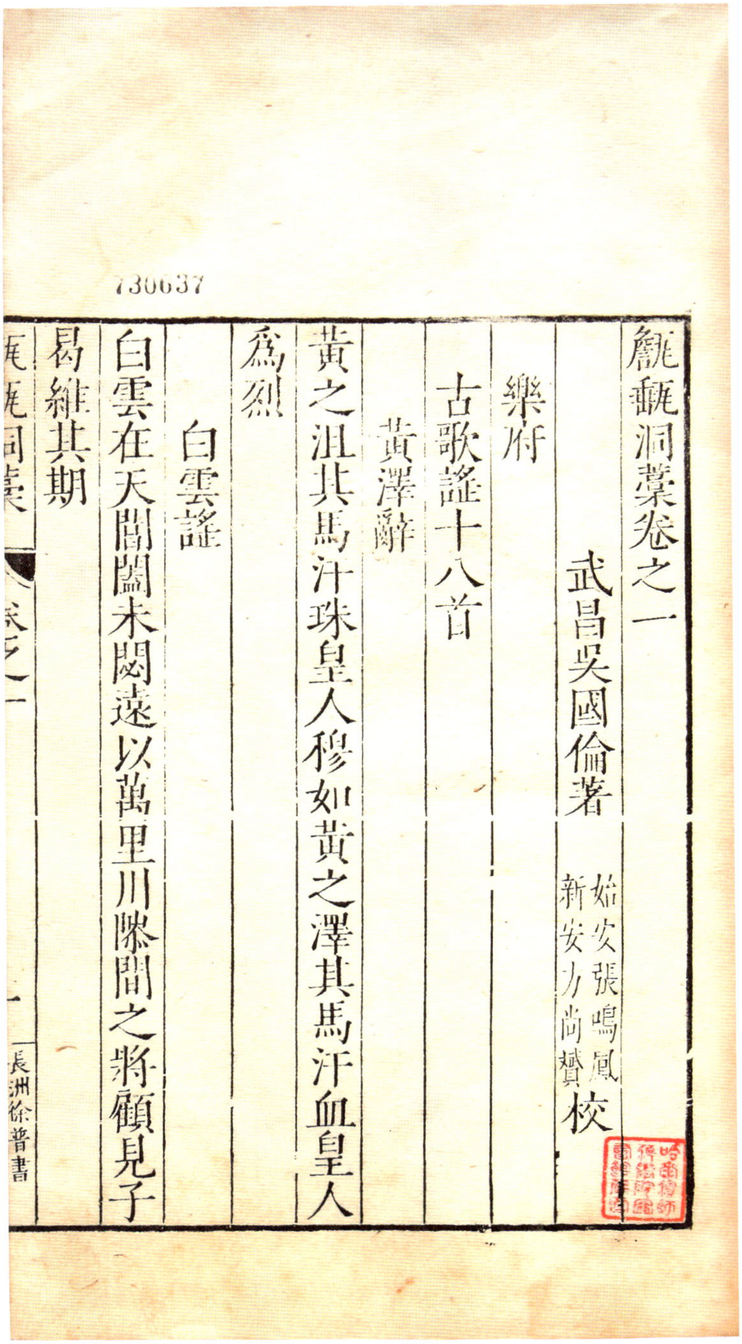

甔甀洞稾五十四卷目録二卷

（明）吳國倫著　明萬曆十二年（1584）刻本　四十册

半葉十行，行二十字。白口，單黑魚尾，四周單邊。版框 20cm × 14cm。有“聚珍局”“宫午号介卿”等印。

吳明卿先生詩集叙

往余從下雉校讀吳明卿先生詩凡五踰月已迺屬叙論之會罷歸急亾以應也既歸書來益申前旨余大感其意伏爲之叙叙曰昝孔父論次六經其于詩蓋取情協而辭文者錄以爲程不則刪之也楚

但坐不通名謁笑復須臾肴來錯金盤酒湑鏤玉壺
微飲不及酣縱歌聊自娛遺我朱雀錦曳我蓮理裾
裾輕故可斷錦重非其倫上客豈無婦胡姬亦有夫
感君屬慇懃清濁難相渝金吾貴自貴毋煩私賤軀

名都篇

名都故佳麗少年何翩翩千金飾寶劍百金繯文鞍
臂鷹走東郊戲馬過上蘭力能嚙飛鏑巧能承弄丸
馳騁不言勞角觝相更端雙隼從何來疾風翊雲間
湑引明月弓麗鏃忽應弦一矢貫雙隼馬驟不及鞭
觀者稱神奇狐兎不敢前暮入胡姬肆挾瑟當壚彈

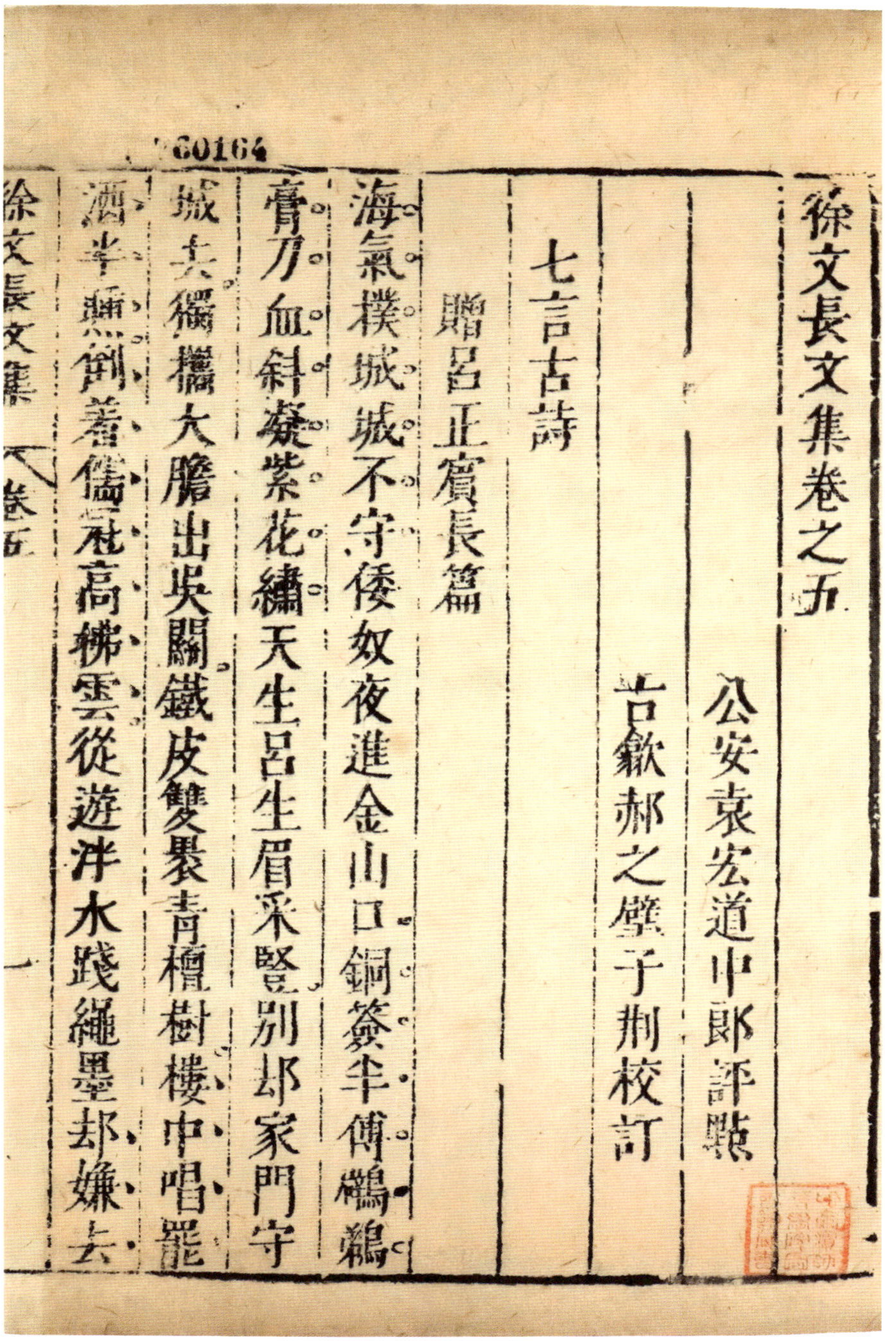

徐文長文集三十卷

（明）徐渭撰　（明）袁宏道評點　明刻本　十册

半葉九行，行二十字，小字雙行同。白口，單白魚尾，四周單邊。版框 21cm × 13.5cm。有“讀書堂圖章”印。

隣家兄弟逼炊煙不見于今四十年頗有長顩堪佐幕頭多短髮尚罶燕深秋一路逢紅葉明月雙桄桂大川黃鶴樓中可相引不檽皮畔覓神僊

駕幸月壇群望西街

玉露清秋湛碧空金輿夕月引群工紅雲自結龍文上彩仗如移桂影中璧畔常儀端捧鬯郊西新兔正垂弓布衣久分華山侶笑向歸驢墮曉風

九月十六日遊南內值大風雨歸而雪滿西岫矣石橋魚龍百族巧甚一云是西洋物乃三寶太監取歸者

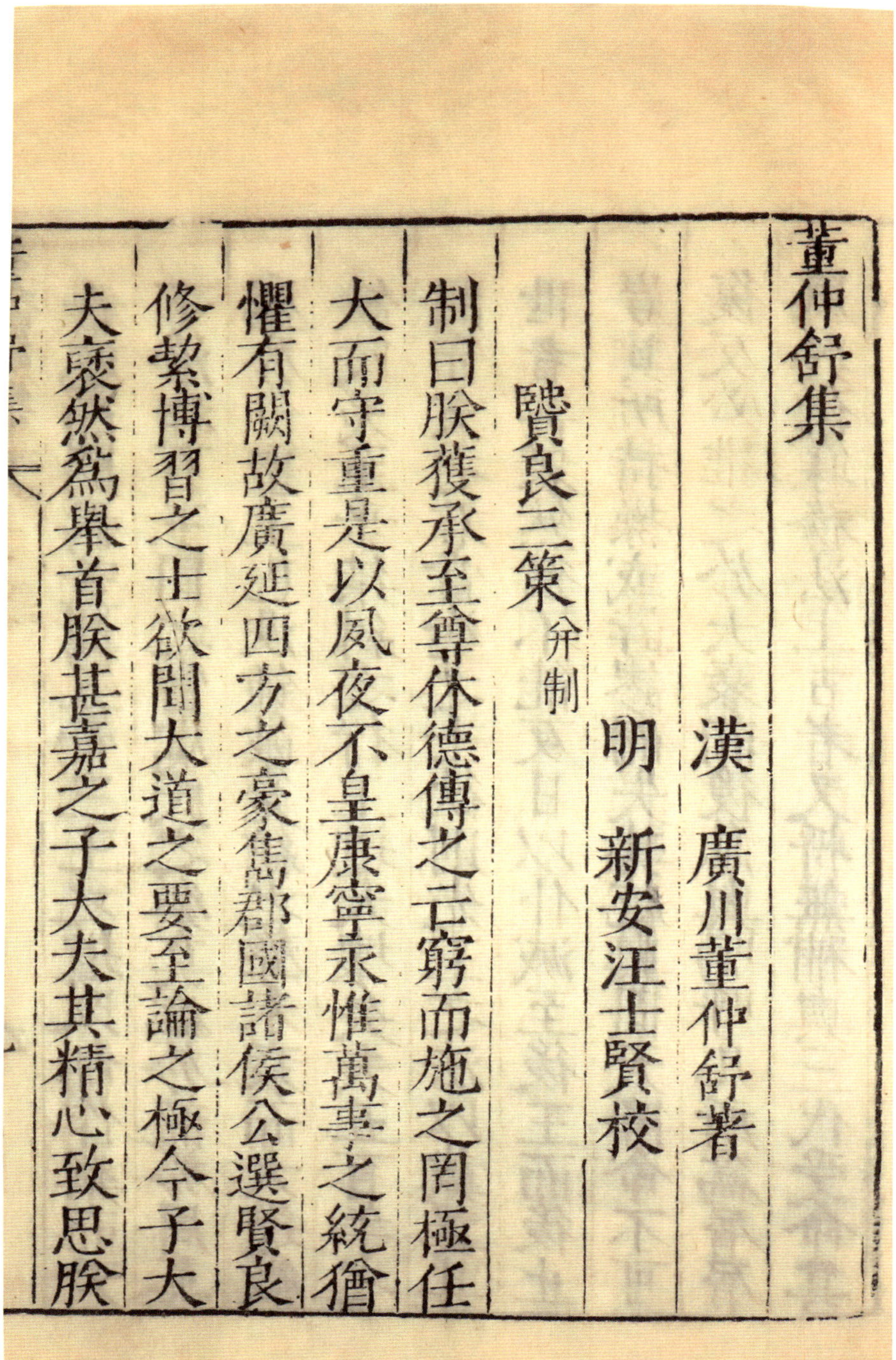

董仲舒集

漢　廣川董仲舒著

明　新安汪士賢校

賢良三策 并制

制曰朕獲承至尊休德傳之亡窮而施之罔極任大而守重是以夙夜不皇康寧永惟萬事之統猶懼有闕故廣延四方之豪雋郡國諸侯公選賢良修絜博習之士欲聞大道之要至論之極今子大夫褎然爲舉首朕甚嘉之子大夫其精心致思朕

漢魏諸名家集一百二十四卷

明汪氏刻本　二十九册　缺二種四卷（東方先生集一卷、揚子雲集三卷）

半葉九行，行二十字。白口，單白魚尾，左右雙邊。版框 20cm × 14.2cm。

蔡中郎集卷第一

漢　陳留蔡邕著

明　新安汪士賢校

陳政要七事疏

臣伏讀聖旨雖周成遇風訊諸執事宣王遭旱密勿祗畏無以或加臣聞天降災異緣象而至辟歷數發殆刑誅繁多之所生也風者天之號令所以教人也夫昭事上帝則自懷多福宗廟致敬則鬼神以著國之大事實先祀典天子聖躬所當恭事臣自在宰府

嵇中散集卷第二

晉　譙國嵇康著

明新安汪士賢校

琴賦一首并序

余少好音聲長而翫之以爲物有盛衰而此無變滋味有猒而此不勌可以導養神氣宣和情志處窮獨而不悶者莫近於音聲也是故復之而不足則吟詠以肆志吟詠之不足則寄言以廣意然八音之器歌舞之象歷世才士並爲之賦頌其體制風流莫不相

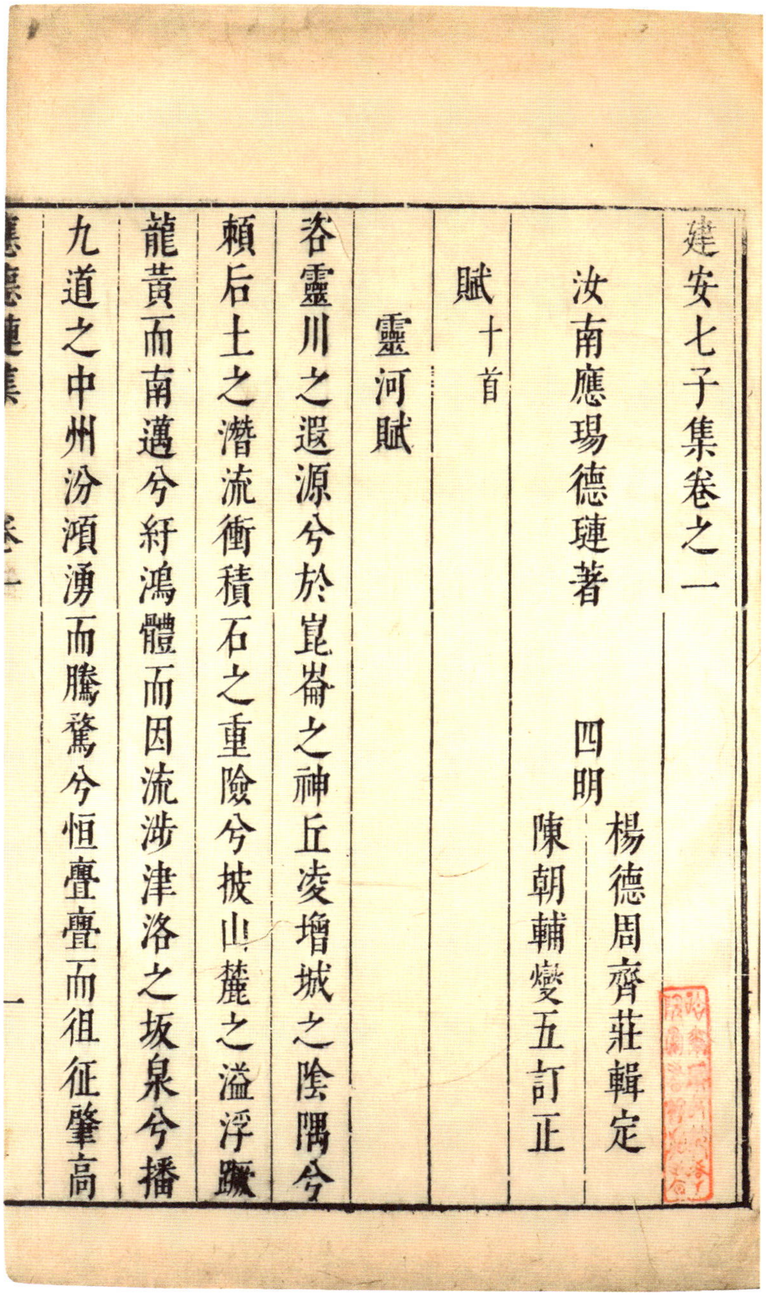
建安七子集卷之一

汝南應瑒德璉著　四明　楊德周齊莊輯定

陳朝輔燮五訂正

賦十首

靈河賦

咨靈川之遐源兮於崑崙之神丘凌增城之陰隅兮

賴后土之潛流衝積石之重險兮披山麓之溢浮蹶

龍黃而南邁兮紆鴻體而因流涉津洛之坂泉兮播

九道之中州汾頵湧而騰騖兮恒亹亹而徂征肇高

應德璉集　卷一　一

建安七子集二十八卷

（明）楊德周輯定　（明）陳朝輔訂正　明崇禎十一年（1638）刻本　四册　缺二種十三卷（曹子建集十卷、阮元瑜集三卷）

半葉九行，行二十字。白口，無魚尾，左右雙邊。版框 20cm × 13.7cm。有“亮”“采”“以烈印”等印。

建安七子陳孔璋傳略

明荊川唐順之著

初曹丕爲五官將及平原侯植皆好文學粲與北海徐幹字偉長廣陵陳琳字孔璋陳留阮瑀字元瑜汝南應瑒字德璉東平劉楨字公幹竝見友善琳前爲何進主簿進欲誅諸宦官太后不聽進

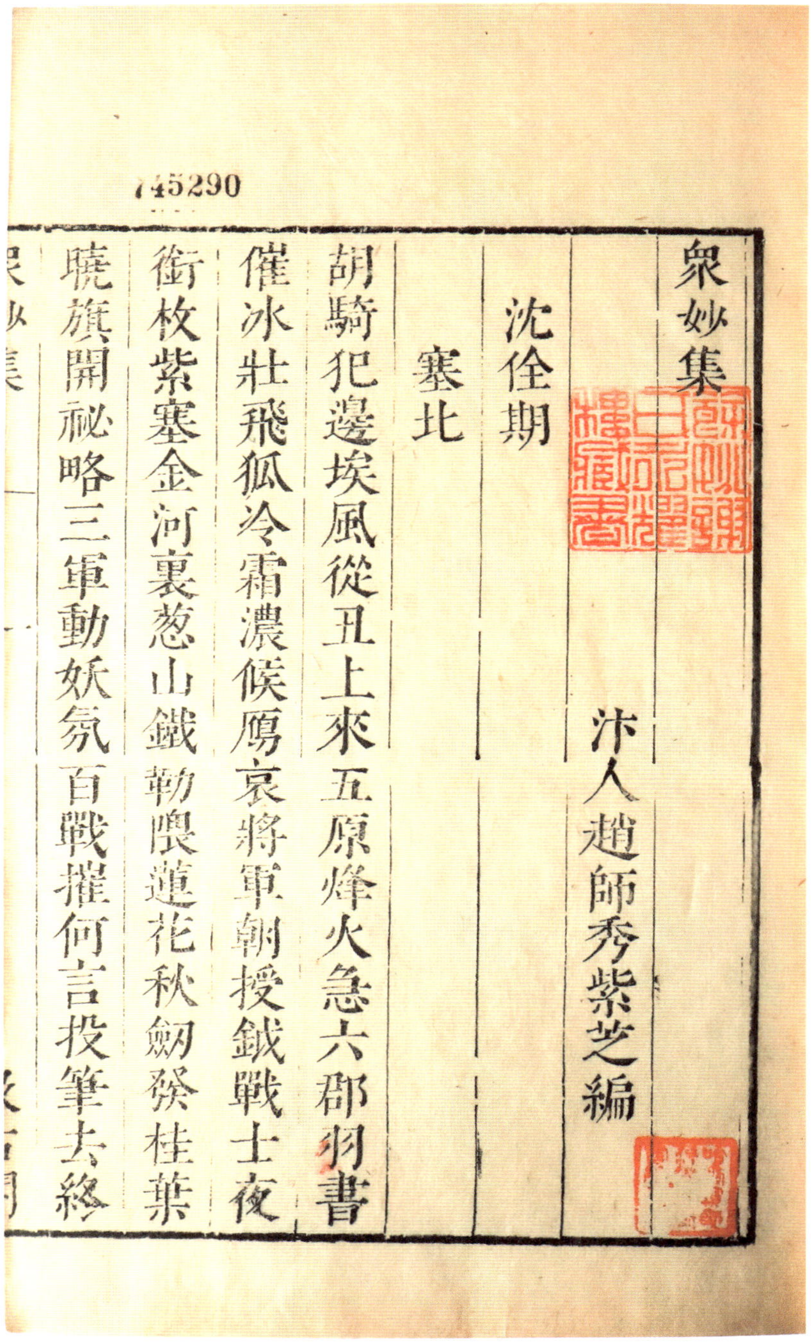
745290

衆妙集

汴人趙師秀紫芝編

沈佺期

塞北

胡騎犯邊埃風從丑上來五原烽火急六郡羽書
催冰壯飛狐冷霜濃候鴈哀將軍朝授鉞戰士夜
銜枚紫塞金河裏葱山鐵勒隈蓮花秋劍發桂葉
曉旗開祕略三軍動妖氛百戰摧何言投筆去終

詩詞雜俎二十六卷

（明）毛晉輯　明汲古閣刻本　十二册

半葉八行，行十九字。白口，無魚尾，左右雙邊。版框 19cm × 13.5cm。有“餘姚謝氏永耀樓藏書”“臣濂”“童氏石塘”等印。

序

小星鷄鳴三百篇之旨詞也著金環而御夕鳴玉佩以鸞是其萬古彤管之輝耀與嗣後貽陽

衆鳥各歸枝落花香滿泥狹斜柳樹烏爭宿夜夜
夜半當戶啼浮萍搖蕩門前水九節菖蒲石上死
感郎中夜渡瀟湘恩光暗入簾櫳裏

聶夷中　崔道融　李端　王建
楊巨源　李賀　劉方平　溫飛卿

公無出門

天迷迷地密密海漫漫身若倉中鼠遲回出門難
大道冥冥不知處小人心裏藏崩湍我亦爲君長
歎息炊沙作飯豈堪喫棘針生猛義路閑太華磨

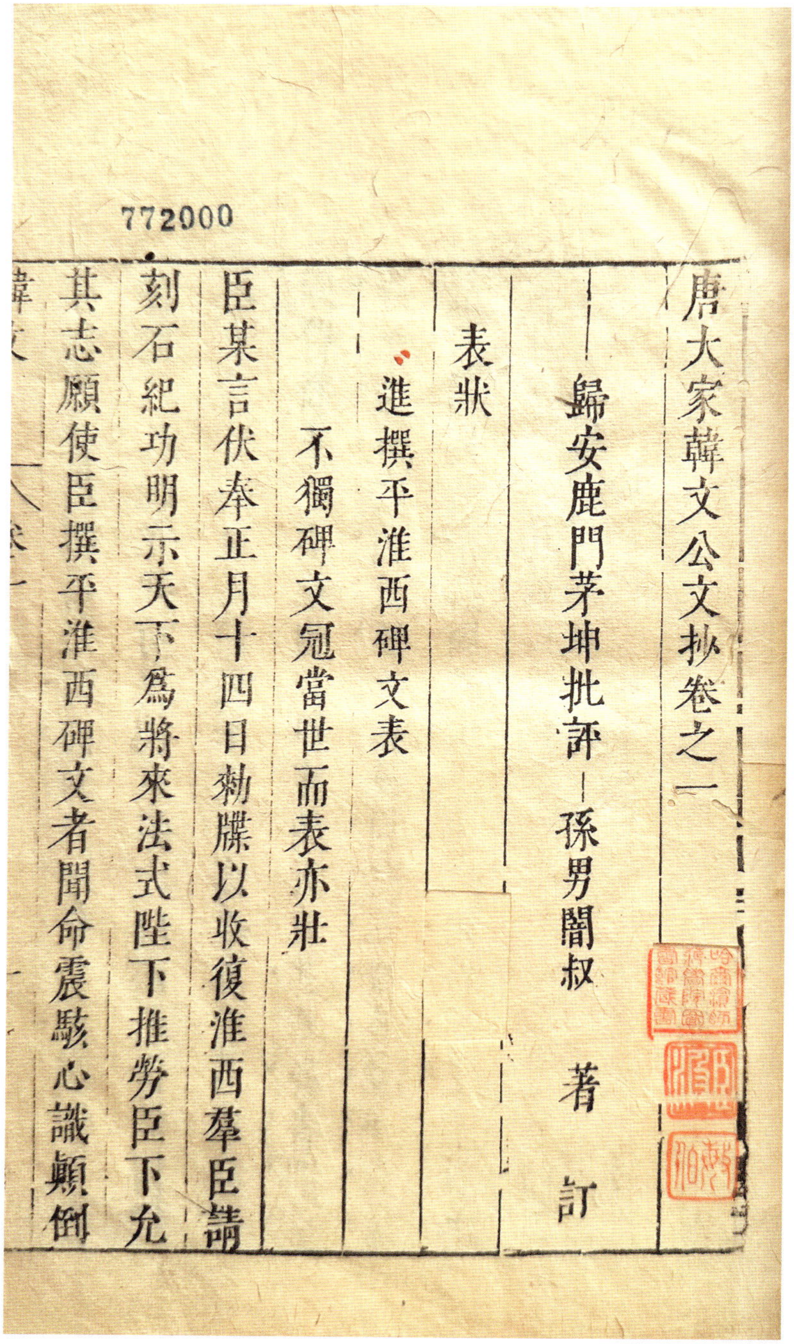

唐大家韓文公文抄卷之一

歸安鹿門茅坤批評　孫男闇叔　著訂

表狀

進撰平淮西碑文表

不獨碑文冠當世而表亦壯

臣某言伏奉正月十四日勅牒以收復淮西羣臣請刻石紀功明示天下爲將來法式陛下推勞臣下允其志願使臣撰平淮西碑文者聞命震駭心識顛倒

韓文　卷一

唐宋八大家文抄一百六十四卷

（明）茅坤批評　明刻本　三十二册

半葉九行，行二十字。白口，單白魚尾，四周單邊。版框 19.8cm × 14.1cm。有“錢瓚”“錢玄”“敏伯”“瑟若”等印。

度使田布自殺兵馬使史憲誠牢武軍節度副使王智興逐其節度使崔群

政相扇繼變復歸於舊徐亦乘勢逐帥自置同於三
方惟鄆也截然中居四鄰望之若防之制水恃以無
恐然而皆曰鄆爲虜巢且六十年將彊卒武曹濮於
極力摹寫鎮鄆之難
鄆州大而近軍所根柢皆驕以易怨而公承死亾之
後掇拾之餘剝膚椎髓公私掃地赤立新舊不相保
持萬目睽睽公於此時能安以治之其功爲大若幽
鎭魏徐之亂不扇而變此功反小何也公之始至衆
未熟化以武則忿以憾以恩則橫而肆一以爲赤子
一以爲龍蛇憊心罷精磨以歲月然後致之難也及

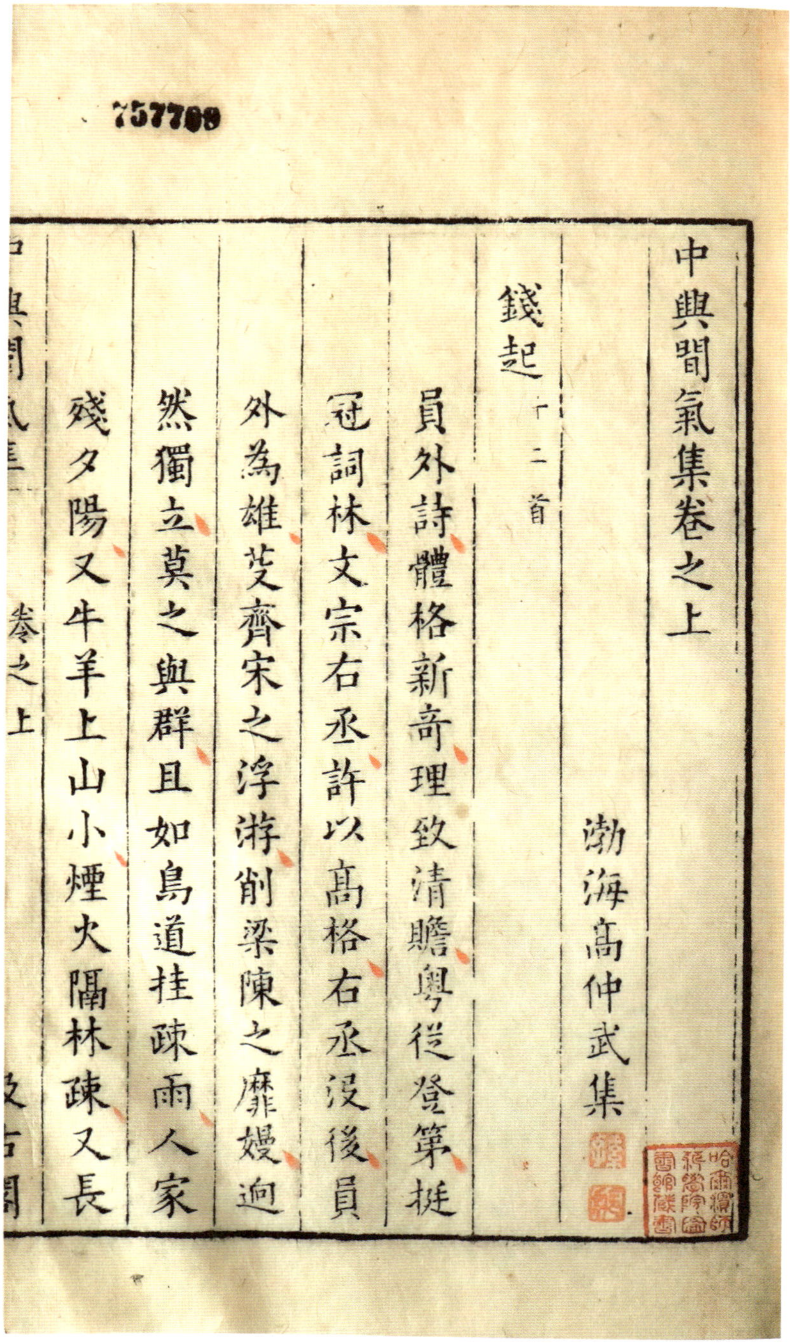
中興間氣集卷之上　　渤海高仲武集

錢起　十二首

員外詩體格新奇理致清贍學從登第挺冠詞林文宗右丞許以高格右丞沒後員外為雄芟齊宋之浮游削梁陳之靡嫚迥然獨立莫之與群且如鳥道挂踈雨人家残夕陽又牛羊上山小煙火隔林踈又長

唐人選唐詩二十三卷

（明）毛晋輯　明崇禎元年（1628）毛氏汲古閣刻本　十五册

半葉八行，行十九字。白口，無魚尾，左右雙邊。版框 19.2cm × 13.7cm。有“蓀”“舲”等印。

少陵集亦收此作於格老氣味則疑其為補作之手筆

道為詩書重名因雅頌雄禮闈曾擢桂憲府舊乘
驄流水生涯盡浮雲世事空唯餘舊臺柏蕭颯九
原中

朱灣 七首

從事率履貞素放情江湖郡國交辟潛耀
不起有唐高人也詩體幽遠興用洪深因
詞寫意窮理盡性於詠物尤工如受氣何
曾異開花獨自遲所謂哀而不傷國風之

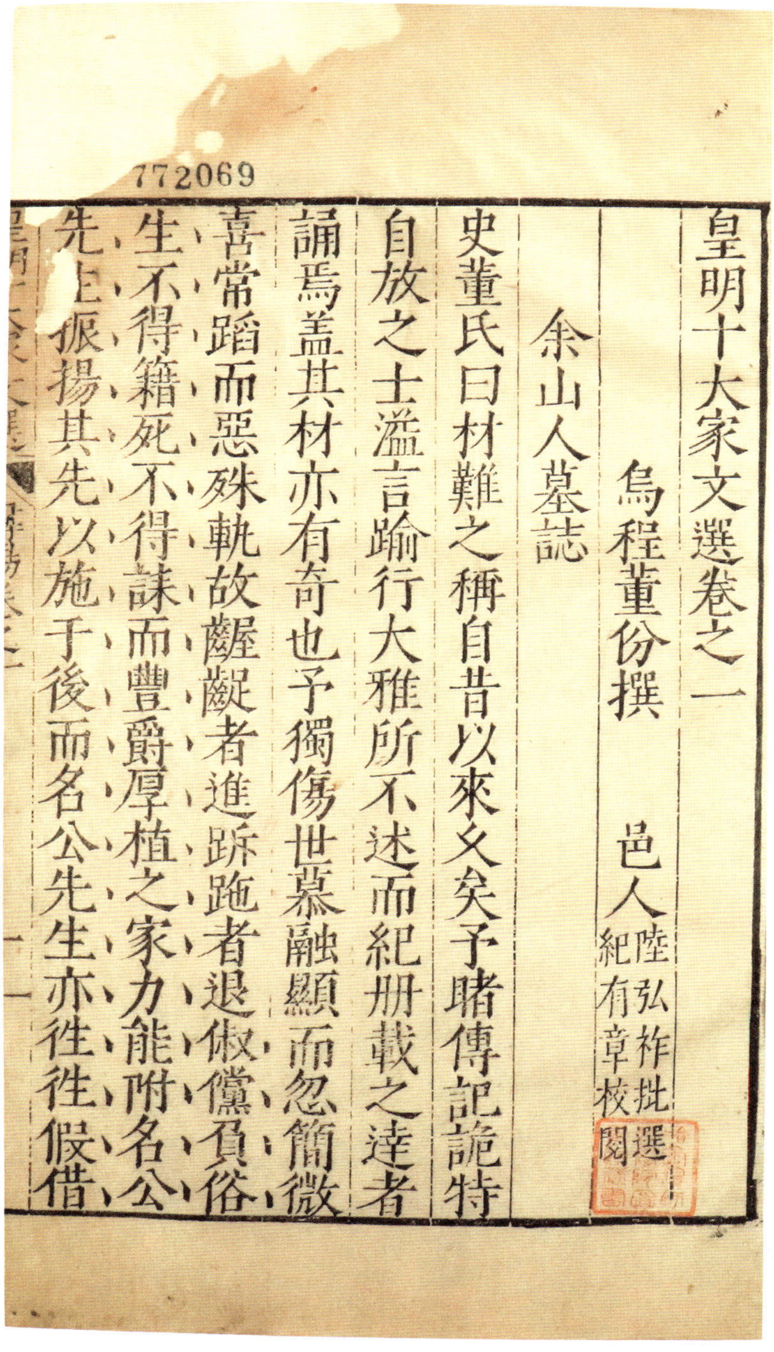
772069

皇明十大家文選卷之一

烏程董份撰　　邑人陸弘祚批選
紀有章校閱

余山人墓誌

史董氏曰材難之稱自昔以來夂矣予睹傳記詭特自放之士溢言踰行大雅所不述而紀册載之達者誦焉蓋其材亦有奇也予獨傷世慕融顯而忽簡微喜常蹈而惡殊軌故齷齪者進跅馳者退俶儻負俗生不得籍死不得誄而豐爵厚植之家力能附名公先生振揚其先以施于後而名公先生亦往往假借

皇明十大家文選不分卷

（明）陸弘祚批選　（明）紀有章校閱　明刻本　八册

半葉九行，行二十字。白口，單黑魚尾，四周單邊。版框 19.4cm × 13cm。

書根印“明刊皇明四大家文選”。館藏四大家分别爲：王維楨、董份、李攀龍、茅坤。

皇明十大家文選卷之上

關西王維楨撰
烏程陸弘祚批選
孝豐郎文喚校閱

武舉録後序

今年庚戌天下貢武士于京師維九月實當會試屬虜警至有司以　天子命且舍而逐虜俄而虜遁北十月有司復以請乃試臣維楨濫耦臣瓚而典是役事竣亦宜有序序曰臣自守官史局得以濫稽秘書而尋往蹟睹于近事則深嘆國士之難焉昔我　成[illegible]都燕也虜酋徙幕而北絕數千里猶尚以為肩

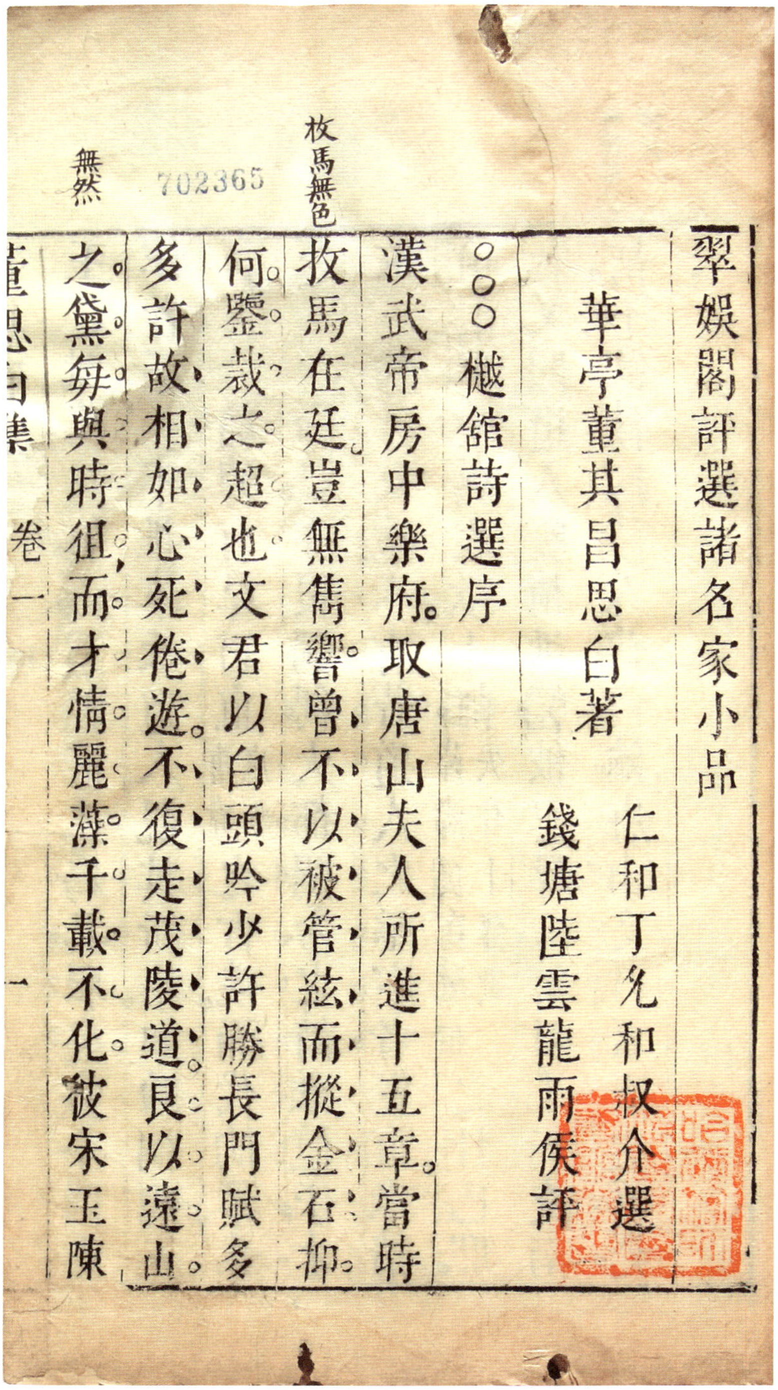

翠娛閣評選諸名家小品二卷

（明）董其昌著　明崇禎六年（1633）陸雲龍刻本　一册

半葉九行，行十九字。白口，無魚尾，四周單邊。版框 20.3cm × 14cm。

掀翻舊窩惟所低昂文人之舌如是如是

則吾以爲將畧猶可知而數奇之與天幸其尤不可知者也晉張魏公名高一世宋孝宗倚以興復而符離一敗宋事隨之爲宋計者寧用衛霍之天幸耶抑用張浚之數奇耶原夫西漢承戰國餘習士大夫皆以招賢養客者爲賢衛霍獨否以故子長少之彼其進游俠而退處士亦近此意蓋有激云爾

初生之犢凌虎氣以未試王也強弩之末怯縞力以屢挫餒也以貴戚而重以權以疏逖而束

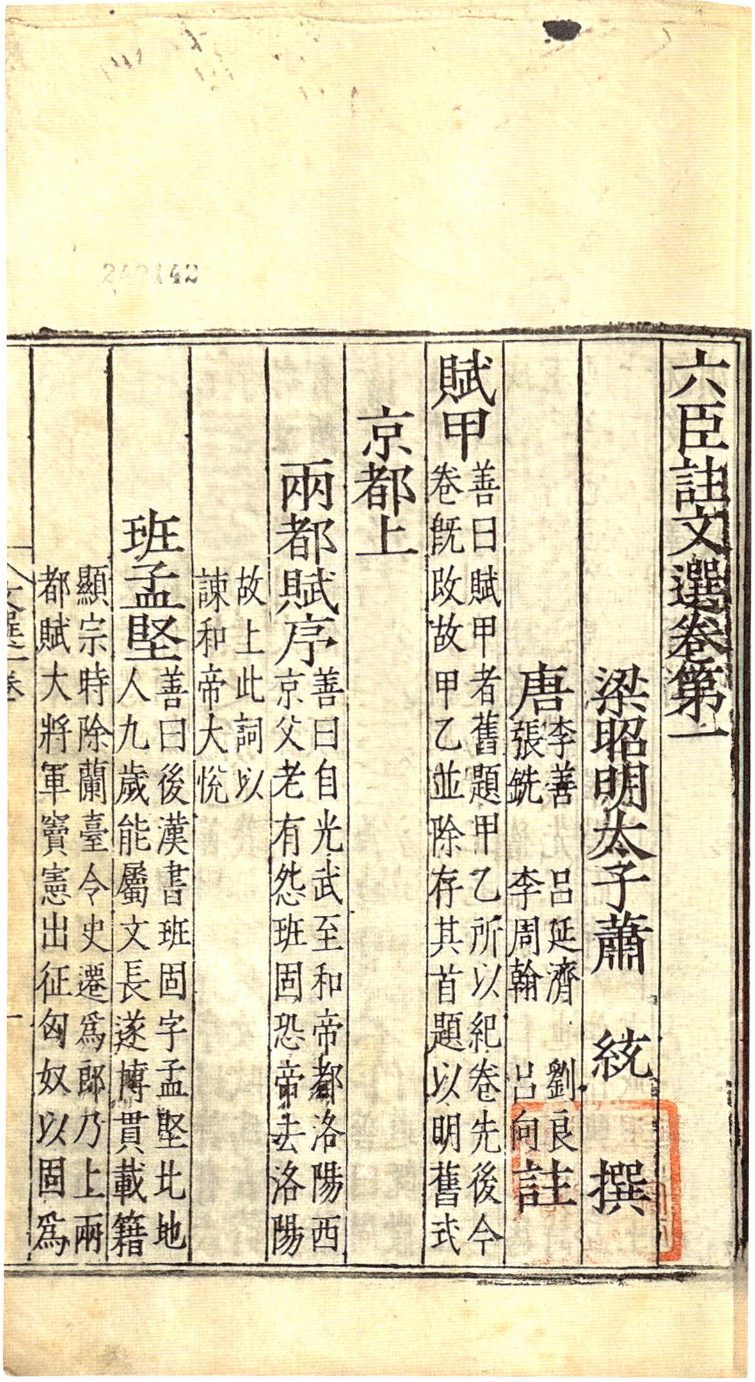

六臣註文選六十卷

（南朝梁）蕭統撰　（唐）李善等註　明萬曆六年（1578）刻本　三十册

半葉九行，行十八字，小字雙行同。白口，單白魚尾，四周雙邊。版框 20cm × 14.5cm。

六臣註文選卷第六

梁昭明太子蕭統撰

唐李善 呂延濟 劉良 張銑 李周翰 呂向註

京都下

魏都賦

左太冲

劉淵林註

魏國先生有睟（遂）其容乃盱（香于）衡而誥曰异（異）乎交益之士（劉曰孟子曰君子所性仁義禮智根於心其生色睟然見於面不言

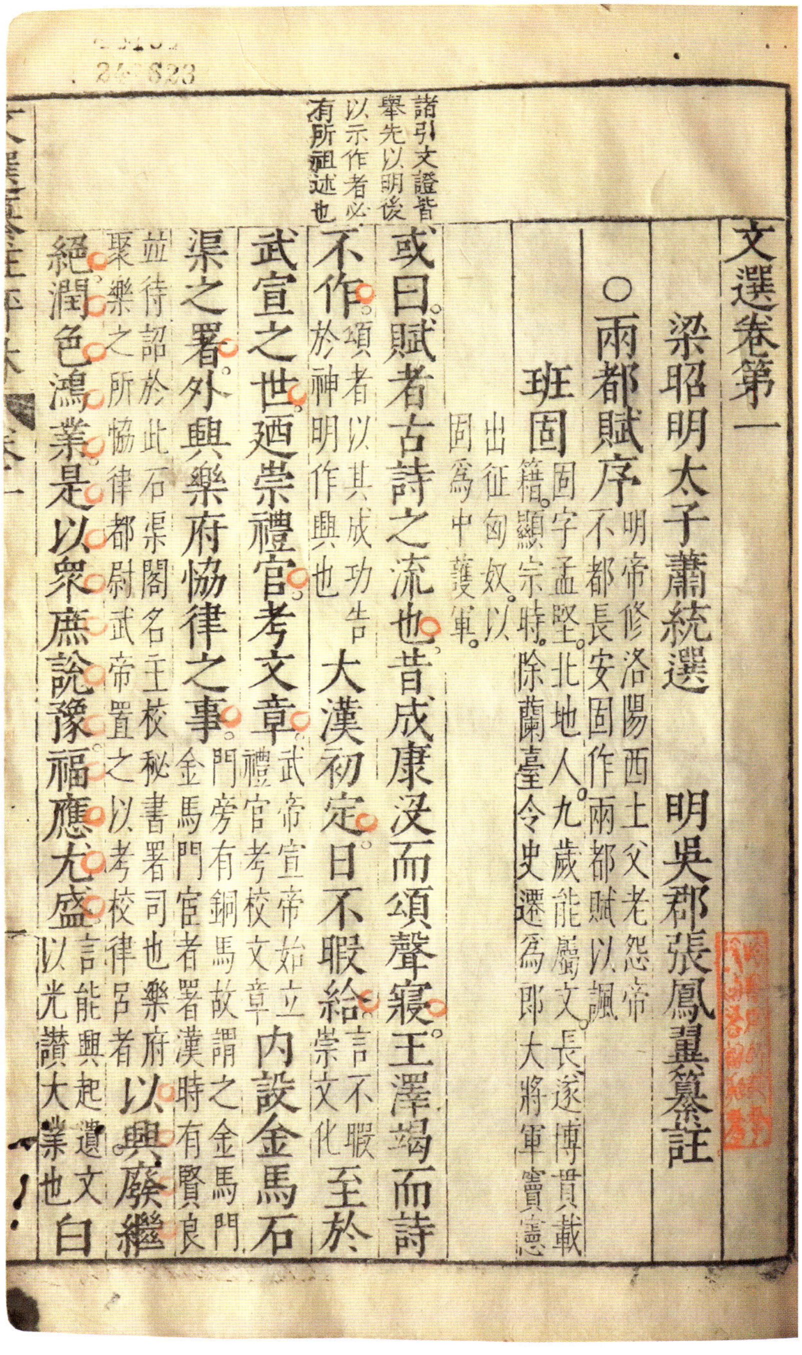
文選卷第一
梁昭明太子蕭統選　明吳郡張鳳翼纂註
○兩都賦序 明帝修洛陽西土父老怨帝不都長安固作兩都賦以諷
班固 固字孟堅北地人九歲能屬文長遂博貫載籍顯宗時除蘭臺令史遷為郎大將軍竇憲出征匈奴以固為中護軍
或曰賦者古詩之流也昔成康沒而頌聲寢王澤竭而詩 諸引文證皆舉先以明後以示作者必有所祖述也
不作 頌者以其成功告於神明作興也 大漢初定日不暇給 言不暇崇文化 至於
武宣之世迺崇禮官考文章 武帝宣帝始立禮官考校文章 內設金馬石
渠之署外興樂府協律之事 門旁有銅馬故謂之金馬門官者署漢時有賢良 以興廢繼
並待詔於此石渠閣名主校秘書署司也樂府聚樂之所協律都尉武帝置之以考校律呂者
絕潤色鴻業是以眾庶悅豫福應尤盛 言能興起遺文以光讚大業也 白

文選纂註評林十二卷

（南朝梁）蕭統選　（明）張鳳翼纂註　明萬曆八年（1580）刻本　十二册

半葉十一行，行二十二字，小字雙行同。白口，單黑魚尾，四周單邊。版框23.6cm × 15.5cm。

先總地勢而後及寶利珍怪丘山川瀆陂澤

文選纂註評林卷之二

梁昭明太子蕭統選　明吳郡張鳳翼纂註

南都賦

(南都在南陽光武舊里以置都焉桓帝時議欲廢之故作是賦盛稱此都是光武所起處又以上代宗廟以諷之)

張衡

於(烏)顯樂都既麗且康(於歎詞詩適彼樂國)陪京之南居漢之陽(京謂洛陽也漢水至武都為漢)割周楚之豐壤跨荊豫而為疆體爽塏以閑敞紛郁郁其難詳(南陽屬荊州楚故都爽明也塏高也閑敞清虛貌郁郁眾美貌難詳難悉也)爾其地勢則武曲關其西桐柏揭其東(武關山為關而在西弘農南陽之平陽縣有桐柏山揭表也以桐柏山為表)流滄浪而為隍廓方城而為墉(漢水又東為滄浪之水因此流以為城池墉牆也方城山名廓開以為城牆)湯谷湧其後淯(育)水盪

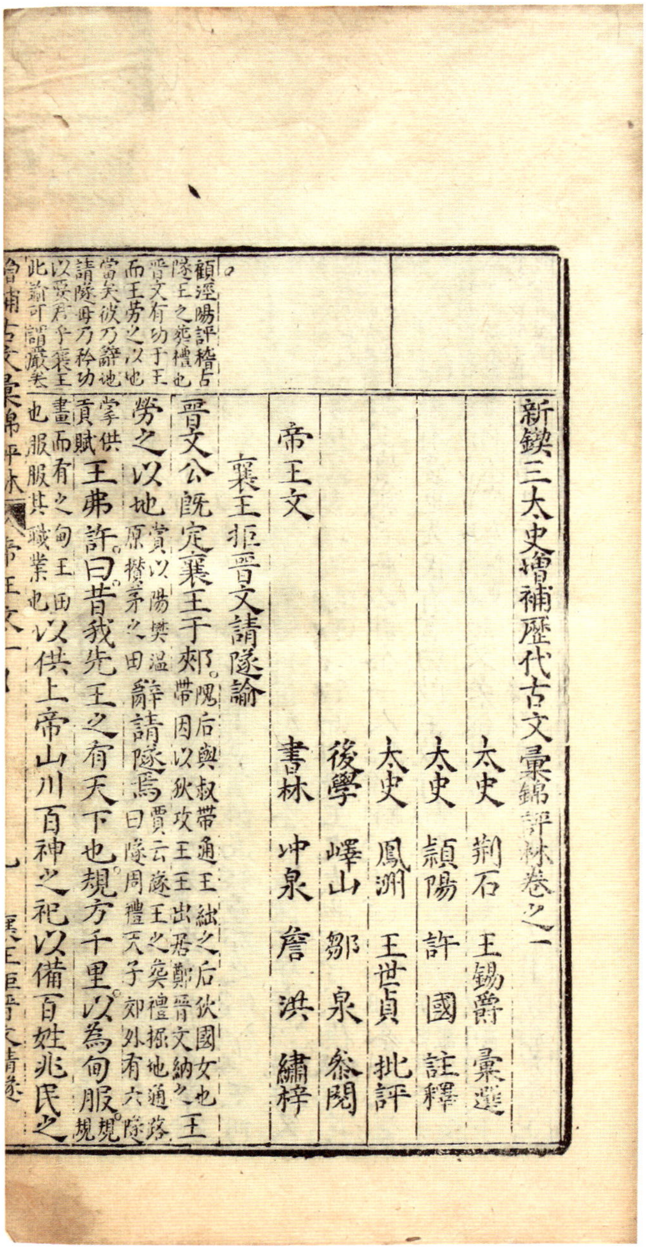

新鍥三太史增補歷代古文彙錦評林卷之一
太史　荆石　王錫爵　彙選
太史　穎陽　許　國　註釋
太史　鳳洲　王世貞　批評
後學　嶧山　鄒　泉　參閲
書林　冲泉　詹　洪　繡梓
帝王文
襄王拒晉文請隧論
晉文公既定襄王于郟。勞之以地辭。請隧焉王弗許。曰昔我先王之有天下也。規方千里。以為甸服以供上帝山川百神之祀以備百姓兆民之

新鍥三太史增補歷代古文彙錦評林十三卷

（明）王錫爵彙選　（明）許國註釋　（明）王世貞批評　（明）鄒泉參閲　明萬曆詹洪刻本　八册

半葉十一行，行二十四字，小字雙行同。白口，單黑魚尾，四周雙邊。版框 21cm × 12.6cm。

有“曾經傳藏”印。正文版心題“增補古文彙錦評林”，目録題“新鍥三太史註選歷代古文彙錦評林”，目録版心題“歷代古文彙錦評林”。

新鍥三太史註選歷代古文彙錦評林目錄卷之一

帝王文

鄒嶧山評祖龍氏兼併天下蓋難乎為力哉觀其次六国罪如指諸掌假令一天下以仁真可萬世而為君也卒之鋤乱後仍不易其暴政傳至二世即滅罪六国者乃所以自立供案耶嗟篇中連用四已而文法讀去不覺凝口更宕逸古練為佳寡人以下總結上

秦始皇初併天下令

秦初併天下令丞相御史曰異日韓王納地效璽請為藩臣而倍約(因蘇代復修從約)與趙魏合從畔秦故興兵誅之虜其王寡人以為善庶幾息兵革趙王使其相李牧來約盟故歸其質子已而倍盟反我太原(復故趙太原之地)故興兵誅之得其王趙公子嘉乃自立為代王故舉兵擊滅之魏王始約服入秦已而與韓趙謀襲秦秦兵吏誅遂破之荊王獻青陽(楚地)以西已而畔約擊我南郡故發兵誅得其王遂定其荊地燕王昏亂其太子丹乃陰令荊軻為賊(荊軻至秦行刺不遂)兵吏誅滅其國齊王用後勝計絕秦使欲為亂兵吏誅虜其王平齊地寡人以眇眇之身興兵誅暴亂賴宗廟之靈六王咸服其辜天下已定今名號不更無以稱成功傳後世

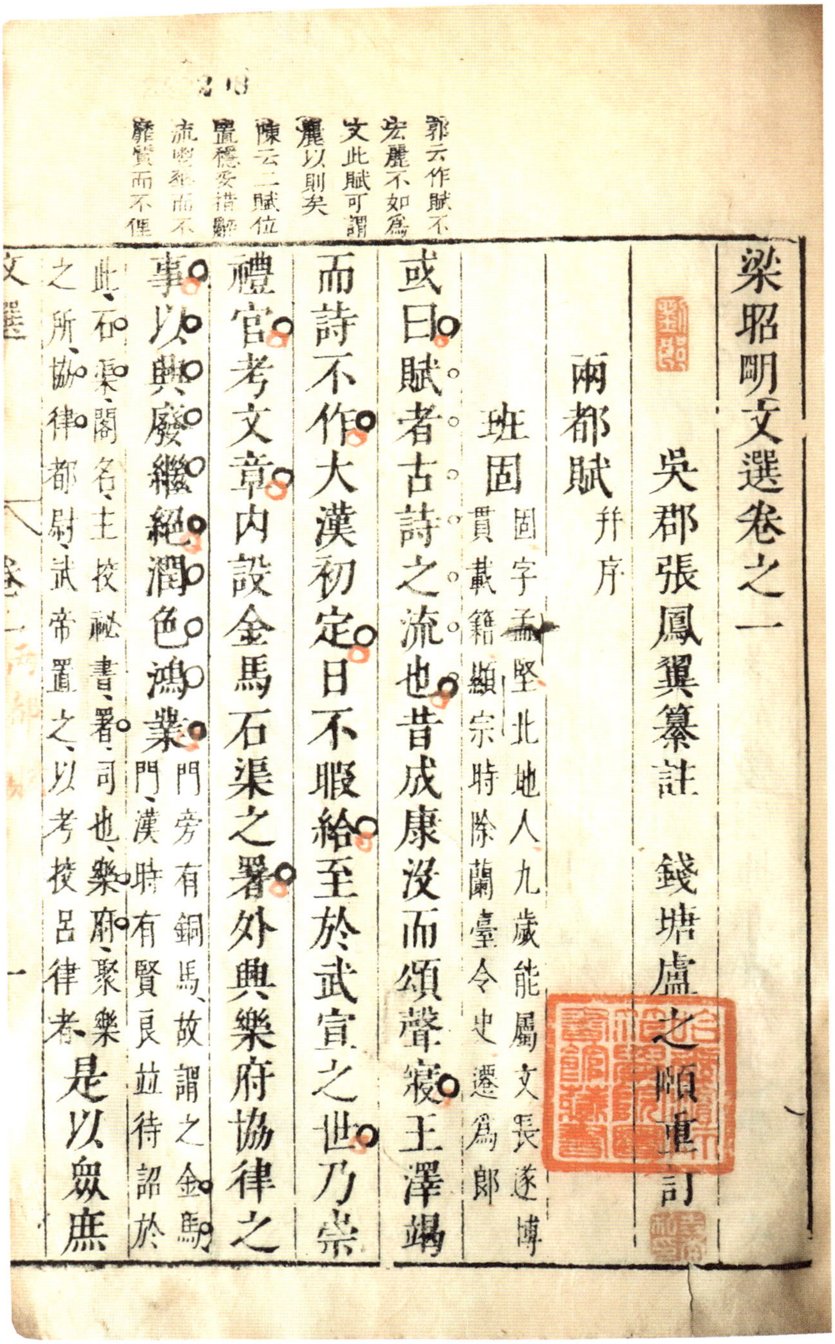
郭云作賦不宏麗不如爲文此賦可謂麗以則矣
陳云二賦位置穩妥措辭流[illegible][illegible]而不靡質而不俚

梁昭明文選卷之一
吳郡張鳳翼纂註　錢塘盧之頤重訂
兩都賦并序
班固　固字孟堅北地人九歲能屬文長遂博貫載籍顯宗時除蘭臺令史遷爲郎
或曰賦者古詩之流也昔成康沒而頌聲寢王澤竭而詩不作大漢初定日不暇給至於武宣之世乃崇禮官考文章內設金馬石渠之署外興樂府協律之事以興廢繼絕潤色鴻業　門旁有銅馬故謂之金馬門漢時有賢良並待詔於此石渠閣名主按祕書署司也樂府聚樂之所協律都尉武帝置之以考按呂律者　是以衆庶

梁昭明文選二十四卷

（明）張鳳翼纂註　（明）盧之頤重訂　明末刻本　十册

半葉九行，行二十字，小字雙行同。白口，單白魚尾，四周單邊。版框 22cm × 14.5cm。有“垚季私印”“長沙章氏藏書”等印。

王云馬蹏士怒二語形摹欲活

陳云五詩本此

列挍隊勒三軍誓將帥然後舉烽伐鼓申令三驅輕
車霆激驍騎電騖由基發射范氏施御弦不睼禽轡
不詭遇飛者不及翔走者不及去指顧倏忽獲車已
實樂不盤殺不盡物馬蹏餘足士怒未洩先驅復
路屬車按節勒兵而守曰屯騈猶併也百人爲一隊伐擊也三驅之法背已及左右馳者皆
逐之向已者捨之故曰三驅驍勇也養由基躋甲而射之徹七札焉夏德盛二龍降之禹使范氏御以行
經南方睼迎視也蹏屈也洩散也先驅天子行以靜道者也按節緩行也於是薦三犧效
五牲禮神祇懷百靈覲明堂臨辟雍揚緝熙宣皇風
登靈臺考休徵俯仰乎乾坤參象乎聖躬目中夏而

校音效
隊音兑
睼音題又音睇
蹏淵齊
渫與泄同漢書作泄

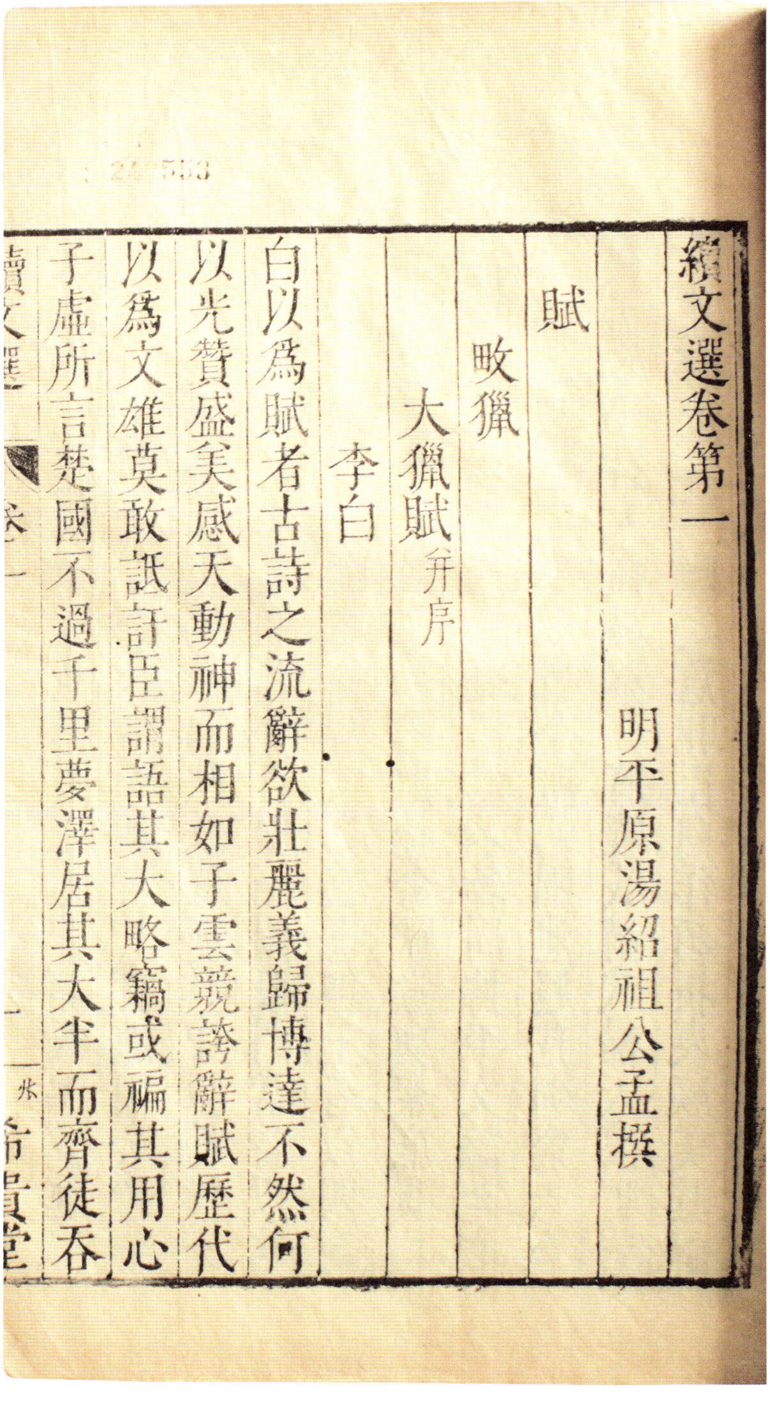

續文選卷第一

明平原湯紹祖公孟撰

賦

畋獵

大獵賦并序

李白

白以爲賦者古詩之流辭欲壯麗義歸博達不然何以光贊盛美感天動神而相如子雲競誇辭賦歷代以爲文雄莫敢詆訐臣謂語其大略竊或褊其用心子虛所言楚國不過千里夢澤居其大半而齊徒呑

續文選　卷一　一

續文選三十二卷

（明）湯紹祖撰　明萬曆三十年（1602）刻本　八册

半葉十行，行二十字。白口，單黑魚尾，左右雙邊。版框 21cm × 14cm。

玄覽賦

梁孝元帝

歲次旃蒙月建司空變陰之呂扇廣莫之風蕭子
雲帷九水作牧三宮廼盱衡而言曰惟天爲大惟堯
則之惟地爲厚惟王國之粤我皇之握鏡寔乃神而
乃聖陳六聯於八則弘九職於三令運璇樞而御宇
執玉衡而齊政大矣廣矣無得而稱俯甄鬲於軒羲
諒斗筲於子姒包河圖與洛書括龍官乎鳳紀超大
德於百王高鴻名於萬祀惟天縱於副后踰啓誦而
惟胥既掄儒於肅成復斷獄於長壽豈止丕莊屈滕

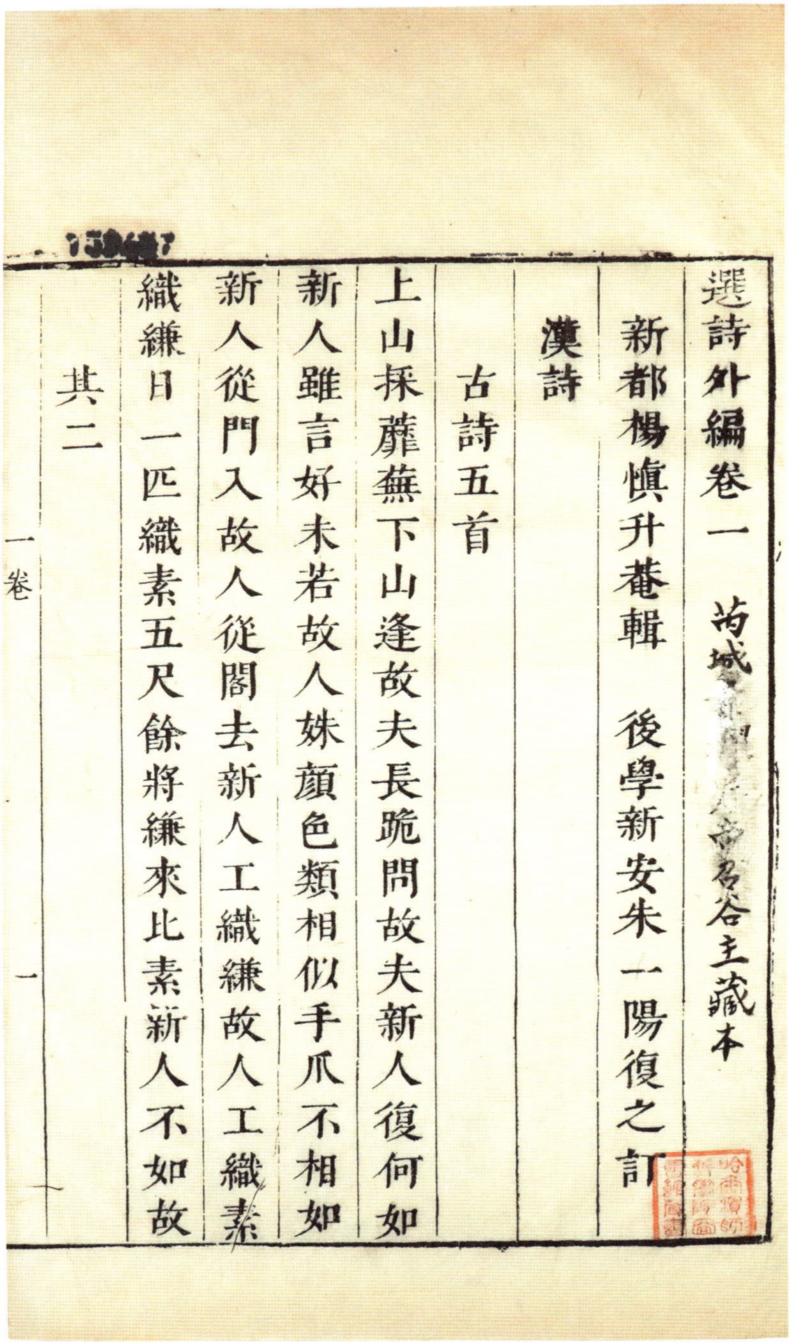

選詩外編卷一　名谷主藏本

新都楊愼升菴輯　後學新安朱一陽復之訂

漢詩

古詩五首

上山採蘼蕪下山逢故夫長跪問故夫新人復何如新人雖言好未若故人姝顏色類相似手爪不相如新人從門入故人從閤去新人工織縑故人工織素織縑日一匹織素五尺餘將縑來比素新人不如故

其二

卷一　一

選詩外編九卷

（明）楊愼輯　（明）朱一陽訂　明刻本　四册

半葉九行，行二十字。白口，無魚尾，四周單邊。版框 19.5cm × 13.9cm。有“不夜書屋珍藏”印。

三叟　應璩

古有行道人陌上見三叟年各百餘歲相與鋤禾莠住車問三叟何以得此壽上叟前致辭內中嫗貌醜中叟前致辭量腹節所受下叟前致辭夜卧不覆首要哉三叟言所以能長久

遊覽二首　陳琳

高會時不娛羈客難爲心殷懷從中發悲感激清音投觴罷歡坐逍遥步長林蕭蕭山谷風黯黯天路陰惆悵忘旋反歔欷涕沾巾

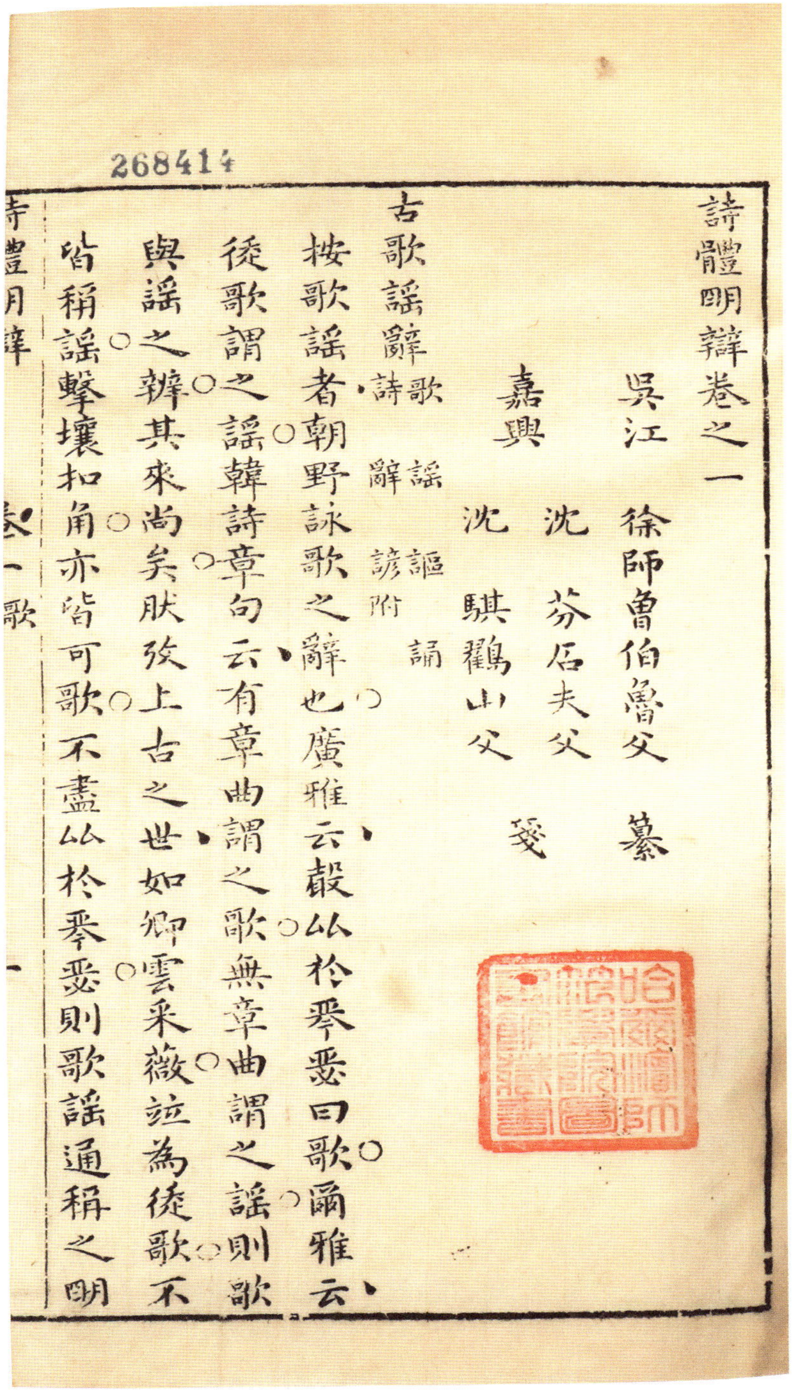

詩體明辯卷之一

吳江　徐師曾伯魯父　纂

沈　芬石夫父

嘉興　沈　騏鸝山父　箋

古歌謠辭（歌詩　謠辭　謳諺附　誦）

按歌謠者。朝野詠歌之辭也。廣雅云、聲比於琴瑟曰歌。爾雅云、徒歌謂之謠。韓詩章句云、有章曲謂之歌。無章曲謂之謠。則歌與謠之辨。其來尚矣。然攷上古之世、如卿雲。采薇。並為徒歌。不皆稱謠。擊壤扣角。亦皆可歌。不盡比於琴瑟則歌謠通稱之明

詩體明辯　卷一　歌　一

詩體明辯六卷

（明）徐師曾纂　（明）沈芬　（明）沈騏箋　明崇禎十三年（1640）刻本　六册

半葉九行，行二十五字。白口，無魚尾，四周單邊。版框 20cm × 11.5cm。

沛叶音隊

形容女樂之美

一語足發春帝之德

來○神哉沛○先以雨○般、裔、裔○靈之至○慶陰陰○桐放悲○震○澹○心○靈已坐○
五音飭○虞至旦○承靈億○牲繭粟○粢盛香○尊桂酒○賓八鄉○靈安留○吟
青黃○徧觀此○眺瑤堂○衆嫭竝○綽奇麗○顏如荼○兆、逐、靡○被華文○廁霧
縠○曳阿錫○佩珠玉○俠嘉夜○茝蘭芳○澹○容○與○獻嘉觴○

帝臨 此下五章句四言十二句

帝臨中壇○四方承宇○繩繩意變○備得其所○清和六合○制、數、以、五○海
內安寧○興文匽武○后、土、富、媼、昭明三光○穆穆優游○嘉服上黃○

青陽 此詞東方之神　鄒子樂

青陽開動○根荄以遂○膏○潤○并○愛○跂行畢逮○霆聲發○榮○壧、處、頃、聽○枯

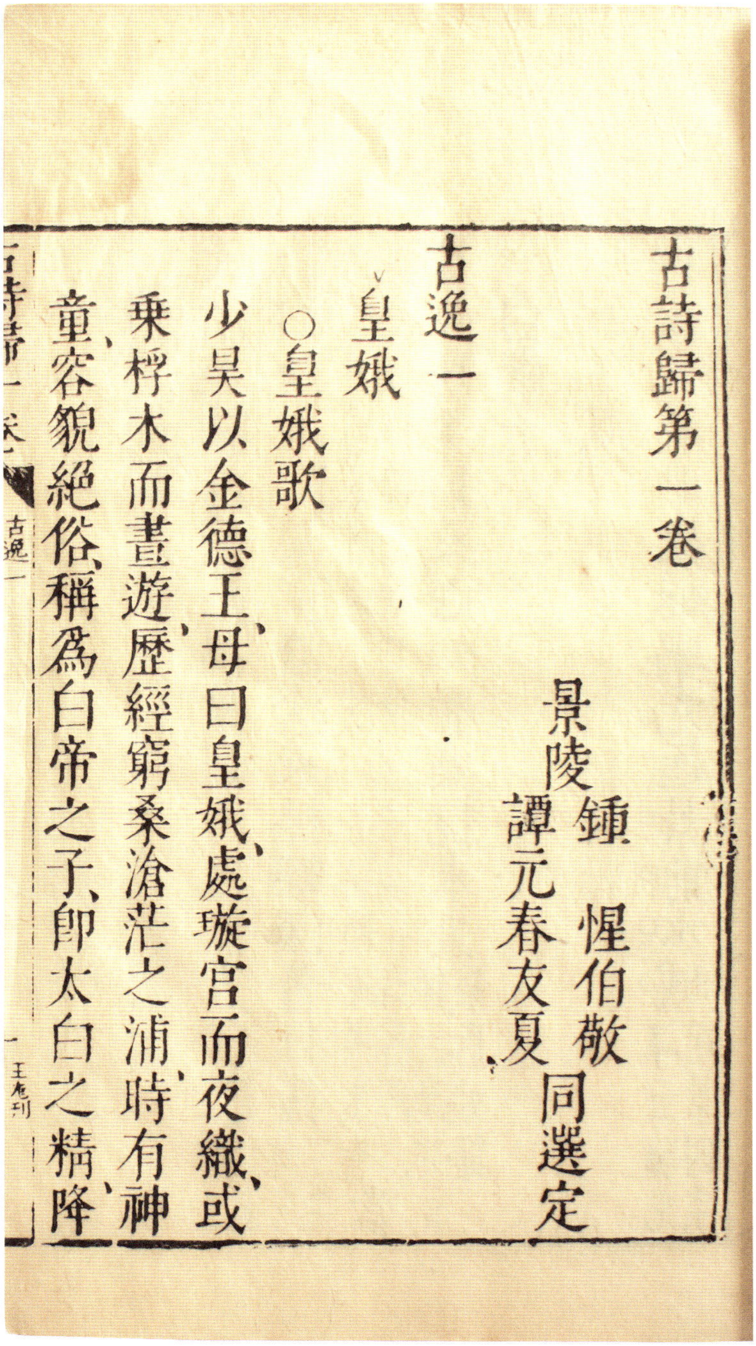

古詩歸第一卷

景陵鍾　惺伯敬

譚元春友夏　同選定

古逸一

皇娥

○皇娥歌

少昊以金德王母曰皇娥處璇宮而夜織或乘桴木而晝遊歷經窮桑滄茫之浦時有神童容貌絕俗稱爲白帝之子即太白之精降

古詩歸十五卷唐詩歸三十六卷

（明）鍾惺　（明）譚元春選定　明萬曆刻本　十册

半葉九行，行十八字，小字雙行同。白口，單白或單黑魚尾，左右雙邊。版框 20cm × 14cm。

○四民月令引農語

三月昏參星夕杏花盛桑葉白

鍾云憂勤語寫景韻甚

○○又

河射角堪夜作犂星沒水生骨譚云奇○鍾云月令氷腹堅此云水生骨腹字骨字皆古語之奥者反爲後人刻畫者開一便門

鍾云後一條尤奥○譚云名爲俚諺而奇質鮮傲若此今之詩人愧死矣○又云若經鍛鍊其實開口而成天機所在

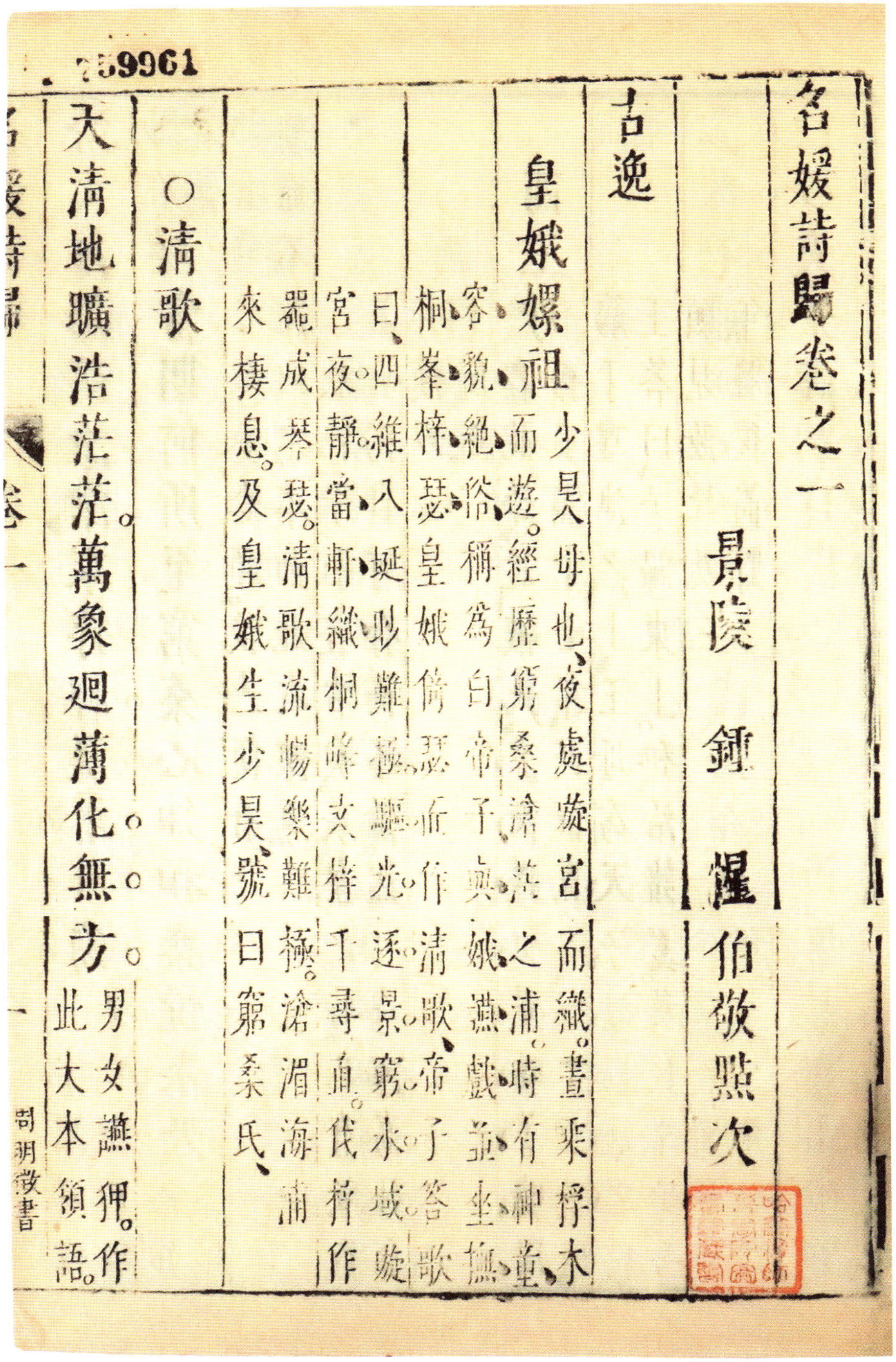

名媛詩歸三十二卷

（明）鍾惺點次　明萬曆刻本　十四册

半葉九行，行十九字，小字雙行同。白口，單黑魚尾，左右雙邊。版框 20.8cm × 14cm。

愁。繁絮語。極苦極。從邊地多悲風。樹木何脩脩。從軍致獨

樂。延年壽千秋。反說開了。樂府多如此。

妣朴有漢樂府遺言

王宋平虜將軍劉勳妻也。宋嫁勳二十餘年。後勳悅山陽司馬女。以宋無子出之。還於道中賦詩自傷。

○雜詩

翩翩牀前帳。張以蔽光輝。五字有善自歛退意。語深而不露。昔將爾同去。今將爾共歸。只淺淺說來。亦覺淒楚。緘藏筐篋裏當復何時披。

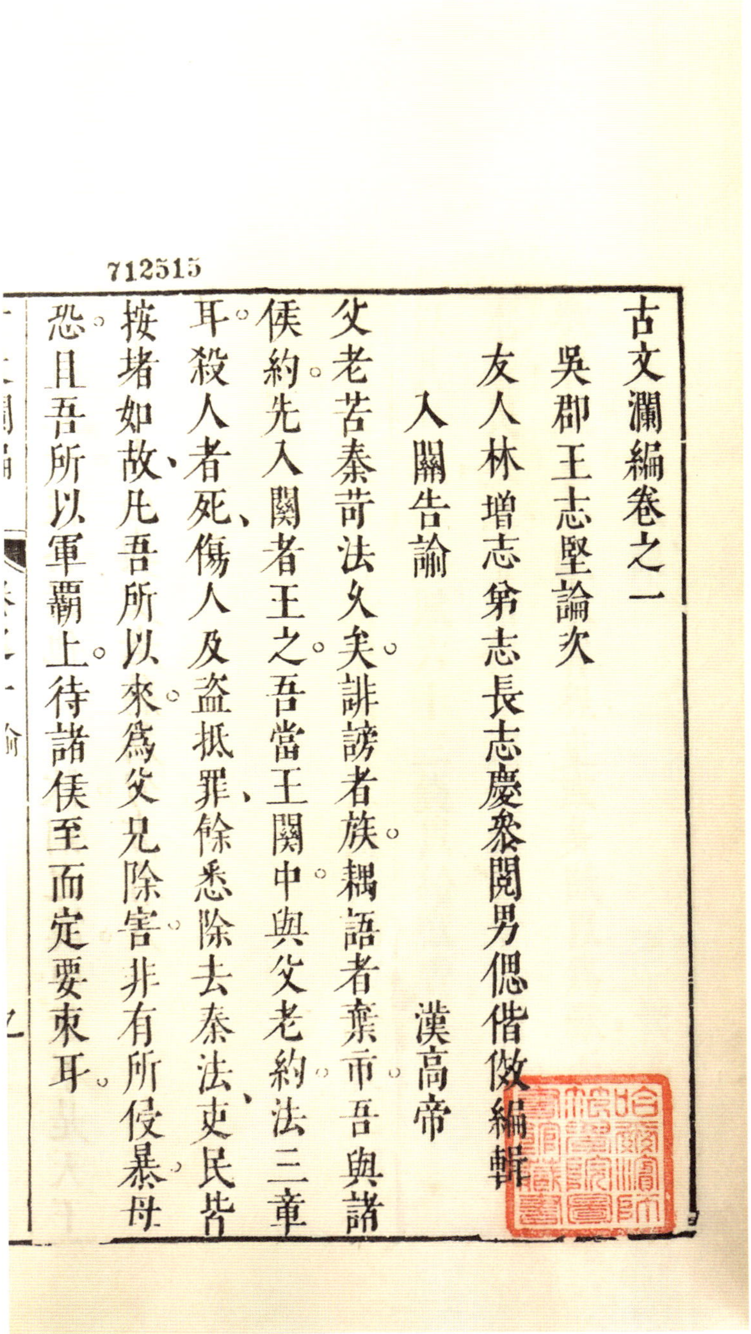
712515

古文瀾編卷之一

吳郡王志堅論次

友人林增志弟志長志慶參閱男偲偕倣編輯

入關告諭　漢高帝

父老苦秦苛法久矣誹謗者族耦語者棄市吾與諸侯約先入關者王之吾當王關中與父老約法三章耳殺人者死傷人及盜抵罪餘悉除去秦法吏民皆按堵如故凡吾所以來爲父兄除害非有所侵暴毋恐且吾所以軍覇上待諸侯至而定要束耳

古文瀾編二十卷

（明）王志堅論次　（明）林增志等參閱　（明）王偲等編輯　明崇禎五年（1632）槐蔭堂刻本　二十册

半葉九行，行二十字。白口，單黑魚尾，四周單邊。版框 20.5cm × 14cm。

賜尉佗書　漢文帝

皇帝敬問南越王甚苦心勞意朕高皇帝側室之子棄外奉北藩于代道里遼遠壅蔽樸愚未嘗致書高皇帝棄羣臣孝惠皇帝即世高后自臨事不幸有疾日進不衰以故誖暴乎治諸呂爲變故亂法不能獨制迺取它姓子爲孝惠皇帝嗣賴宗廟之靈功臣之力誅之已畢朕以王侯吏不釋之故不得不立今即位乃者聞王遺將軍隆慮侯書求親昆弟請罷長沙兩將軍朕以王書罷將軍愽陽侯親昆弟在眞定者

論董賢書　　鮑宣

陛下父事天，母事地，子養黎民。即位以來，父虧明，母震動，子訛言相驚恐。今日食于三始，誠可畏懼。小民正月朔日尚恐毀敗器物，何况于日虧乎？陛下深內自責，避正殿，舉直言，求過失，罷退外親及旁仄素餐之人，徵拜孔光爲光祿大夫，發覺孫寵、息夫躬過惡，免官遣就國，衆庶歙然，莫不説喜。天人同心，人心説則天意解矣。乃二月丙戌，白虹虷日，連陰不雨，此天有憂結未解，民有怨望未塞者也。侍中駙馬都尉董

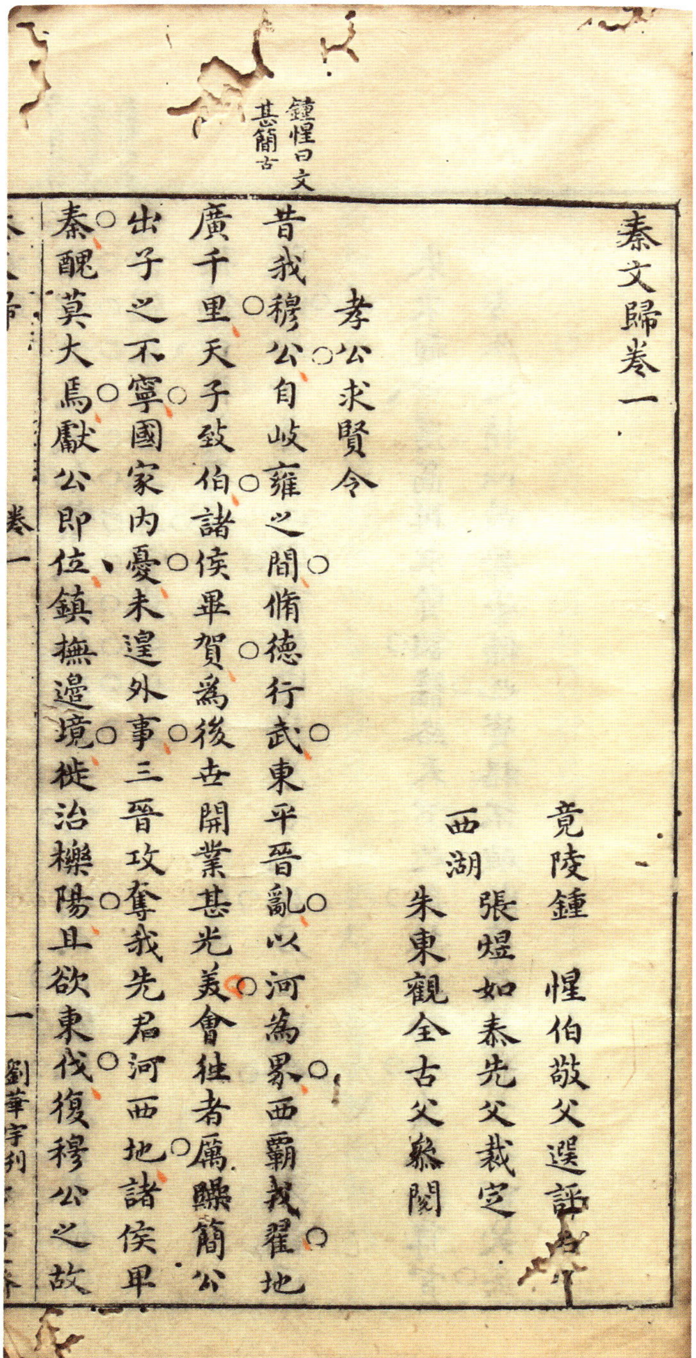

秦漢文歸三十卷

（明）鍾惺選評　（明）張煜如裁定　（明）朱東觀參閱　明末古香齋刻本　十册

半葉九行，行二十六字。白口，無魚尾，四周單邊。版框 21cm × 12.2cm。

先言地利
次言弓弩
次言兵卒
次言劍戟
次言器用畢備
歸有光曰提掇五段激起大王之賢事秦

蘇秦說韓宣惠王

蘇秦為趙合從說韓王曰韓北有鞏洛成皋之固西有宜陽商阪之塞東有宛穰洧水南有陘山地方九百餘里帶甲數十萬天下之強弓勁弩皆從韓出谿子少府時力距來者皆射六百步之外韓卒超足而射百發不暇止遠者括蔽洞胸近者鏑弇心韓卒之劍戟皆出於冥山棠谿墨陽合膊鄧師宛馮龍淵太阿皆陸斷牛馬水截鵠鴈當敵則斬堅甲盾鞮鍪鐵幕革抉㕹芮無不畢具以韓卒之勇被堅甲蹠勁弩帶利劍一人當百不足言也夫以韓之勁與大王之賢乃西面事秦稱東藩築帝宮受冠帶祠春秋交臂而服羞社稷而為天

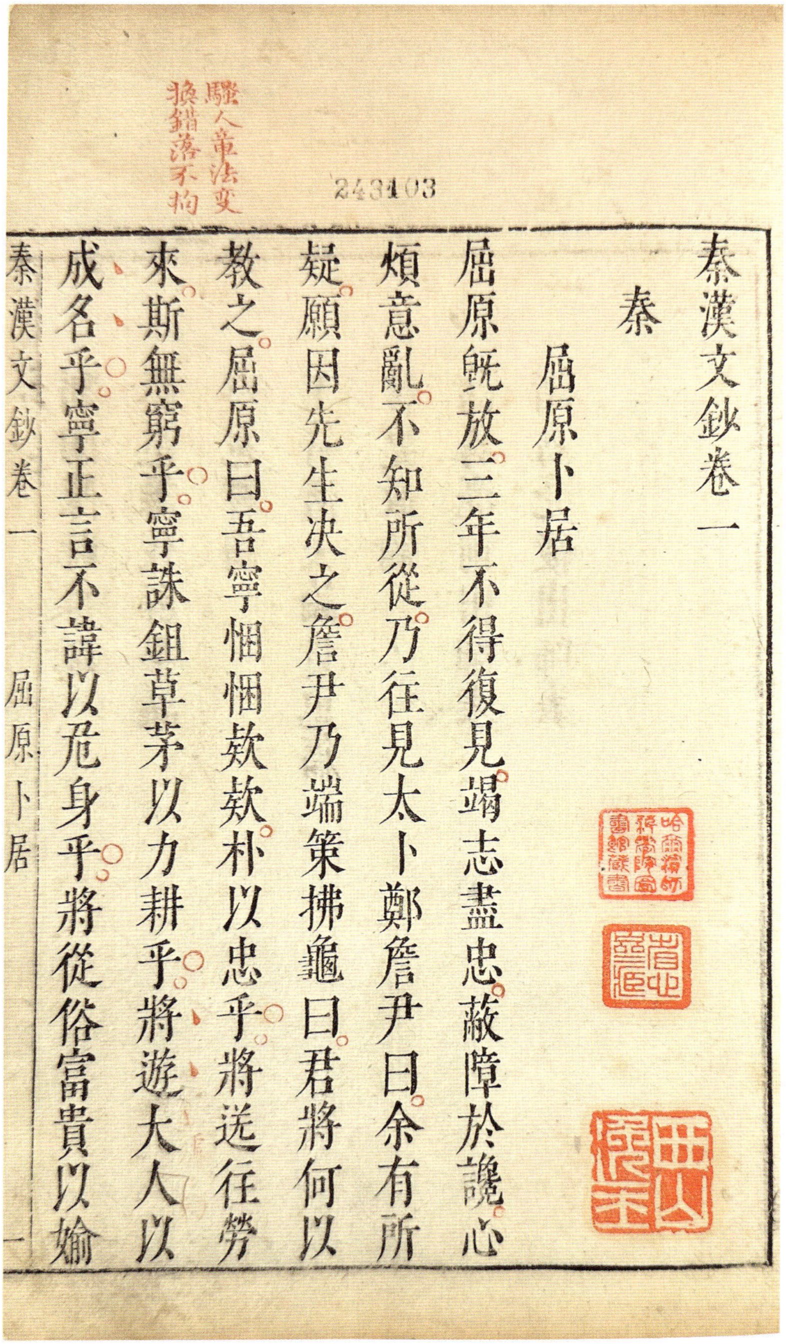
驪人章法變換錯落不拘

秦漢文鈔卷一

秦

屈原卜居

屈原旣放三年不得復見竭志盡忠蔽障於讒心煩意亂不知所從乃往見太卜鄭詹尹曰余有所疑願因先生決之詹尹乃端策拂龜曰君將何以教之屈原曰吾寧悃悃款款朴以忠乎將送往勞來斯無窮乎寧誅鉏草茅以力耕乎將遊大人以成名乎寧正言不諱以危身乎將從俗富貴以媮

秦漢文鈔卷一　屈原卜居　一

秦漢文鈔六卷

（明）楊融博批點　（明）閔日斯等裁定　明萬曆四十八年（1620）刻朱墨套印本　十二册

半葉九行，行十九字。白口，無魚尾，四周單邊。版框 19.9cm × 14.5cm。有“烏鎮丁翰高墨林甫臧”“省心齋臧”“西山逸士”等印。

秦漢文鈔序

國朝以八股取士而舉業家嫺古文詞者什不滿二三夫文不古則無骨不古則無神不古則

馮君御曰既放二字乃一篇骨子

字字典要奇古可玩

屈原漁父

屈原既放遊於江潭行吟澤畔顔色憔悴形容枯槁漁父見而問之曰子非三閭大夫歟何故至於斯屈原曰世人皆濁我獨清衆人皆醉我獨醒是以見放漁父曰聖人不凝滯於萬物而能與世推移世人皆濁何不淈其泥而揚其波衆人皆醉何不餔其糟而歠其釃何故深思高舉自令放爲屈原曰吾聞之新沐者必彈冠新浴者必振衣安能以身之察察受物之汶汶者乎寧赴湘流葬於江

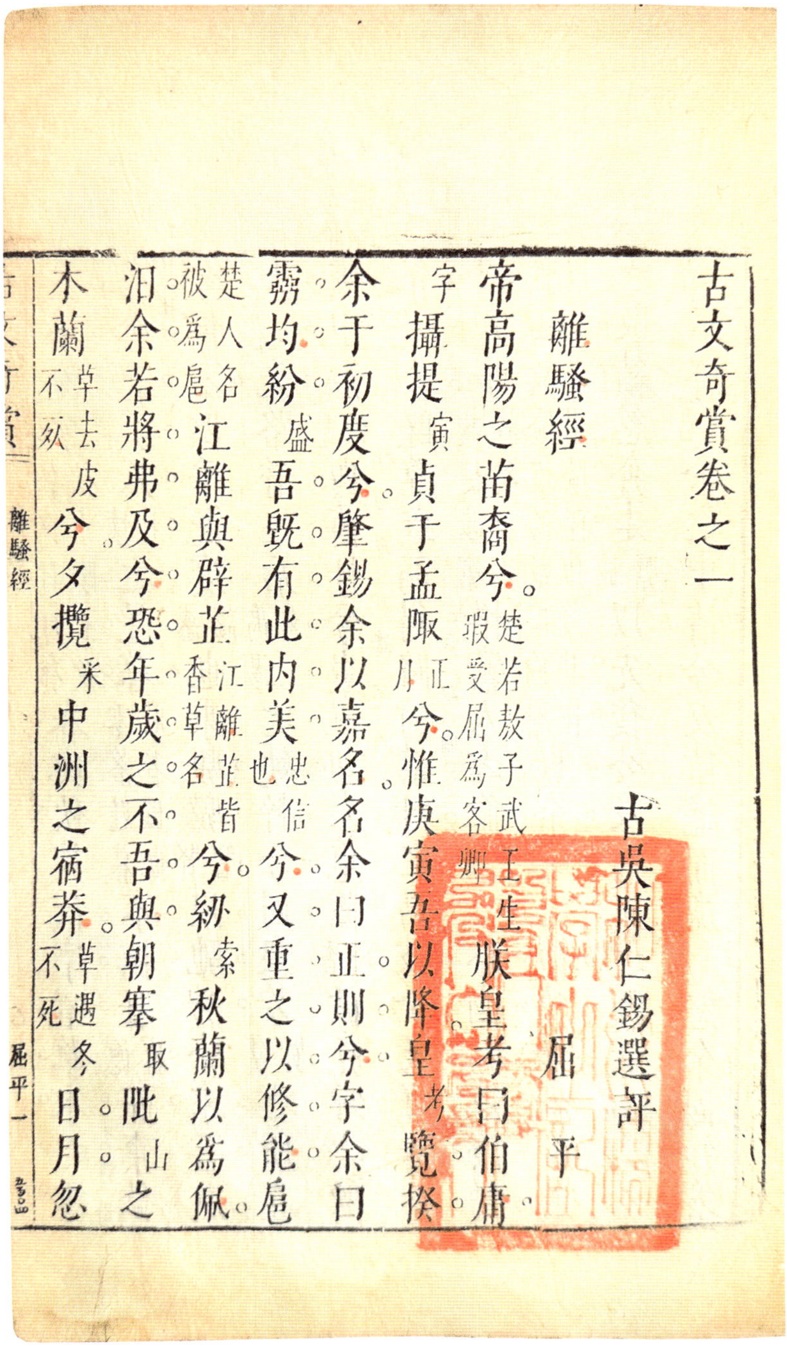

古文奇賞卷之一

離騷經　　古吳陳仁錫選評

屈平

帝高陽之苗裔兮（楚若敖子武王生瑕受屈爲客卿）朕皇考曰伯庸（字）攝提（寅）貞于孟陬（正月）兮惟庚寅吾以降皇（考）覽揆余于初度兮肇錫余以嘉名名余曰正則兮字余曰靈均（盛）紛吾既有此內美（忠信也）兮又重之以修能扈（楚人名被爲扈）江離與辟芷（江離芷皆香草名）兮紉（索）秋蘭以爲佩汨余若將弗及兮恐年歲之不吾與朝搴（取）阰（山）之木蘭（草去皮不死）兮夕攬（采）中洲之宿莽（草遇冬不死）日月忽

古文奇賞　離騷經　屈平一

古文奇賞二十二卷

（明）陳仁錫選評　明萬曆四十六年（1618）刻本　十六册

半葉十行，行二十字，小字雙行同。白口，無魚尾，四周單邊。版框 20.5cm × 14cm。有“和州儒學之記”印。

議除收孥諸相坐詔 元年

法者治之正也所以禁暴而率善人也今犯法已論而使無辠之父母妻子同産坐之及爲收孥朕甚不取其議之 賈山曰刑輕於他時而犯法者寡衣食多於前年而盜賊少

辭建太子詔 元年

朕既不德上帝神明未歆饗也天下人民未有慊志今縱不能傅求天下賢聖有德之人而嬗天下焉而曰豫建太子是重吾不德也謂天下何其安之 沖懷靡及

存問詔 元年

老者非帛不煖非肉不飽今歲首不時使人存問長

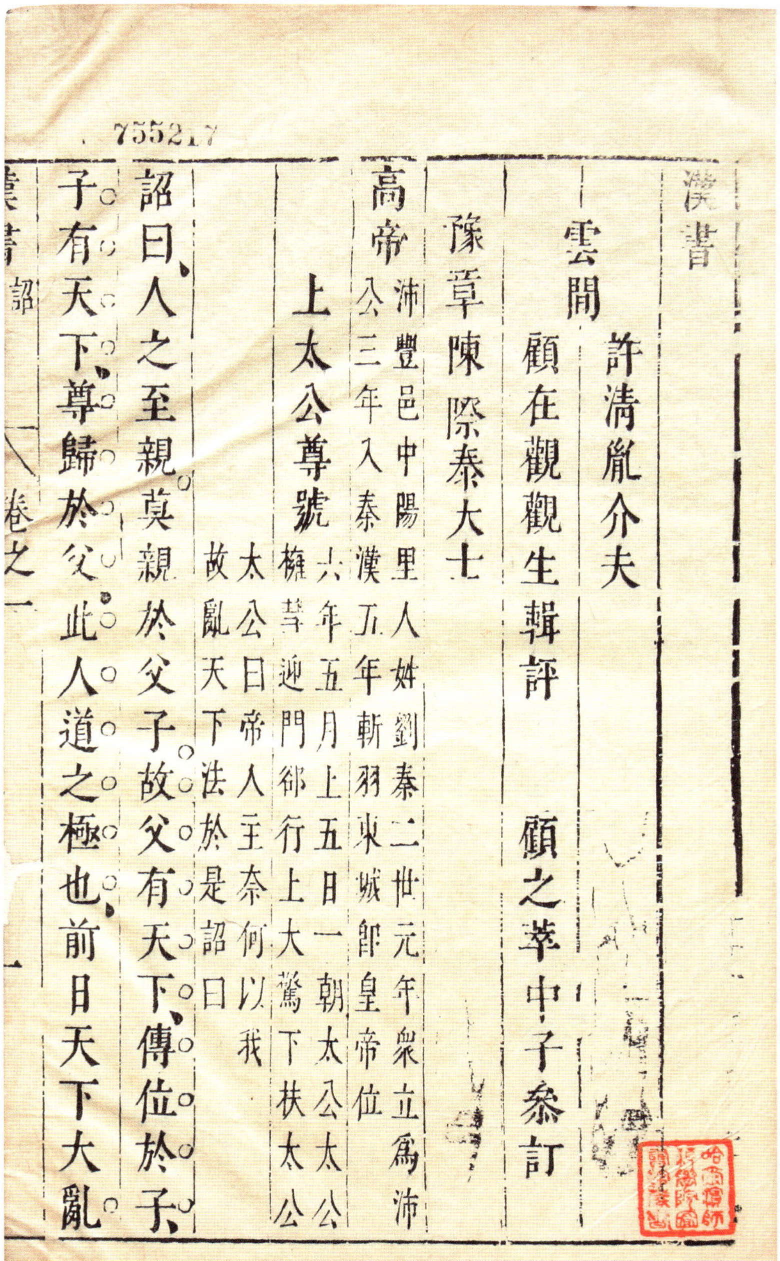
755217

漢書

雲間　許清胤介夫

顧在觀觀生輯評　顧之莘中子參訂

豫章陳際泰大士

高帝沛豐邑中陽里人姓劉秦二世元年衆立爲沛公三年入秦漢五年斬羽東城即皇帝位

上太公尊號六年五月上五日一朝太公太公擁篲迎門郤行上大驚下扶太公太公曰帝人主奈何以我故亂天下法於是詔曰

詔曰人之至親莫親於父子故父有天下傳位於子子有天下尊歸於父此人道之極也前日天下大亂

漢書　部　卷之一　一

漢魏六朝正史文選二十四卷

（明）許清胤　（明）顧在觀輯評　明崇禎八年（1635）刻本　二十四册

半葉九行，行二十字，小字雙行同。白口，單白魚尾，四周單邊。版框 21cm × 13.7cm。有“張子衡藏書印”印。

執射乎大射之禮自天子降及庶人三代之道也詩云大侯既抗弓矢斯張射夫既同獻爾發功言貴中也愚聞聖王合射以明教矣未聞弓矢之爲禁也且所爲禁者爲盜賊之以攻奪也攻奪之罪死然而不止者大姦之於重誅固不避也臣恐邪人挾之而吏不能止良民以自備而抵法禁是擅賊威而奪民救也竊以爲無益於禁姦而廢先王之典使學者不得習行其禮大不便

公孫弘以退爲進善詘於人然此對辭理兼長郎

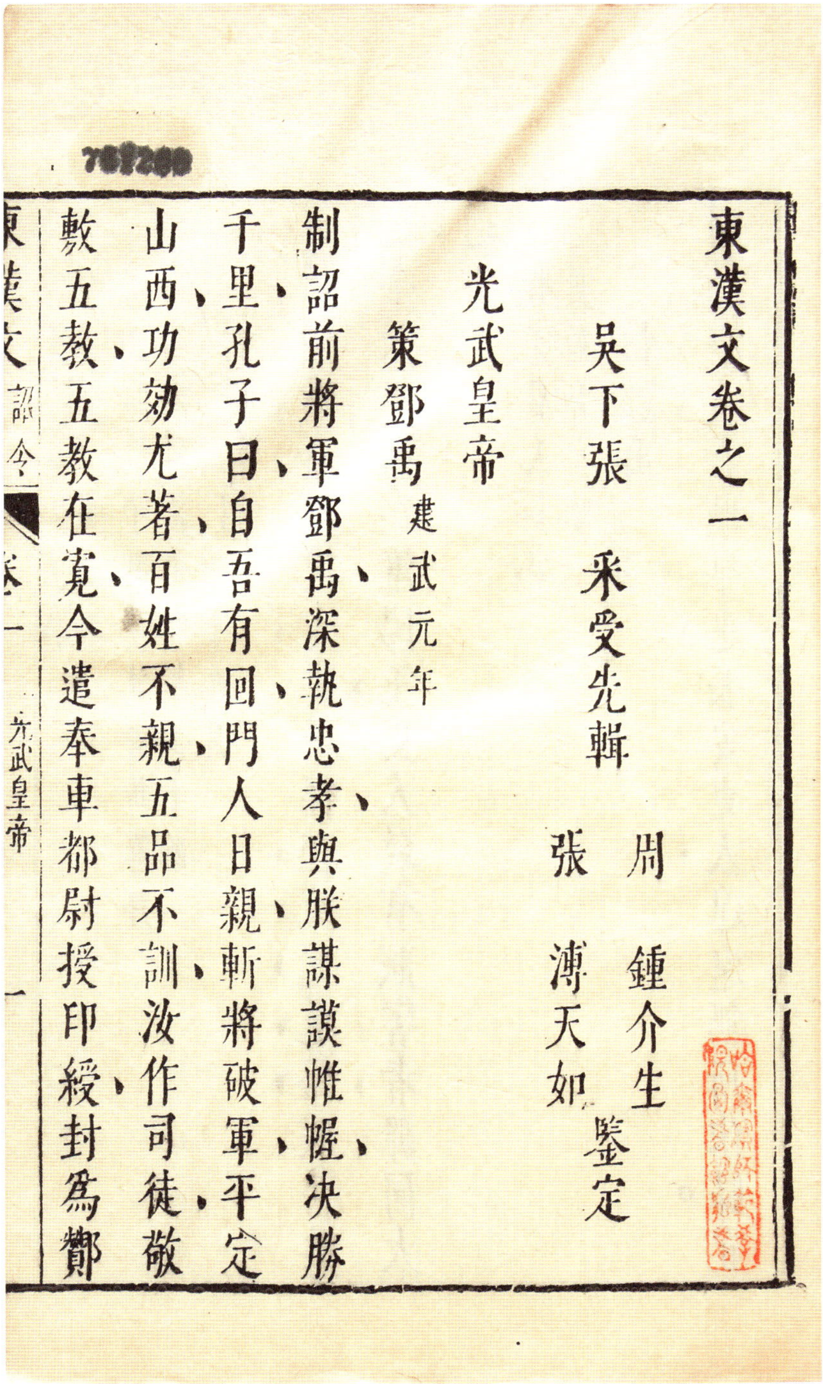
東漢文卷之一

吳下張　采受先輯

周　鍾介生
張　溥天如　鑒定

光武皇帝

策鄧禹　建武元年

制詔前將軍鄧禹深執忠孝與朕謀謨帷幄決勝千里孔子曰自吾有回門人日親斬將破軍平定山西功効尤著百姓不親五品不訓汝作司徒敬敷五教五教在寬今遣奉車都尉授印綬封爲酇

東漢文　詔令　卷一　光武皇帝　一

東漢文二十卷

（明）張采輯　明末刻本　二十册

半葉九行，行十九字，小字雙行同。白口，單黑魚尾，左右雙邊。版框 20.8cm × 14.5cm。

純上書自陳前在東郡。案誅涿郡太守朱英親屬。令國屬涿誠不自安。制書報之。乃更封純爲東光
矣。

薄葬詔　七年正月

世以厚葬爲德。薄終爲鄙。至于富者奢僭。貧者單財。法令不能禁。禮義不能止。倉卒乃知其咎。其布告天下。令知忠臣孝子慈兄悌弟薄葬送終之義。

罷輕車騎士等詔　七年三月

令國有衆軍。並多精勇。宜且罷輕車、騎士、材官、樓船士及軍假吏。令還復民伍。

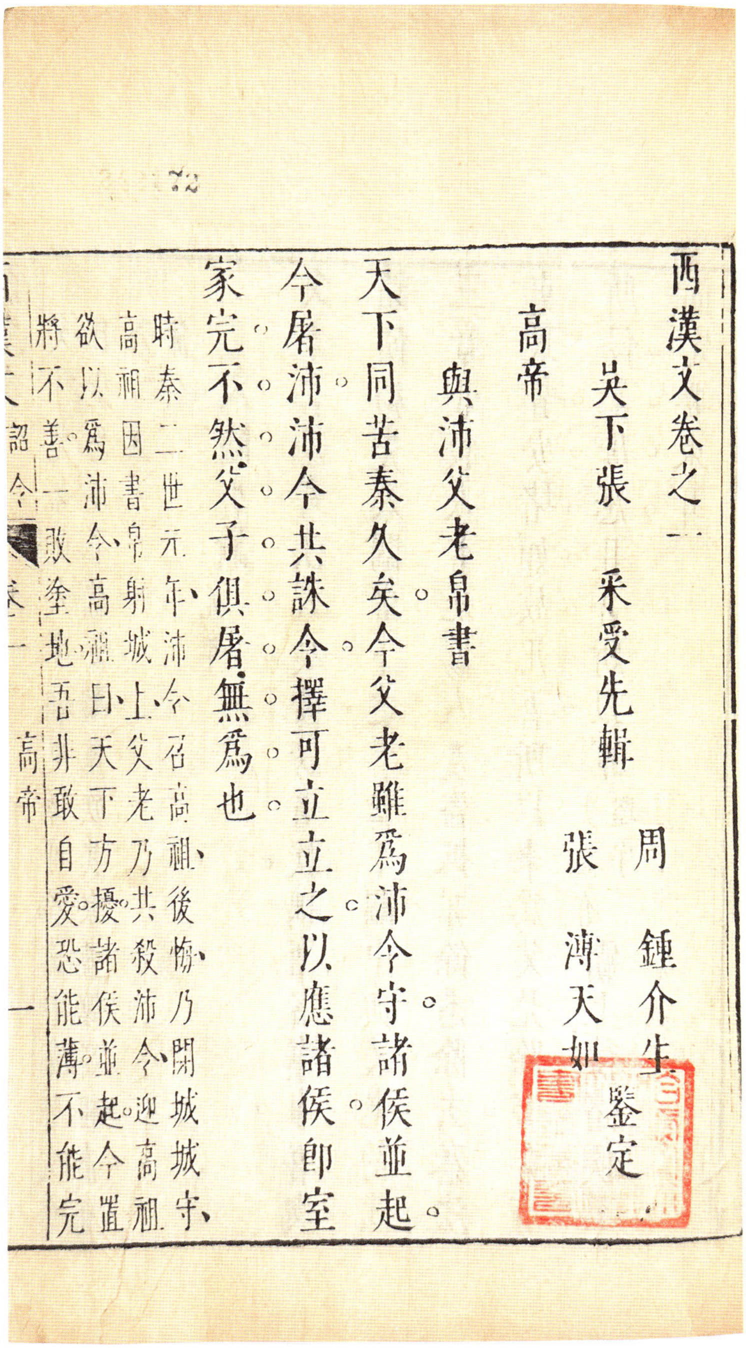
西漢文卷之一
吳下張　采受先輯　周　鍾介生
張　溥天如　鑒定
高帝
與沛父老帛書
天下同苦秦久矣今父老雖爲沛令守諸侯並起
今屠沛沛今共誅令擇可立立之以應諸侯即室
家完不然父子俱屠無爲也
時秦二世元年沛令召高祖後悔乃閉城城守
高祖因書帛射城上父老乃共殺沛令迎高祖
欲以爲沛令高祖曰天下方擾諸侯並起今置
將不善一敗塗地吾非敢自愛恐能薄不能完
西漢文　詔令　卷一　高帝　一

兩漢文四十卷

（明）張采輯　明崇禎六年（1633）刻本　二十册

半葉九行，行十九字，小字雙行同。白口，單黑魚尾，左右雙邊。版框 20.6cm × 14.5cm。有“讀有用書齋”“景氏劍泉收藏圖記”印。

東漢文卷之一

吳下張　釆受先輯

周　鍾介生
張　溥天如　鑒定

光武皇帝

策鄧禹 建武元年

制詔前將軍鄧禹、深執忠孝、與朕謀謨帷幄、決勝千里、孔子曰、自吾有回、門人日親、斬將破軍、平定山西、功効尤著、百姓不親、五品不訓、汝作司徒、敬敷五教、五教在寬、今遣奉車都尉授印綬、封爲酇

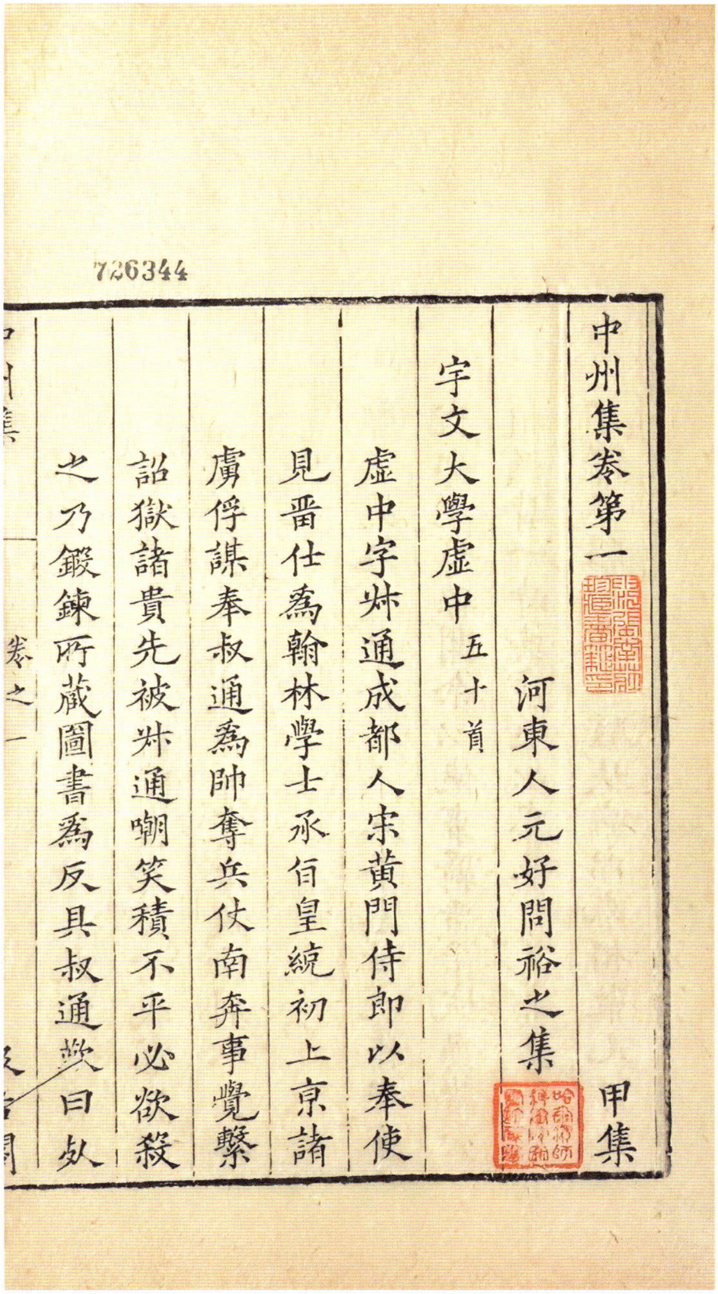
726344

中州集卷第一　甲集

河東人元好問裕之集

宇文大學虛中　五十首

虛中字叔通成都人宋黃門侍郎以奉使見畱仕爲翰林學士承旨皇統初上京諸虜俘謀奉叔通爲帥奪兵仗南奔事覺繫詔獄諸貴先被叔通嘲笑積不平必欲殺之乃鍛鍊所藏圖書爲反具叔通歎曰死

中州集十卷首一卷樂府一卷

（金）元好問集　明毛氏汲古閣刻本　十二册

半葉八行，行十九字。白口，無魚尾，左右雙邊。版框 18.9cm × 13.6cm。

有“大興王氏鑒衡收藏金石書畫之章”“大興王氏劍香齋藏書”“申江張南莊珍臧書籍印”“清河伯子”“秉鈞之印”等印。

烏夜啼

汝琴莫作歸鳳鳴汝曲莫裁白鶴怨明珠破壁挂高城上有烏啼人不見堂中蠟炬紅生花門前紺幰七香車博山夜長香燼冷悠悠蕩子留倡家妾機尚餘數椶錦織恨傳情還未忍城烏為我盡情啼知道單棲淚盈枕

吳學士澂 二十五首

澂字彥高宋宰臣拭之子王履道外孫而

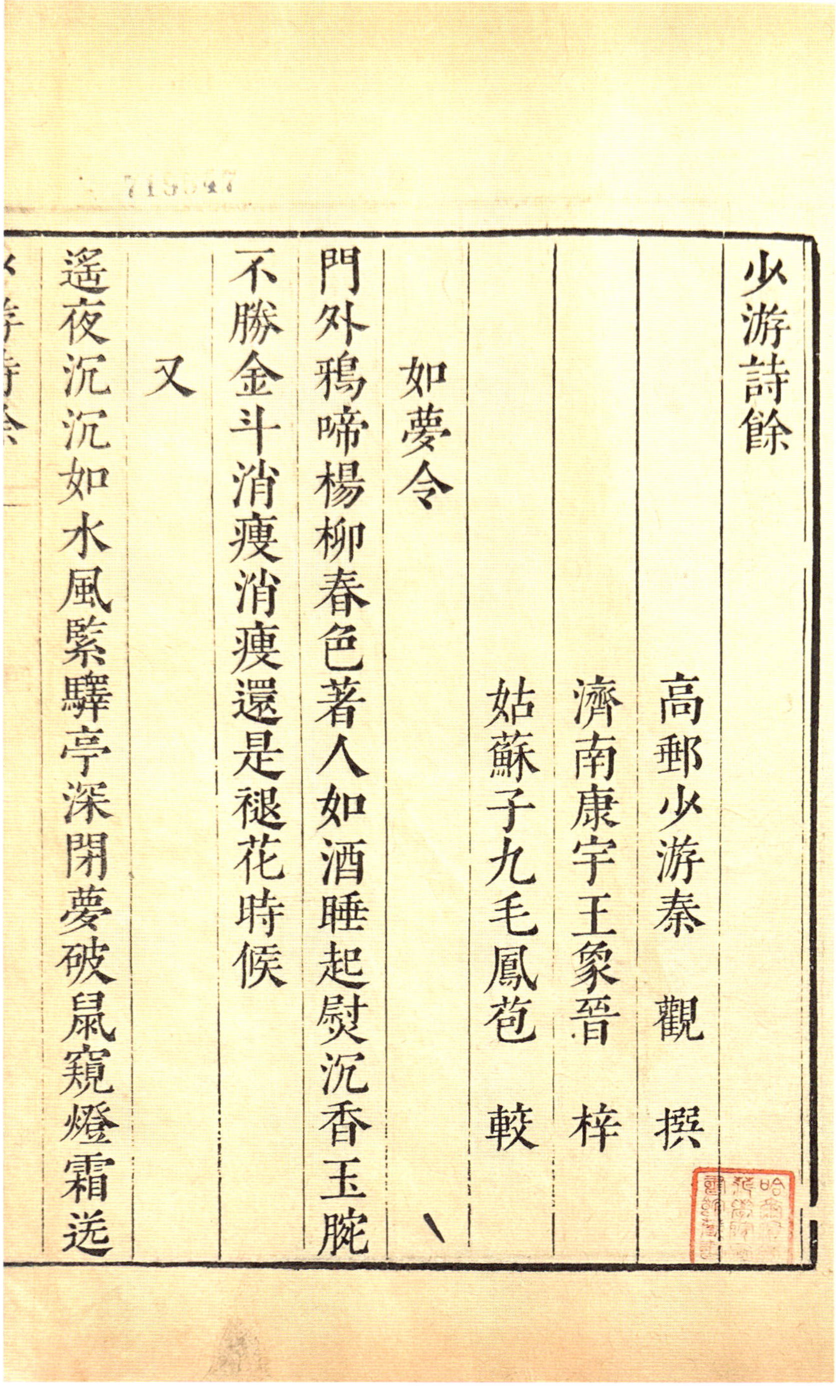

少游詩餘

高郵少游秦　觀　撰

濟南康宇王象晉　梓

姑蘇子九毛鳳苞　較

如夢令

門外鴉啼楊柳春色著人如酒睡起熨沉香玉腕不勝金斗消瘦消瘦還是褪花時候

又

遥夜沉沉如水風緊驛亭深閉夢破鼠窺燈霜送

秦張兩先生詩餘合璧二卷

（明）王象晉輯　明刻本　二册

半葉九行，行十九字。白口，無魚尾，左右雙邊。版框 18.6cm × 14.1cm。

南湖詩餘

高郵南湖張　綖　撰

濟南康宇王象晉　梓

姑蘇子九毛鳳苞　訂

如夢令

湖上烟銷金鏡水色天光相映記得画樓前十二闌干同凭重省重省依舊去年風景

長相思

春巳闌花巳殘人在天涯信未還煙波傷玉顔

南湖詩餘

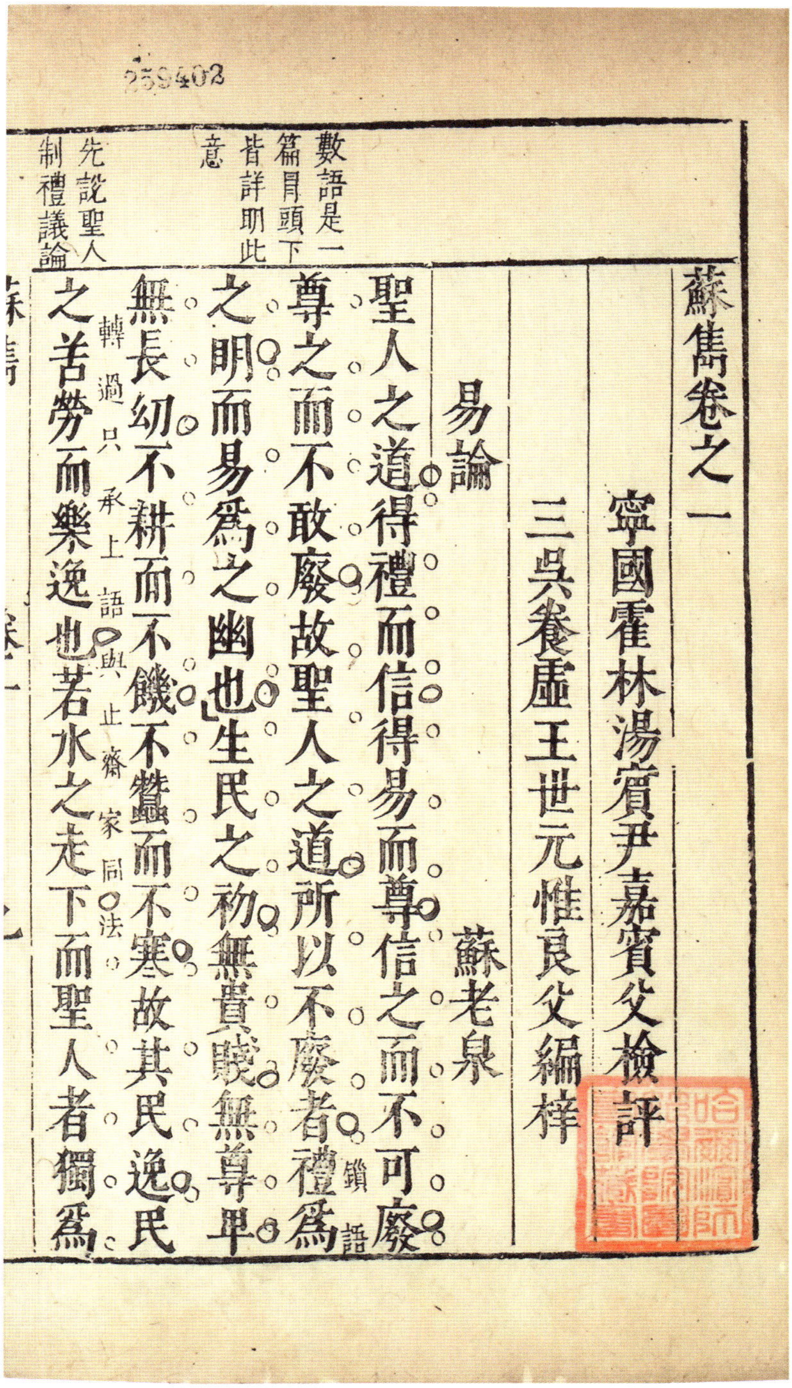

蘇雋卷之一

寧國霍林湯賓尹嘉賓父檢評

三吳養虛王世元惟良父編梓

易論　蘇老泉

聖人之道得禮而信得易而尊信之而不可廢尊之而不敢廢故聖人之道所以不廢者禮爲之明而易爲之幽也生民之初無貴賤無尊卑無長幼不耕而不饑不蠶而不寒故其民逸民之苦勞而樂逸也若水之走下而聖人者獨爲

數語是一篇骨頭下皆詳明此意

先說聖人制禮議論

鎖語

韓過只承上語與止齋家同法

三蘇雋五卷

（明）王世元編梓　（明）湯賓尹檢評　明萬曆刻本　二十四册

半葉九行，行十八字，小字雙行同。白口，無魚尾，四周單邊。版框 20.1cm × 14cm。

一意翻作兩段文勢疏越可愛

上言盛時

蘇雋卷之二

寧國霍林湯賓尹嘉賓父檢評

三吳養虛王世元惟良父編梓

刑賞忠厚之至論 省試第二 蘇東坡

堯舜禹湯文武成康之際何其愛民之深憂民（起重君子長者之道有咏嘆）之切而待天下以君子長者之道也有一善從而賞之又從而咏歌嗟嘆之所以樂其始而勉其終有一不善從而罰之又從而哀矜懲創之所以棄其舊而開其新故其吁俞之聲歡休慘

此段發明史官之權與天與君相並

蘇雋卷之五

寧國霍林湯賓尹嘉賓父檢評

三吳思鳴鄭大經道常父繡梓

史官助賞罰　　蘇頴濱

域中有三權曰天曰君曰史官聖人以此三權者制天下之是非而使之更相助起夫惟天之權而後能壽夭禍福天下之人而使賢者無夭横窮困之災不賢者無以享其富貴壽考之福然而李路原憲古所謂賢人者也伏於窮閻之

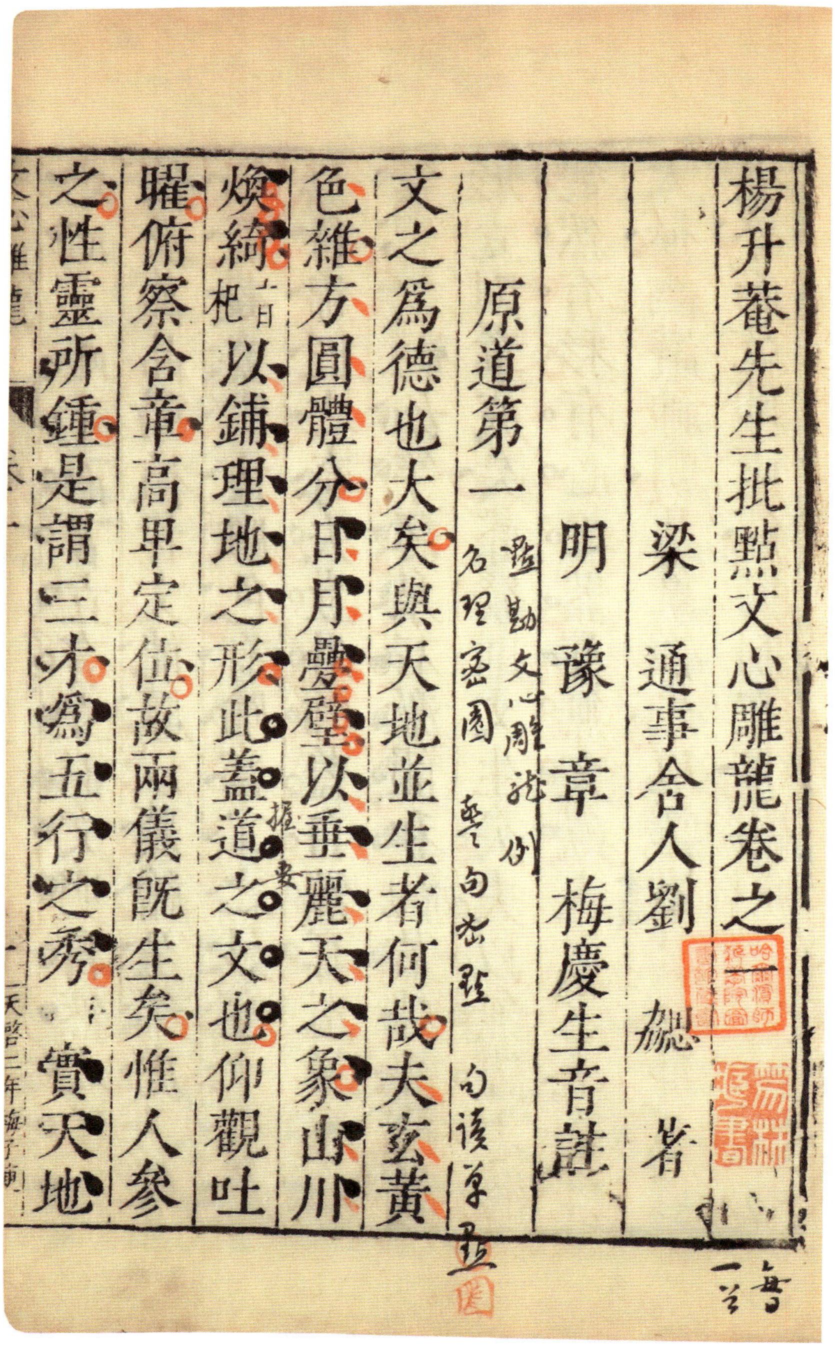
楊升菴先生批點文心雕龍卷之一
梁　通事舍人劉　勰　著
明　豫　章　梅慶生音註
原道第一
文之爲德也大矣與天地並生者何哉夫玄黃色雜方圓體分日月疊璧以垂麗天之象山川煥綺以鋪理地之形此蓋道之文也仰觀吐曜俯察含章高卑定位故兩儀既生矣惟人參之性靈所鍾是謂三才爲五行之秀實天地

楊升菴先生批點文心雕龍十卷

（南朝梁）劉勰著　（明）梅慶生音註　明天啓二年（1622）金陵聚錦堂刻本　四册

半葉九行，行十八字，小字雙行同。白口，單黑魚尾，左右雙邊。版框 20.8cm × 14.8cm。有“笏林臧書”印。

文心雕龍批評音註序

香草山房珍藏

彥綸以爲此書也濬發靈心而以雕龍自命末篇敘志於夢聖人舊益鳴遂兼手此者有隸文之典陸機之賦摯虞之論並爲藝苑懸衡彥和囊籠而獄究之蹤論詞源摶裁舊匠甄敘風雅揚搉古今允契術作之金科文

正言所以立辯體要所以成辭辭成無好異之
尤辯立有斷辭之義雖精義曲隱無傷其正言
微辭婉晦不害其體要體要與微辭偕通正言
共精義並用聖人之文章亦可見也顏闔以為
仲尼飾羽而畫徒莊子作從事華辭雖欲此言聖弗
可得已然則聖文之雅麗固銜華而佩實者也
天道難聞猶或鑽仰文章可見胡寧勿思若徵
聖立言則文其庶矣

贊曰

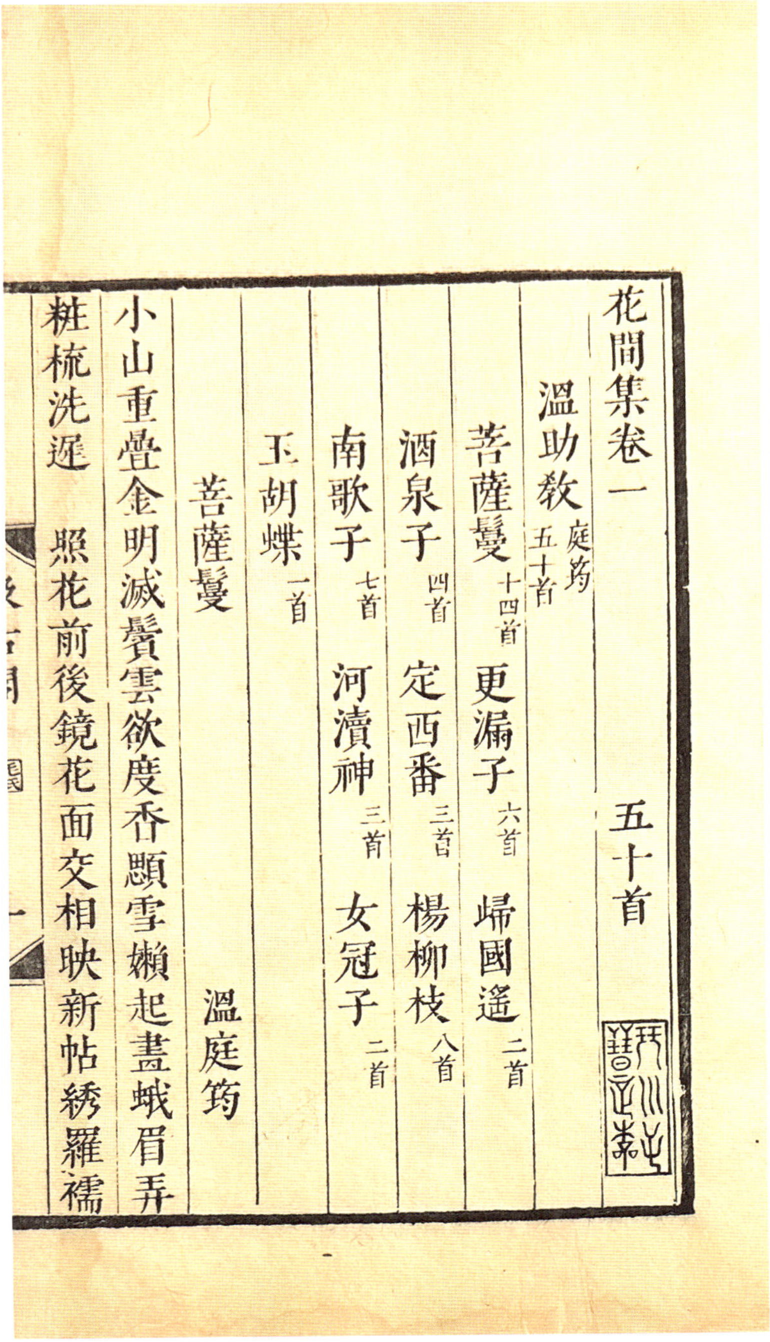
花間集卷一　五十首

溫助教 庭筠 五十首

菩薩蠻 十四首　更漏子 六首　歸國遙 二首

酒泉子 四首　定西番 三首　楊柳枝 八首

南歌子 七首　河瀆神 三首　女冠子 二首

玉胡蝶 一首

菩薩蠻　溫庭筠

小山重疊金明滅鬢雲欲度香腮雪懶起畫蛾眉弄粧梳洗遲　照花前後鏡花面交相映新帖綉羅襦

花間集十卷

（五代）趙崇祚輯　明汲古閣刻本　四册

半葉九行，行二十字。白口，對黑魚尾，左右雙邊。版框 17.7cm × 12.1cm。有“琴川毛晉正本”“鄭氏注韓居珍藏記”“一名人傑字昌英”印。

正思惟
楚女欲帰南浦朝雨溼愁紅小船搖漾入花裏波起
隔西風

・天仙子　　皇甫先輩松

晴野鷺鷥飛一隻水葓花發秋江碧劉郎此日別天
仙登綺席淚珠滴十二晚峰高歷歷
躑躅花開紅照水鷓鴣飛遶青山觜行人經歲始帰
來千萬里錯相倚懊惱天仙應有以

浪濤沙

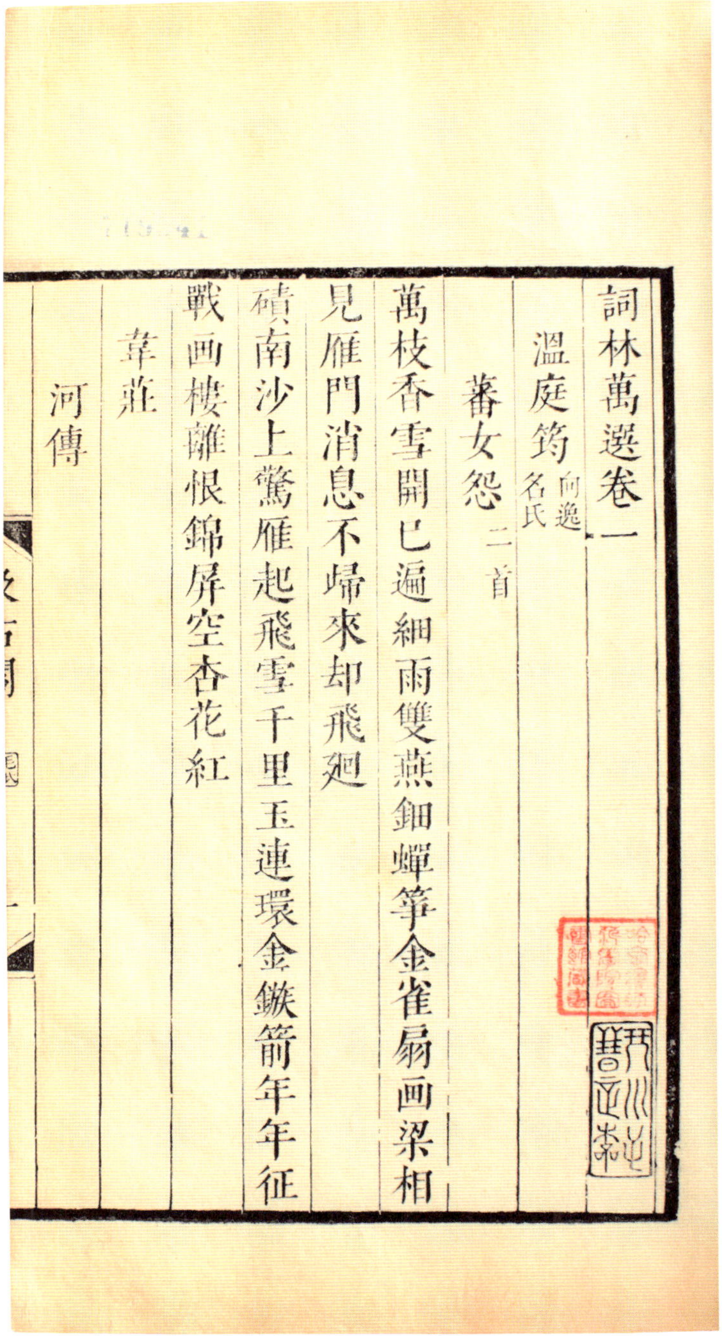

詞林萬選卷一

溫庭筠 向逸名氏

蕃女怨 二首

萬枝香雪開已遍細雨雙燕鈿蟬箏金雀扇画梁相見雁門消息不歸來却飛廻

磧南沙上驚雁起飛雪千里玉連環金鏃箭年年征戰画樓離恨錦屏空杏花紅

韋莊

河傳

詞林萬選四卷

（明）楊慎輯　明汲古閣刻本　二册

半葉九行，行二十字。白口，對黑魚尾，左右雙邊。版框 17.7cm × 12.1cm。有“琴川毛晋正本”“鄭氏注韓居珍藏記”“鄭傑之印”印。

一籮金 即蝶戀花

武陵春色濃如酒遊冶才郎初試花間手絳蠟燒殘人靜後眉峯便作傷春皺　一霎風狂和雨驟柳嫩花柔渾不禁僝僽明日餘香知在否粉羅猶有殘紅透

辛稼軒

永遇樂 京口北固山

千古江山英雄無覓孫仲謀處舞榭歌臺風流總被雨打風吹去斜陽草樹尋常巷陌人道寄奴曾住想

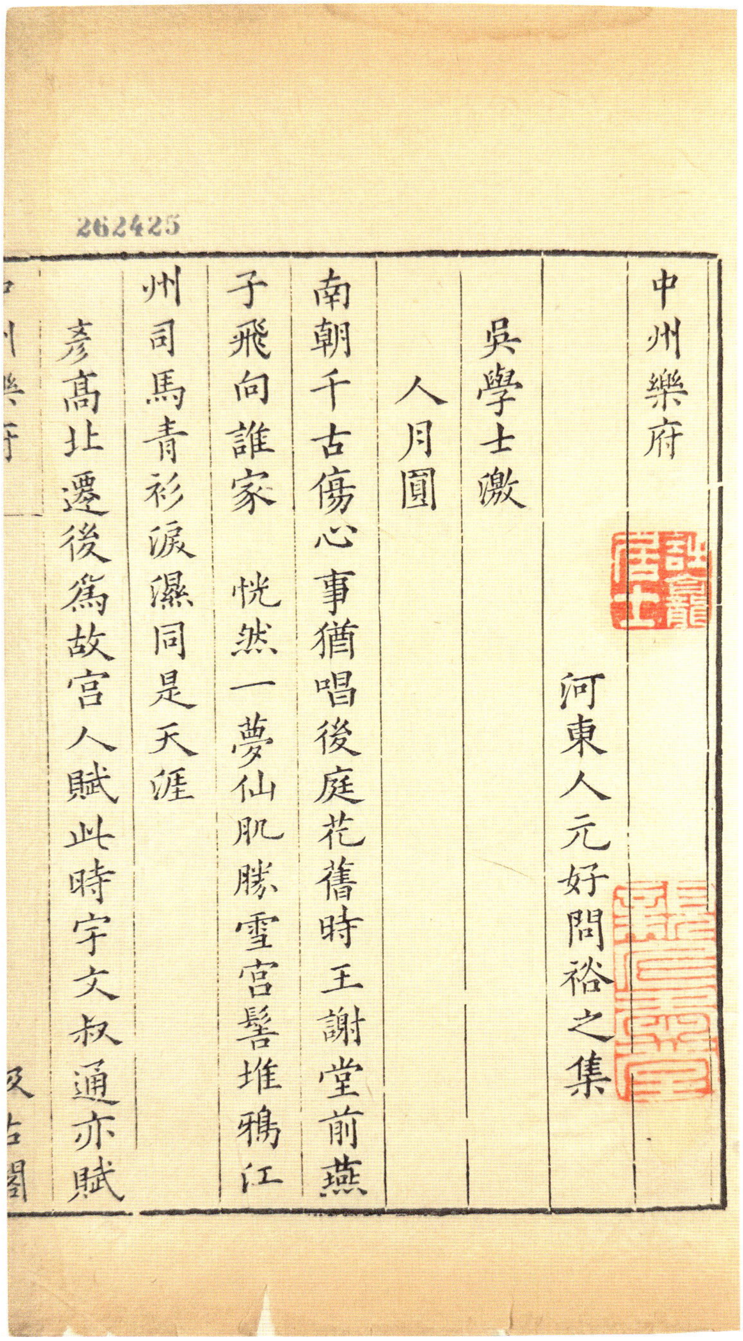
中州樂府

河東人元好問裕之集

吳學士激

人月圓

南朝千古傷心事猶唱後庭花舊時王謝堂前燕子飛向誰家　恍然一夢仙肌勝雪宮髻堆鴉江州司馬青衫淚濕同是天涯

彥高北遷後爲故宮人賦此時宇文叔通亦賦

中州樂府不分卷

（金）元好問集　明嘉靖十五年（1536）汲古閣刻本　二册

半葉八行，行十九字。白口，無魚尾，左右雙邊。版框 19cm × 13.7cm。有“懷雲館藏”“詩龕居士”“親仁愛堂”等印。

歸路軟紅塵暖氷蒐縷金裙喚起一天星月入金尊晋取木樨花上露揮醉墨灑行雲

公有詩八尺五湖明秀峰又云十丈琅玕倒氷玉明年爲寫五湖眞正用此詞意魏道明作注義有不通故表出之

蔡太常珪

江城子王温季自北都歸過予三河坐中賦此

鵲聲迎客到庭除問誰歟故人車千里歸来塵色

中州樂府　　　　汲古閣

叢　部

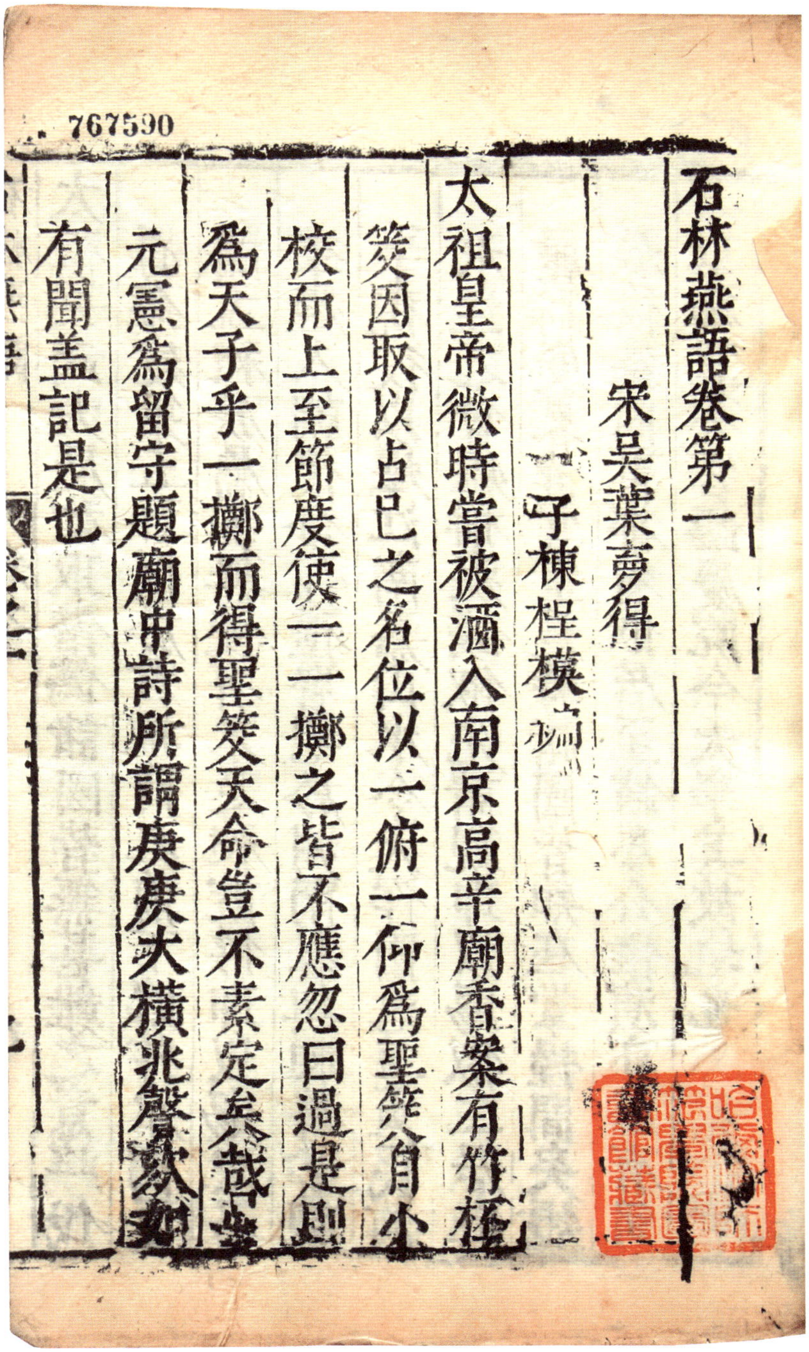
767590

石林燕語卷第一

宋吴葉夢得

子棟桯模編

太祖皇帝微時嘗被酒入南京高辛廟香案有竹杯筊因取以占己之名位以一俯一仰爲聖筊自小校而上至節度使一一擲之皆不應忽曰過是則爲天子乎一擲而得聖筊天命豈不素定矣哉宋元憲爲留守題廟中詩所謂庚庚大横兆謦欬如有聞盖記是也

稗海七十種四百四十八卷

（明）商濬輯　明萬曆刻本　六册　存五種二十八卷（石林燕語十卷、清波雜誌三卷、墨客揮犀十卷、異聞總録四卷、遂昌雜録一卷）

半葉九行，行二十字。白口，單黑魚尾，四周單邊。版框 21cm × 14.2cm。

墨客揮犀卷之九

宋彭乘

晉張華初惠帝時中人有得鳥毛長三丈以示華華見慘然曰此謂海鳧毛也出則天下擾攘矣陸機嘗餉華鮓于時賓客滿坐華發器便曰此龍肉也衆未信之華曰試以苦酒濯之必有異既而五色光起機還問鮓主于時云園中茅積下得一白魚質狀殊常以作鮓過美故以相獻武庫封閉甚密其中忽有雉雛華曰此乃蛇化爲雉也開視雉側果

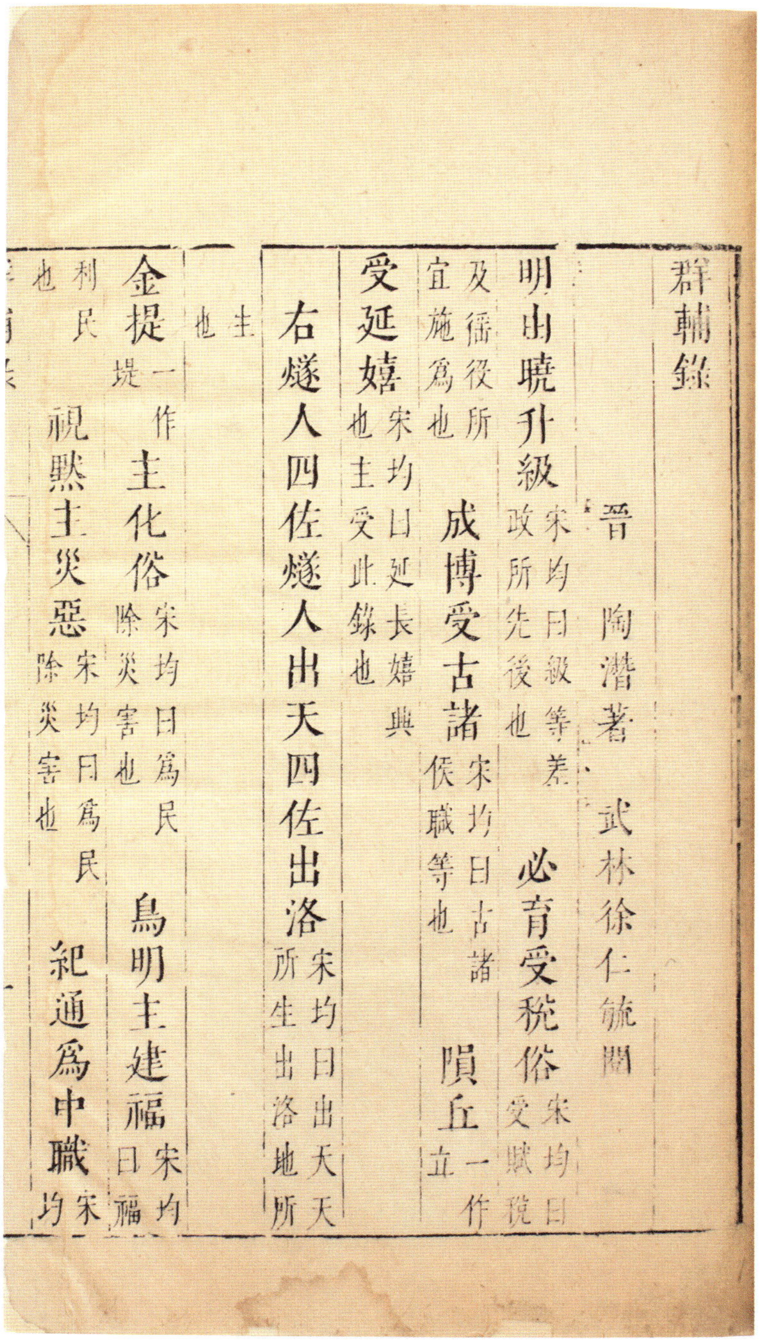
群輔錄
晉　陶潛著　武林徐仁毓閱
明出曉升級（宋均曰級等差政所先後也）必育受稅俗（宋均曰受賦稅及徭役所宜施爲也）成博受古諸（宋均曰古諸侯職等也）隕丘（一作立）受延嬉（宋均曰延長嬉與也主受此籙也）
右燧人四佐燧人出天四佐出洛（宋均曰出天天所生出洛地所主也）
金提（一作堤）主化俗（宋均曰爲民除災害也）烏明主建福（宋均曰福利民也）視默主災惡（宋均曰爲民除災害也）紀通爲中職（宋均

群輔錄一卷

（晉）陶潛著　（明）徐仁毓閲　明萬曆刻本　一册

半葉九行，行二十字，小字雙行同。白口，單白魚尾，左右雙邊。版框 19.7cm × 14.3cm。屬明刻《廣漢魏叢書》之一種。

（前後三徵未嘗降志抗名山棲養志浩然有夷齊之高遂伯玉卷舒之術）度遼將軍安定皇甫規字威明（狀規少有岐嶷正直之節對策指刺黄門梁冀不能用退隱山谷歎樂詩書）

右魏文帝初爲丞相魏王所旌表二十四賢後明帝乃述撰其狀見文帝令及甄表狀

太常燉煌張奐字然明（爲度遼將軍幽并清靜吏民歌之徵拜大司農賜錢除家一人爲郎辭不受願徙居華陰故始爲弘農人）　度遼將軍安定皇甫規字威明　太尉武威段熲字紀明

右涼州三明並著威名於桓靈之世悉名士也見

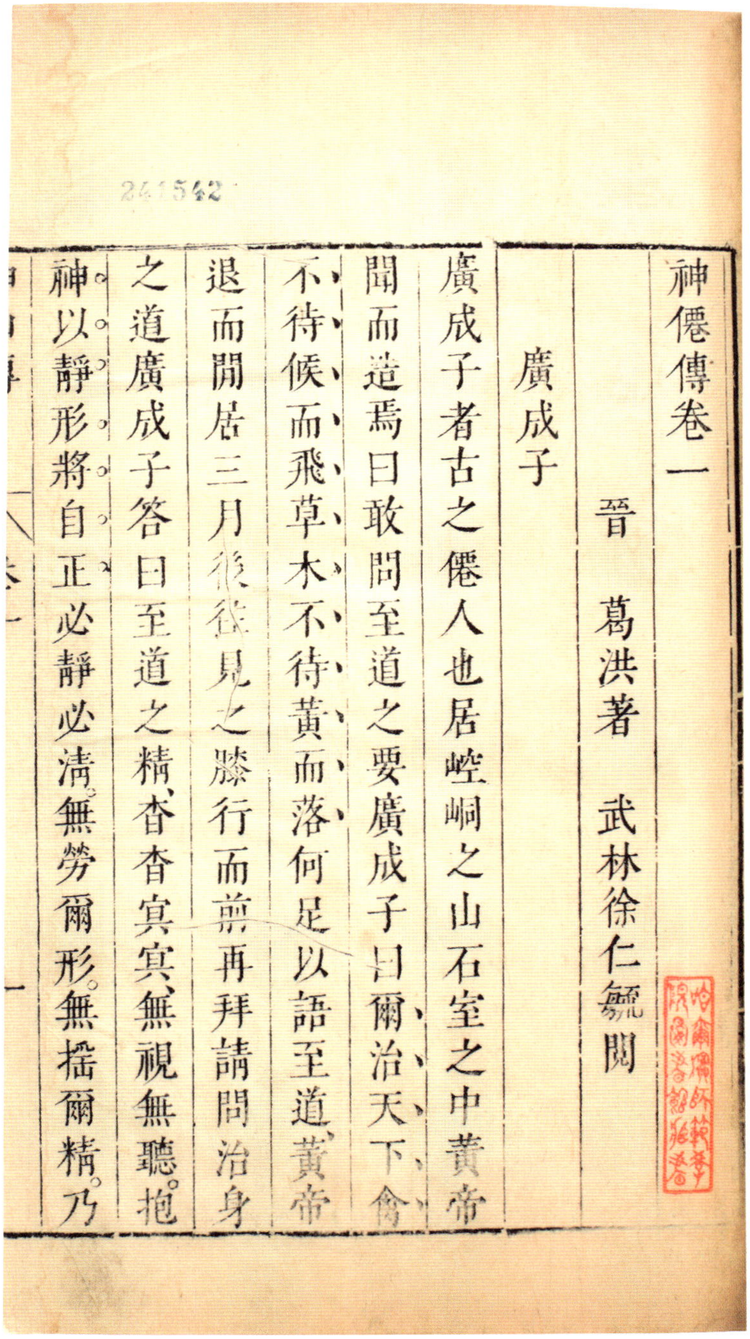

神僊傳卷一
晉　葛洪著　武林徐仁毓閱
廣成子
廣成子者古之僊人也居崆峒之山石室之中黃帝
聞而造焉曰敢問至道之要廣成子曰爾治天下禽
不待候而飛草木不待黃而落何足以語至道黃帝
退而閒居三月復往見之膝行而前再拜請問治身
之道廣成子答曰至道之精杳杳冥冥無視無聽抱
神以靜形將自正必靜必清無勞爾形無搖爾精乃

神僊傳十卷

（晉）葛洪著　（明）徐仁毓閱　明萬曆刻本　三册

半葉九行，行二十字。白口，單白魚尾，左右雙邊。版框 19.7cm × 14.3cm。屬明刻《廣漢魏叢書》之一種。

神僊傳卷二

白石先生

白石先生者中黄丈人弟子也至彭祖時已二千歳餘矣、不肯修昇天之道。但取不死而已。不失人間之樂。其所據行者。正以交接之道爲主。而金液之藥爲上也。初以居貧不能得藥、乃養羊牧豬十數年間約衣節用、置貨萬金、乃大買藥服之常煮白石爲糧因就白石山居時人故號曰白石先生亦食脯飲酒亦食穀食日行三四百里、視之色如四十許人、性好朝

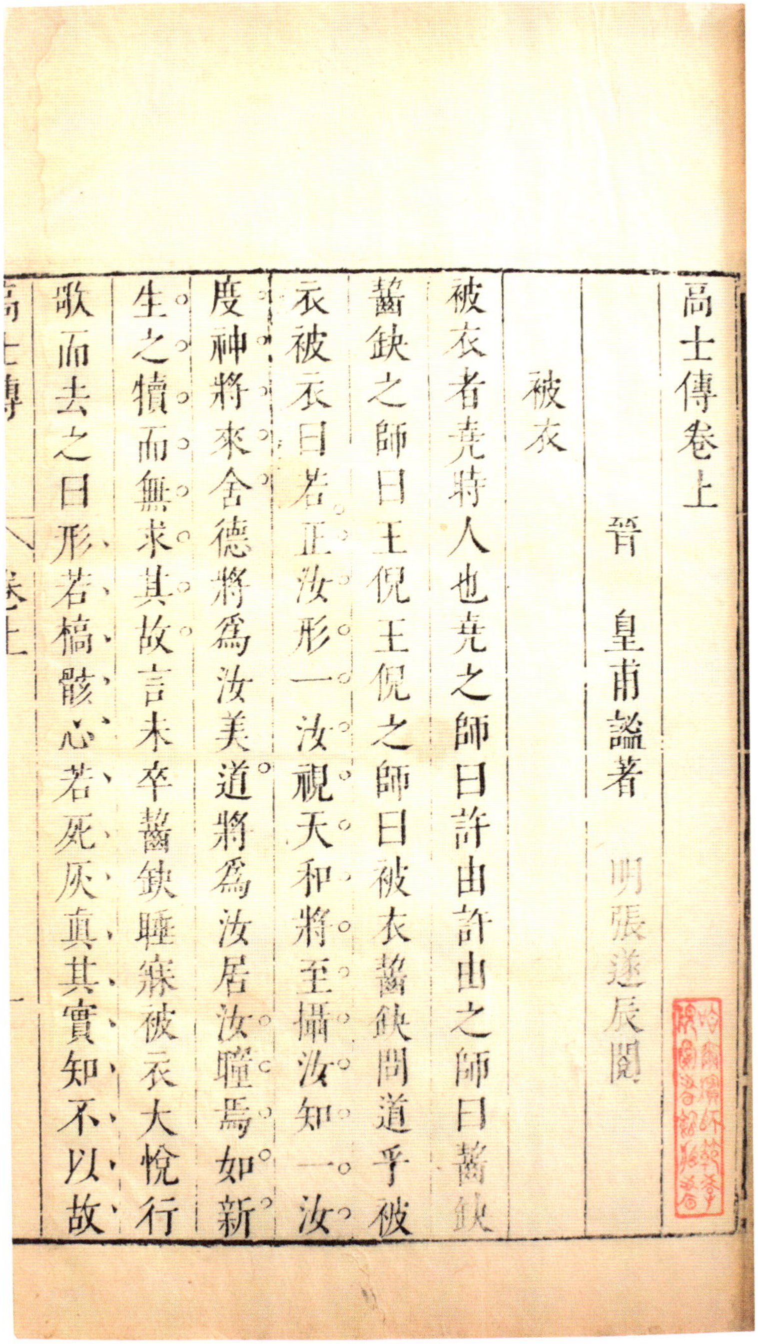
高士傳卷上

晉　皇甫謐著　明張遂辰閱

被衣

被衣者堯時人也堯之師曰許由許由之師曰齧缺齧缺之師曰王倪王倪之師曰被衣齧缺問道乎被衣被衣曰若正汝形一汝視天和將至攝汝知一汝度神將來舍德將爲汝美道將爲汝居汝瞳焉如新生之犢而無求其故言未卒齧缺睡寐被衣大悅行歌而去之曰形若槁骸心若死灰真其實知不以故

高士傳　卷上　一

高士傳三卷

（晉）皇甫謐著　（明）張遂辰閱　明萬曆刻本（有抄配）　一册

半葉九行，行二十字。白口，單白魚尾，左右雙邊。版框 19.7cm × 14.3cm。屬明刻《廣漢魏叢書》之一種。

高士傳卷中

漢陰丈人

漢陰丈人者楚人也子貢適楚過漢陰見丈人爲圃入井抱甕而灌用力甚多而見功寡子貢曰有機於此後從前輕挈水若抽其名爲槔用力寡而見功多丈人作色而笑曰聞之吾師有機械者必有機事有機事者必有機心機心存于胸中則純白不備純白不備則神生不定神生不定者道之所不載也吾非不知羞而不爲也子貢憮然慙俯而不對有間丈人

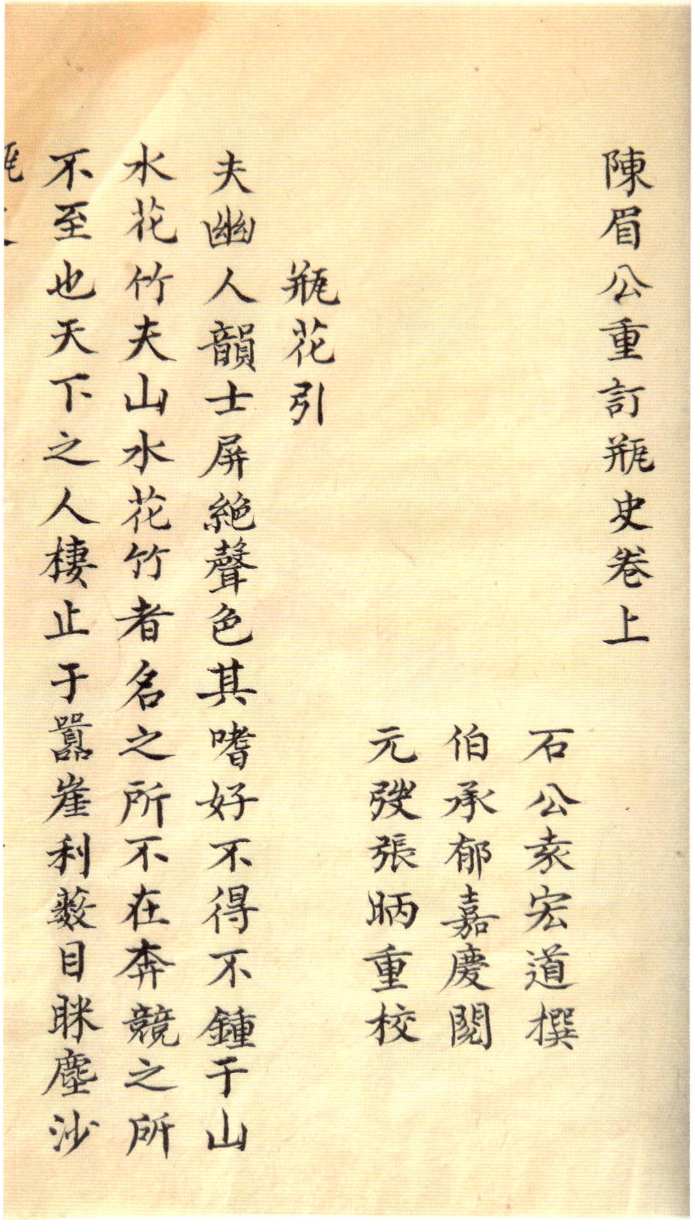
陳眉公重訂瓶史卷上

石公袁宏道撰

伯承郁嘉慶閲

元弢張炳重校

瓶花引

夫幽人韻士屏絶聲色其嗜好不得不鍾于山水花竹夫山水花竹者名之所不在奔競之所不至也天下之人棲止于囂崖利藪目眯塵沙

陳眉公重訂瓶史一卷

（明）袁宏道撰　（明）郁嘉慶閲　明萬曆刻本（有抄配）　一册

半葉八行，行十八字。白口，無魚尾，左右雙邊。版框 20.5cm × 13cm。屬明刻《寶顔堂秘笈》之一種。

菊冬爲蠟梅一室之內荀香何粉迭爲賓客取之雖近終不敢濫及凡卉就使乏花寧貯竹栢數枝以充之雖無老成人尚有典刑豈可使市井庸兒溷入賢社貽皇甫氏充隱之嗤哉

二品第

漢宮三千趙娣第一邢伊同幸望而泣下故知色之絕者蛾眉未免俛首物之尤者出乎其類將使傾城與衆姬同輦吉士與凡才並駕誰之

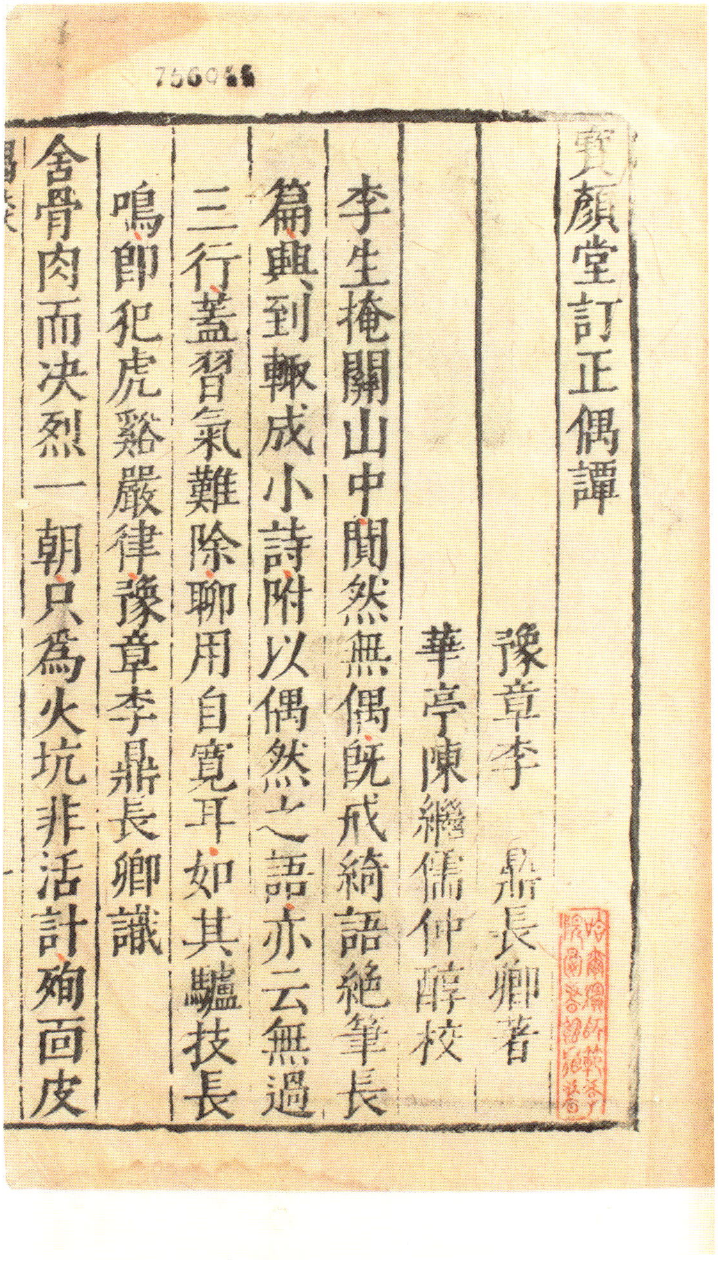
寶顏堂訂正偶譚

豫章李　鼎長卿著

華亭陳繼儒仲醇校

李生掩關山中闃然無偶既戒綺語絶筆長篇興到輙成小詩附以偶然之語亦云無過三行蓋習氣難除聊用自寛耳如其驢技長鳴即犯虎谿嚴律豫章李鼎長卿識

舍骨肉而决烈一朝只爲火坑非活計殉面皮

寶顏堂訂正偶譚一卷

（明）李鼎著　明萬曆刻本　一册

半葉八行，行十八字。白口，無魚尾，四周單邊。版框 20.5cm × 12.6cm。屬明刻《寶顏堂秘笈》之一種。

而不能熱河漢沍而不能寒疾雷破山風振
海而不能驚工夫卽是本體
萬里寒光生積雪坐相邀天路神仙一片氷心
在玉壺難持餉洛陽親友
虛而實者天乎故以實投地之虛而往來不息
實而虛者地乎故以虛受天之實而生化無
端陽而陰者日乎故能獨照而不能納形陰
而陽者月乎故能納形而不能獨照

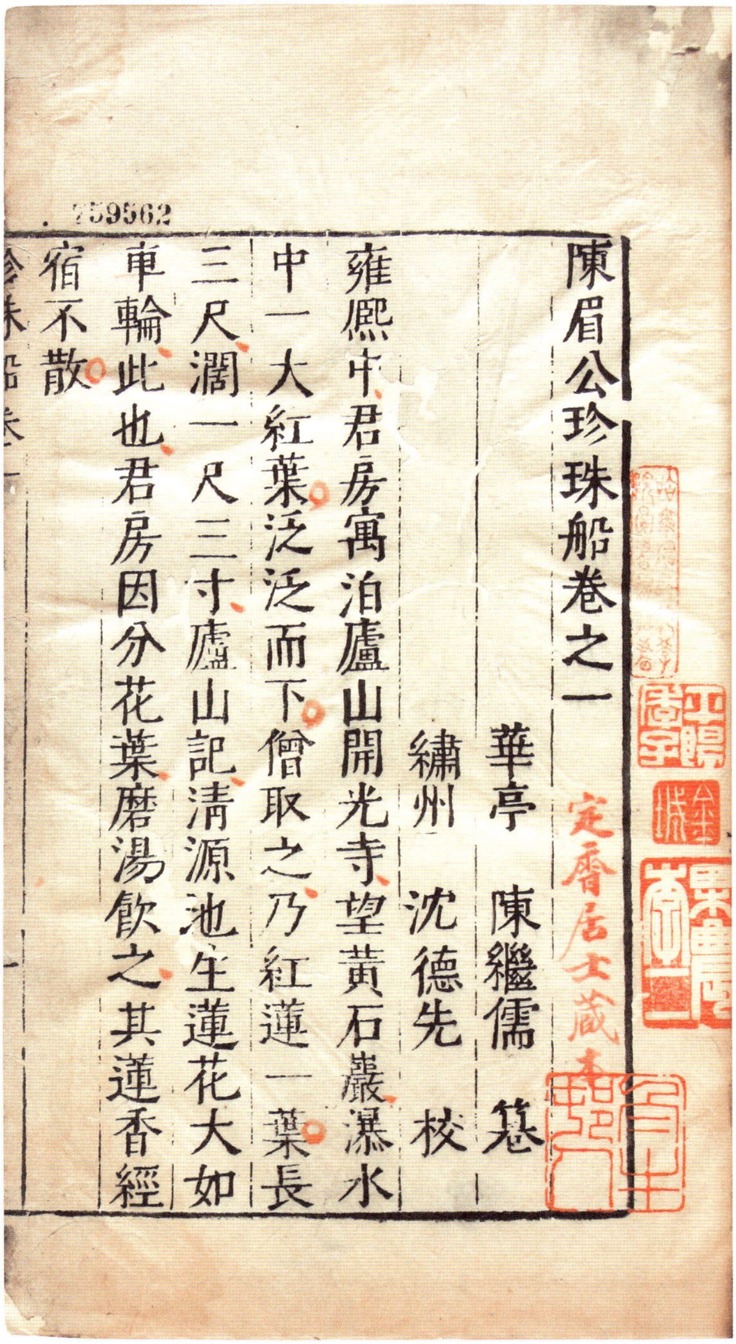

陳眉公珍珠船卷之一
華亭　陳繼儒　纂
繡州　沈德先　校
雍熙中君房寓泊廬山開光寺望黃石巖瀑水
中一大紅葉泛泛而下僧取之乃紅蓮一葉長
三尺闊一尺三寸廬山記清源池生蓮花大如
車輪此也君房因分花葉磨湯飲之其蓮香經
宿不散

陳眉公珍珠船四卷

（明）陳繼儒纂　明萬曆刻本　二册

半葉八行，行十八字。白口，無魚尾，四周單邊。版框 20.5cm × 12.6cm。有“金城”“平陽季子”“白牛邨人”等印。屬明刻《寶顏堂秘笈》之一種。

荆公新法為害先著故陷斯民于塗炭使早悟此用速誤人家國 評

春曉行孤山水邊籬落間但欠香耳

張天覺好草書不工得詩疾書滿紙使姪錄之當奇險處罔然而止問此何字丞相熟視詰曰胡不早問致吾忘之

荆公在鍾山因奕棋作數語曰彼亦不敢先此亦不敢先惟其不敢先是以無所爭惟其無所爭故能入於不死不生公笑曰此持棋隱語也

陳摶隱華山幼時戲渭水一青衣媪抱置懷中

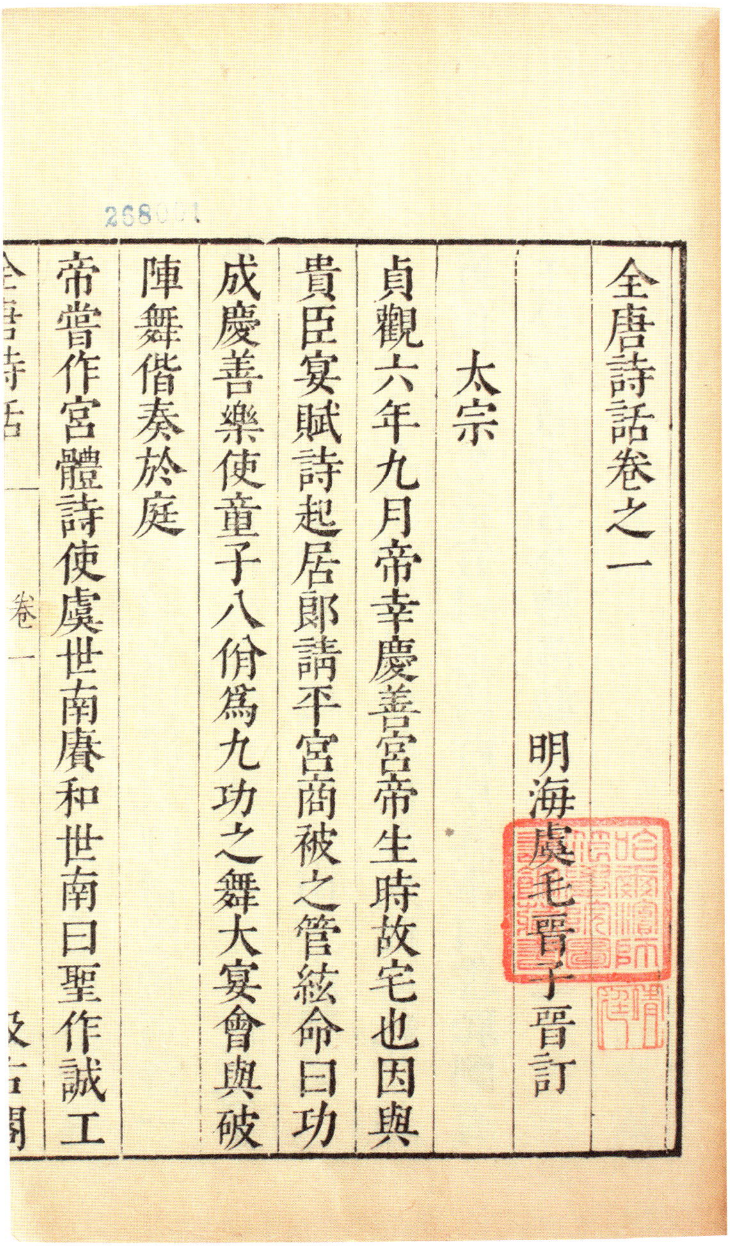
全唐詩話卷之一

明海虞毛晉子晉訂

太宗

貞觀六年九月帝幸慶善宮帝生時故宅也因與
貴臣宴賦詩起居郎請平宮商被之管絃命曰功
成慶善樂使童子八佾爲九功之舞大宴會與破
陣舞偕奏於庭

帝嘗作宮體詩使虞世南賡和世南曰聖作誠工

全唐詩話　卷一　汲古閣

津逮秘書十五集一百四十一種七百四十八卷

（明）毛晉輯　明崇禎虞山毛氏汲古閣刻本　六册　存第五集十一種十六卷（全唐詩話六卷、六一詩話一卷、滄浪詩話一卷、後山詩話一卷、彦周詩話一卷、二老堂詩話一卷、紫薇詩話一卷、石林詩話一卷、中山詩話一卷、竹坡詩話一卷、續詩話一卷）

半葉八行，行十九字。白口，無魚尾，左右雙邊。版框 19cm × 13.6cm。
有“靖廷”“靖廷手校”印。

中山詩話

宋袁州劉　攽貢父撰

明海虞毛　晉子晉訂

太宗好文每進士及第賜聞喜宴常作詩賜之累朝以爲故事仁宗在位四十二年賜詩尤多然不必盡上所自作景祐初賜詩落句云寒儒逢景運報德合如何論者謂質厚宏壯眞詔旨也

劉子儀贈人詩云惠和官尚小師達祿須干取下